Gebietes geworden. Die Dörfer der Toskana, unter kulturellen und strukturellen Gesichtspunkten von einer zu aggressiven Modernisierung verschont geblieben, konnten ihr historisches, künstlerisches und naturalistisches Vermögen bewahren, das heute mit jahrhundertealten Traditionen, die von der lokalen Bevölkerung noch „gelebt" werden, die Touristen erfreut.

Schaut man sich die alten Fotografien der bekannten Reihe „Italia artistica" an, die für die Maremma von C. A. Nicolosi im Jahre 1911 bearbeitet wurden und nahezu verlassene Dörfer und halbzerstörte oder zugewachsene Monumente zeigen, erkennt man den enormen Aufwand der Gemeindeverwaltungen in der Nachkriegszeit, mit dem große Restaurierungsarbeiten begonnen und viele wunderbare Orte in beeindruckende Freilichtmuseen verwandelt wurden.

Was die Natur betrifft, sind große Gebiete im Raum Grosseto unter Naturschutz gestellt worden, und zwar nicht nur wegen ihrer einzigartigen Flora und Fauna, sondern auch wegen der wunderschönen Landschaft und der vielen unterschiedlichen Lebensräu-

me, die von den Dünen an der Küste, über übrig gebliebene Sumpfgebiete und unzugängliche Felsengebiete bis zu den majestätischen Buchenwäldern der Berggegend des Monte Amiata reichen: Unberührte Natur – dort, wo man die Stille noch hören kann.
Eine einzigartige Welt aus Geschichte, Kunst und Natur, ein reiches Vermögen an Nuancen und Schattierungen, an teilweise auch zweitrangigen Aspekten – aber dafür umso beliebter bei den Besuchern – wie die Herstellung exzellenter Lebensmittel, typischer Produkte wie Olivenöl, Wein, Käse, Honig, Fleisch von Maremma-Rindern, Wild, Fisch, Steinpilze und Trüffel: ein wahrer Schatz für die Küche, die ihre Gäste mit antiken Gerichten verwöhnt und nicht selten mit ihrem Duft den Besucher verführt, wenn er durch die engen Gassen der Dörfer schlendert … dort, wo man noch mit offenen Haustüren lebt. Dieser Führer mit über 450, teilweise atemberaubenden Fotos von Cesare Moroni, der auf dem Amiata geboren wurde und *Maremma* im Blut hat, und ausgewählten Touren von Carlo Rosati, professioneller Touristenführer und Maremma-Kenner

maremma

Dieser Führer besteht aus ***9 Touren****, die einen Besuch in den* ***28 Gemeinden*** *der* ***Provinz Grosseto****, sowie in den zwei Gemeinden* ***Piancastagnaio*** *und* ***Abbadia San Salvatore*** *ermöglichen, die, obwohl sie sich in der* ***Provinz Siena*** befinden, *zum Gebiet des* ***Monte Amiata*** *gehören. Jeder* ***Weg*** *wird von* ***einer Karte*** *angekündigt, die seinen* ***Verlauf in Etappen illustriert*** *und mit der entsprechenden* ***Seitenzahl*** *auf die Beschreibung der einzelnen Gemeinden weist, die jeweils mit unterschiedlichen* ***Farben*** *gekennzeichnet sind. Das* ***Inhaltsverzeichnis am Anfang*** *mit den Namen der Gemeinden und das* ***abschließende Namens- und Ortsverzeichnis*** *erlauben eine schnelle Konsultation dieses Buches.*

Text
Maria Novella Batini

Routen
Carlo Rosati

Fotografie
Andrea De Maria
Cesare Moroni

Projekt
Moroni Editore

Grafik und Layout
Roberta Nelli

Übersetzung
Paul Ense

Für die verlagstechnische und touristische Beratung danken wir
Alessia Andreini, Roberto Boggi, Antonello Carrucoli, Giuliano Moretti.

Moroni Editore
Via Monte Pertica 14/a
58100 Grosseto GR
Tel. +39 0564 453073
www.moronieditore.it
info@moronieditore.it

Druckende August 2017
Druck in Italien

Geschichte, Kunst und Natur

Die Maremma liegt allen am Herzen, sowohl den Menschen von Grosseto, die hier verwurzelt sind, als auch den Touristen, die in diesem Fleckchen Erde, in den Macchia-Wäldern mit unberührter Natur, in den außergewöhnlichen „Città del tufo" (Tuffstein-Dörfer) antike Traditionen und faszinierende Vergangenheit noch hautnah erleben können.
Auch wenn der touristische Reiz im Postkartenstil von der neuen Generation, die eher das Entwicklungspotenzial dieser Provinz im Auge hat, nicht ganz zu Unrecht als „veraltet" empfunden wird, ist zweifellos gerade diese sogenannte Rückständigkeit vergangener Zeiten – bedingt durch ein schwieriges und malariaverseuchtes Land, und ehemals ein negativer und benachteiligender Faktor – zur treibenden Kraft der modernen, touristischen Entwicklung dieses

soll ein Anreiz dafür sein, diese einzigartige Gegend, in der sich hinter jeder Ecke neue Überraschungen verbergen, „Dorf für Dorf" zu entdecken. Anstatt nur die bekanntesten Hauptattraktionen aufzuführen, wie es mit den meisten der Führer geschieht, werden hier alle 28 Gemeinden der Provinz Grosseto gleichermaßen gewürdigt. Dazu gehören auch Piancastagnaio und Abbadia di San Salvatore, denn obwohl diese Dörfer heute in der Provinz Siena liegen, ist ihre Geschichte doch eng mit der von Castel del Piano, Arcidosso und Santa Fiora verflochten. Auch wenn aus Platzgründen nicht alle Aspekte aufgeführt werden konnten, sind wir der Überzeugung, dass ein Führer ein Territorium zunächst nur „schmackhaft" machen sollte und dass der Besuch solch eindrucksvoller Orte automatisch Interesse für weitere Vertiefung erweckt, dem sich der Herausgeber Moroni schon seit Jahren mit seinen Veröffentlichungen widmet.

Maria Novella Batini

Typische Produkte des Gebietes

Unter den zahlreichen Produkten, die das Gebiet des Argentario charakterisieren, empfehlen wir den beliebten *Pesce povero* und die *Spigola* von Orbetello, die noch besser schmecken, wenn sie von dem Weißwein Ansonica DOC von der Insel Giglio begleitet werden. Nicht zu verschmähen: Wildschwein von Capalbio, und hier passt ein gutes Glas des Rosso Capalbio DOC.

Talamone IX

Talamone bekam seinen Ruf in der Moderne als eine der ersten Anlegestellen des Heeres der Tausend von Giuseppe Garibaldi. Das Fischerdorf hat eine schöne Altstadt und auf seiner höchsten Stelle eine Burg, von der man spektakuläre Panoramablicke auf das Meer des Argentario genießen kann. Talamone ist ein Muß für die Liebhaber der Felsenküsten und des Tauchsportes.

Die Insel Giglio VIII

Die Insel der „kleinen Ziegen“, wie sie in der Antike von Aegilius genannt wurde, ist leicht mit den Fährschiffen von Porto Santo Stefano aus zu erreichen. Der Hügel aus Granitgestein bietet eine abwechslungsreiche Landschaft. Für unsere Trekkingfreunde empfehlen wir die sogenannten *Mulattiere*, Eselswege, die alle drei Dörfer Porto, Castello und Campese verbinden.

Porto Santo Stefano VII

Auf der nördlichen Seite des Monte Argentario werden die Besucher von dem bekannten Hafenort Porto Santo Stefano empfangen. Hier kann man antike Traditionen erleben, wie den Palio Marinaro (Ruderwettkampf), der alljährlich am 15. August stattfindet, und einen erholsamen Badeurlaub mit Kultur und Natur verbinden.

Birdwatching sulla Duna di Feniglia VI

Dieses Naturschutzgebiet erstreckt sich über den gleichnamigen Tombolo (Sandstreifen) und bietet Gelegenheit, zahlreiche Tierarten zu beobachten, im Besonderen die aus der Vogelwelt. Unter den Zugvögeln ist die Lagune als willkommener Rastplatz auf dem Weg zwischen Europa und Afrika „bekannt“. Unbedingt zu empfehlen: Ein gutes Fernglas.

Porto Ercole V

In wunderschöner Umgebung wird dieser Hafenort von drei mächtigen Festungen überwacht, die einst den Spaniern dienten, um die Küste des tyrrhenischen Meeres vor Piraten und Korsaren zu schützen. Die kleine Altstadt, die sich um die Burg drängt, vermittelt noch die zauberhafte Atmosphäre vergangener Zeiten.

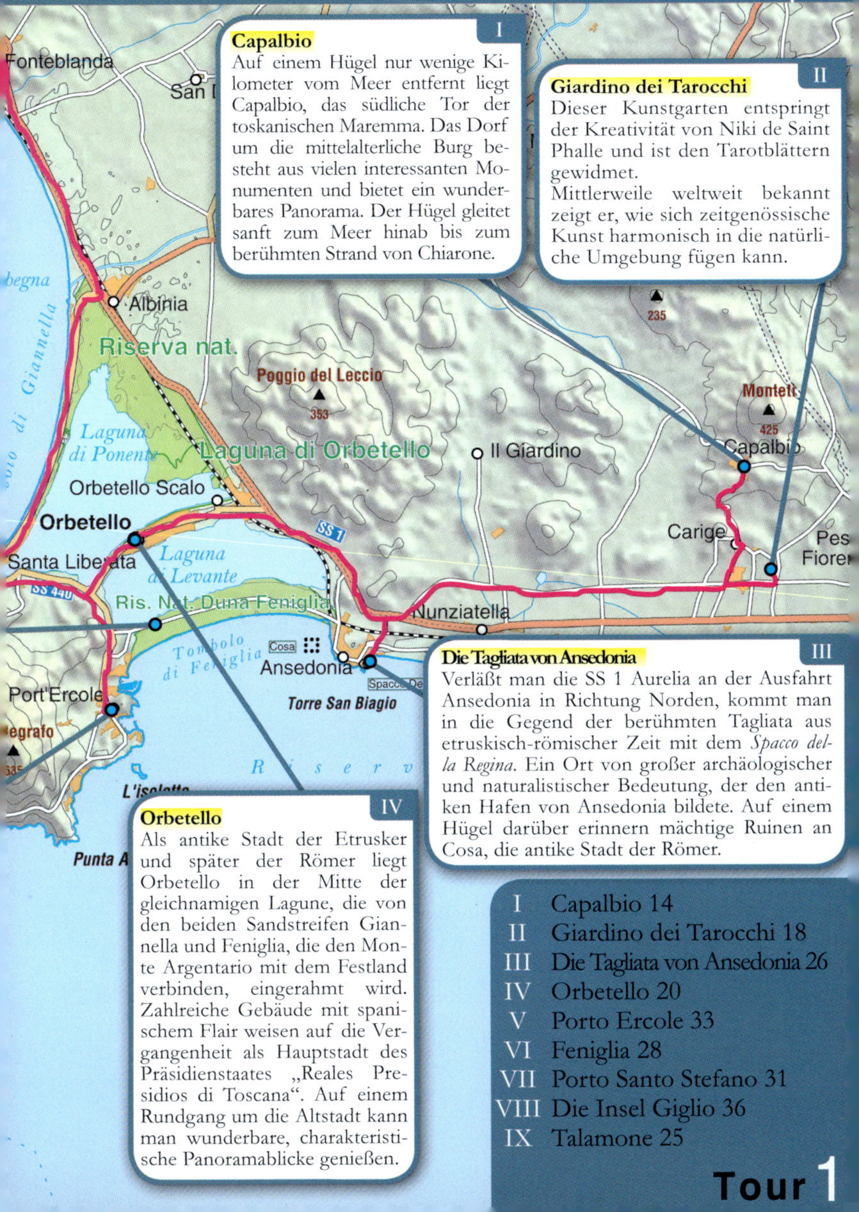

I Capalbio

Auf einem Hügel nur wenige Kilometer vom Meer entfernt liegt Capalbio, das südliche Tor der toskanischen Maremma. Das Dorf um die mittelalterliche Burg besteht aus vielen interessanten Monumenten und bietet ein wunderbares Panorama. Der Hügel gleitet sanft zum Meer hinab bis zum berühmten Strand von Chiarone.

II Giardino dei Tarocchi

Dieser Kunstgarten entspringt der Kreativität von Niki de Saint Phalle und ist den Tarotblättern gewidmet.
Mittlerweile weltweit bekannt zeigt er, wie sich zeitgenössische Kunst harmonisch in die natürliche Umgebung fügen kann.

III Die Tagliata von Ansedonia

Verläßt man die SS 1 Aurelia an der Ausfahrt Ansedonia in Richtung Norden, kommt man in die Gegend der berühmten Tagliata aus etruskisch-römischer Zeit mit dem *Spacco della Regina*. Ein Ort von großer archäologischer und naturalistischer Bedeutung, der den antiken Hafen von Ansedonia bildete. Auf einem Hügel darüber erinnern mächtige Ruinen an Cosa, die antike Stadt der Römer.

IV Orbetello

Als antike Stadt der Etrusker und später der Römer liegt Orbetello in der Mitte der gleichnamigen Lagune, die von den beiden Sandstreifen Giannella und Feniglia, die den Monte Argentario mit dem Festland verbinden, eingerahmt wird. Zahlreiche Gebäude mit spanischem Flair weisen auf die Vergangenheit als Hauptstadt des Präsidienstaates „Reales Presidios di Toscana“. Auf einem Rundgang um die Altstadt kann man wunderbare, charakteristische Panoramablicke genießen.

Tour 1

Capalbio

DIE GESCHICHTE

Ein abgeschnittener, kahler Kopf, der von einem mächtigen Löwen präsentiert wird: Über dem Eingang der stolzen, mittelalterlichen Burg von Capalbio („Caput calvum" oder „Caput album") begrüßt einen dieses bürgerliche Wappen. Der Löwe von Siena hält außer dem haarlosen Kopf auch eine lateinische Inschrift, die, nach der bekannten Übersetzung von D'Annunzio, den Wohlstand der Gebiete preist, die von Siena unterworfen wurden: „Ich bin das glückliche Capalbio, vom Löwen Sienas verteidigt und beschützt …" Der Name könnte jedoch auch von „Campus album" hergeleitet worden sein, in Bezug auf das Vorkommen von hellem Felsgestein und weißem Alabaster, die dem Hügel von Capalbio einen gewissen Glanz verliehen, der später von dichtem Macchiawald verdunkelt wurde. Capalbio gilt als die letzte Burg der Provinz Grosseto an der Grenze zum Latium und wurde schon 805 in der Bolla Leonino-Carolingia zitiert, als Karl der Große Capalbio dem Kloster Tre Fontane di Roma der Heiligen Anastasius und Vinzenz schenkte. Diese Gegend, die schon seit der Prähistorie bewohnt war, wurde später von der Zivilisation der Etrusker, im Besonderen vom Königreich von Vulci geprägt, bevor sie unter die Herrschaft Roms fiel.

Die gesünderen Lebensbedingungen auf den Hügeln im Vergleich zu den sumpfigen Ebenen waren sicherlich ein überzeugender Grund, „Caput album" zu bewohnen. Im

▼ Capalbio

14. Jh. profitierten die Aldobrandesker von seiner „guten Luft", doch bald stritten sich auch die umliegenden Mächte um diesen Ort: Orvieto und Siena wechselten sich in der Herrschaft ab, bis schließlich die Orsini durch strategische Hochzeiten die Aldobrandesker ersetzt hatten und Capalbio 1416 endgültig unter die Herrschaft Sienas fiel, unter dem stillschweigenden Einverständnis der Bevölkerung (siehe Inschrift am Eingangstor der Burg). Nach dem Niedergang Sienas im 16. Jh. gehörte die Burg zum Großherzogtum der Medici und verfiel, wie viele Orte in dieser Gegend, in Rezession. Auch wegen der vom Machtzentrum weit entfernten Lage geriet Capalbio bald in den Ruf eines ungesunden und malariaverseuchten Ortes. Zur Zeit der Lothringer ging es aber wieder aufwärts, und zwar durch die Sanierung der Maremma-Gegend und der dadurch resultierenden Wiederbevölkerung und aufblühenden Landwirtschaft. Heute präsentiert sich Capalbio wegen seiner charakteristischen Altstadt, seiner unberührten Umgebung und der guten Küche als vor allem in intellektuellen und politischen Kreisen beliebter Urlaubsort.

▼ Capalbio, Torre dell'Orologio

▲ Capalbio, die eindrucksvolle Piazza Magenta

▼ Capalbio, die Kirche San Niccolò

SEHENSWÜRDIGKEITEN

Die Altstadt

Capalbio liegt auf der Spitze eines Hügels und bildet mit seinen hellen Mauern einen eindrucksvollen Kontrast zu den dunkelgrünen Steineichen des undurchdringlichen, mediterranen Machia-Waldes ringsum. Einst versteckten sich hier die Räuber, wie der berühmte Tiburzi, König dieser Wälder, doch heute treiben hier nur kräftige Wildschweine ihr Unwesen, die allerdings oft in der Pfanne der lokalen Gastronomie landen. Das Dorf ist von einem doppelten, mittelalterlichen Mauerring umgeben und macht einen soliden und sicheren Eindruck. Die innere Stadtmauer ist niedriger als die Äußere; so genießt der Besucher auf der Letzteren sowohl das Küstenpanorama als auch die Aussicht auf die malerischen Blickwinkel der Altstadt mit Gärten, anschaulichen Plätzen und engen Gassen, die alle auf die zentrale Straße, die sogenannte Via di Mezzo führen.

▼ Capalbio

▼ Capalbio, der Garten Arcipretura

Über den Dächern erhebt sich die mächtige Burg der Aldobrandesker und wacht mit seinem quadratischen Turm über das Dorf. Die ältesten Konstruktionen der Burg stammen aus dem 11. Jh. und wurden im Laufe der Jahrhunderte mehrfach modifiziert, bis sie schließlich am Anfang des 20. Jh. von den Collacchioni in Privatre-

sidenz verwandelt wurde. Ein Klavier im Palazzo Collacchioni hatte die Ehre von Giacomo Puccini bespielt zu werden, der ein Stammgast dieser Gegend war. Für eine kurze Zeit hatte er nicht weit entfernt den Turm der Tagliata in einsamer Lage am Meer (heute Turm Puccini) gemietet.
Vor der Burg läutet die Kirche San Nicola ihre Glocken. Ihre Säulen und romanischen Kapitelle weisen auf die mittelalterliche Herkunft, während eine Gedenktafel über dem Portal an die Erweiterung im 15. Jh. erinnert. Das Kirchenschiff öffnet sich seitlich in acht Kapellen mit Fresken aus dem 14. Jh. von Malern aus Siena, während die aus dem 15. Jh. aus der umbrischen Schule stammen. Nicht weit entfernt bewahrt das *Oratorio della Madonna della Provvidenza*, außerhalb der Stadtmauern und wahrscheinlich auf einem schon vorher bestehenden Gebäude errichtet, ein Fresko mit der *Madonna zwischen den Heiligen Hieronymus und Siegmund*, das, wie auch die verschiedenen Grotesken-Figuren einem Künstler aus dem Umfeld des Pinturicchio (16. Jh.) zugerechnet wird. Eine Gedenktafel im Portalbogen spricht dagegen von der Restaurierung im 19. Jh.

▼ Capalbio, Rocca Aldobrandesca

▼ Capalbio, die Kirche San Niccolò

Der See von Burano

Der See (eher ein „Sumpfrelikt“) war einst mit eine Ursache für die ungesunden Lebensbedingungen in diesem malariaverseuchten Gebiet. Heute dagegen ist aus dem Feuchtgebiet ein wahres Vogelparadies geworden, das als wahre Touristenattraktion vom WWF geleitet wird. Schilfrohr, Sanddünen und dichter Macchia-Wald bilden eine wilde und faszinierende Kulisse sowohl für Schreit- und Entenvögel als auch für Zug- und Standvögel (274 Vogelarten), die je nach Jahreszeit die mehr als 400 ha dieses Paradieses auf Erden bevölkern. Hier hat man Gelegenheit unter höchstem Respekt und nur mit Führung (Vorbestellung) Bird-Watching zu betreiben. An den Ufern des Sees erkennt man den Torre di Buranaccio, ein Wachturm aus der Zeit des Präsidienstaates der Spanier.

▼ Kormoran, Torre di Buranaccio

KURIOSES

Der Giardino dei Tarocchi

Eine fabelhafte und erstaunliche Kreation von Niki de Saint Phalle, der bekannten französischen Bildhauerin und Malerin, die diesen Kunstpark bei Garavicchio an der Grenze zum Latium geschaffen hat. Hier lebte die Künstlerin für lange Zeit mit ihrem Mann, dem Bildhauer Jean Tinguely; und hier in der mediterranen Macchia wurde der esoterische und zyklopische Garten des Tarot nach Vorbild der Kreationen von Gaudì in Barcellona ins Leben gerufen. Bunt und

▼ Der See von Buriano

▼ Capalbio, Giardino dei Tarocchi

imposant ragen die 22 Arcana des Tarot aus dem grünen Wald. Aus Eisen und Zement konstruiert sind sie mit farbig leuchtendem Glas- und Keramikmaterial ver-

▼ Capalbio, antikes Fragment

kleidet worden: ein einzigartiger Effekt, der viele Besucher anlockt. Im Laufe der Zeit haben zusätzliche Werke anderer zeitgenössischer Künstler den Park vervollständigt.

Eine Eisenhütte aus dem 15. Jh.
In der Ortschaft Pescia Fiorentina befand sich am Anfang der Renaissance eine Eisenhütte, Ausdruck einer blühenden Eisenproduktion im Zusammenhang mit der Eisenförderung auf der Insel Elba, die bis ins 19 Jh. andauerte. Danach wurden die Schmelzöfen und die anliegenden Gebäude verlassen und auf unterschiedliche Weise weitergenutzt. Seit Jahren wartet man auf eine dringend notwendige Restaurierung dieser wichtigen Anlage industrieller Archäologie, die neben zusammengefallenen Gebäuden noch eine große Konstruktion mit Bögen zeigt, wo sich der Hochofen befand.

FÜHRUNGEN:
Die Cooperativa la Fortezza organisiert wunderbare Ausflüge, Archeotrekking und Führungen in den schönsten Orten der toskanischen Maremma, mitten im Grün der Hügel zwischen den Bergen und dem Meer.
www.sovanaguide.it
coop_lafortezza@virgilio.it
Tel. +39 0564 616532

CAPALBIO
Gemeindegebiet: 187 km²
Einwohner: 4285
Höhe: 219 m ü. d. M.
Rathaus: Via Puccini 32
www.comune.capalbio.gr.it

Orbetello

DIE GESCHICHTE

Orbetello, eine charakteristische Stadt, die sich inmitten einer großen Lagune geradezu zwischen Meer und Himmel erhebt. Ein künstlicher Erddamm teilt die Lagune in *Laguna Levante* (Osten) und *Laguna Ponente* (Westen). Seitlich ist das Lagunen-Becken im Norden vom Sandstreifen *Tombolo della Gianella* (touristisch mit Badestrand) und im Süden vom *Tombolo della Feniglia* (Naturschutzgebiet, in dem man zu Fuß oder mit dem Fahrrad zum Strand kommt) begrenzt: Hier erlebt man die spektakuläre Schönheit der Natur, wo typische Flora und Fauna sich ungestört in verschiedenen Ökosystemen entwickeln können. In der Antike, vor der Konstruktion der beiden Sandstreifen, schaute Orbetello auf das offene Meer und war durch die große Insel *Argentario* geschützt. Handel und Hafengeschäfte bildeten die wichtigsten Ressourcen. Die Geschichte von Orbetello beginnt in etruskischer Zeit, genauer im 6. Jh. v. Chr. Aus dieser Zeit stammen noch einige Gebäudereste in der Altstadt, während noch ältere Nekropolen orientalischer Herkunft (8.-7. Jh. v. Chr.) in den vergangenen Jahrhunderten Grabschändungen und fortschreitender Urbanisation zum Opfer gefallen sind. Wie auch immer gibt es im Gemeindegebiet zahlreiche Ausgrabungsstätten, welche die Bedeutung dieses Gebietes in der Antike zeigen: Besonders zu empfehlen sind hier die Reste des Etruskertempels *Talamonaccio* (2. Jh. v. Chr., Fonteblanda; der wunderbare Frontgiebel aus Terrakotta wird in der Polveriera Guzman in Orbetello

▼ Orbetello

ausgestellt), die eindrucksvolle *Tagliata Etrusca* (Felsenkanal, Loc. Torre Tagliata, Ansedonia), in Wirklichkeit - trotz des Namens - ein wunderbares Beispiel römischer Ingenieurskunst, mit hydraulischen Anlagen aus dem 1. Jh. v. Chr., und schließlich die Ruinen der römischen Stadt *Cosa* (Ansedonia) mit Stadtmauern, Tempeln und verschiedenen Gebäuden (3. Jh. vor Chr. bis zur Kaiserzeit). Im Mittelalter wurde Orbetello von Karl dem Großen dem romanischen Kloster *Tre Fontane* geschenkt und gelangte darauf erst in den Besitz der Aldobrandesker und blieb später im Besitz der Familie Orsini, die dieses Gebiet für lange Zeit gegen Orvieto verteidigte, bis im 15. Jh. die Republik Siena die Macht übernahm, um sich einen wichtigen Zugang zum Meer zu verschaffen. Aber es war die Herrschaft der Spanier, die das Territorium und seine Monumente entscheidend prägte, als sie nach dem Fall Sienas den sogenannten *Stato dei Presidi* (Staat der Festungen) gründeten, der von 1557 bis 1801 den Küstenstreifen zwischen dem heutigen Naturpark *Parco dell'Uccellina* und dem See von Burano und außerdem die Insel Elba und Piombino kontrollierte. Nach den Spaniern (bis 1707) wechselte die Macht zunächst an die Österreicher (bis 1736) und am Ende

▼ Orbetello, Dom S. Maria Assunta

▲ Orbetello, innerhalb der Porta Medina Coeli

▼ Talamone

an den König von Neapel und Sizilien, Carlo Barbone. Danach, im 19. Jh., war das Gebiet bis zur Einheit Italiens Zeuge der wechselnden Geschichte des Großherzogtums Toskana. Der *Stato dei Presidi* hatte von Anfang an große Bedeutung für das politisch-militärische Gleichgewicht in der Toskana und war deshalb mit vielen Burgen, Festungen und Wachtürmen ausgerüstet, die noch heute über die Küste verteilt sichtbar sind.

SEHENSWÜRDIGKEITEN

Die Altstadt

Für Orbetello war es seit der Antike lebensnotwendig, gegen Angriffe so-

▼ Porta Medina Coeli, von außen

wohl vom Land als auch vom Meer gerüstet zu sein. Mauern aus der Etruskerzeit (4. o. 3. Jh. v. Chr.) sind besonders entlang der Laguna Levante gut sichtbar und umfassen auf drei Seiten die Altstadt, die man durch die *Porta a Terra* oder *Porta Medina Coeli* erreicht, die mit den königlichen Wap-

▼ Das Garibaldi Denkmal

pen von Spanien geschmückt ist. Diese Mauern wurden im Mittelalter zunächst von Siena und darauf von den Spaniern verstärkt und ausgebessert. Die verschiedenen Verteidigungsanlagen wurden zum Beispiel während des berühmten Dreißigjährigen Krieges, als die Franzosen ohne Erfolg Orbetello belagerten, auf harte Probe gestellt. Aus dem 17. Jh. stammt die Bastion Guzman und die nahe gelegene Polveriera (Pulverdepot, 1692), ein bemerkenswertes Beispiel militärischer Architektur, mit vier Obelisken zum Schutz gegen Artilleriefeuer umstellt. Im ersten Stock der ehemaligen Polveriera Guzman, welche wie die Bastion auf die Laguna Levante blickt, befindet sich das archäologische Museum der Gemeinde, das Fundstücke jeder Art ausstellt (Gebrauchsgegenstände, Schmuckstücke, Keramik, Bronzeobjekte, Grabsteine usw.) und zwar von der Villanovakultur bis zum Römischen Kaiserreich. Wie oben erwähnt, kann man im Erdgeschoss den wunderbaren Frontgiebel aus Terrakotta besichtigen, der bei den Ausgrabungen des Tempels Talamonaccio gefunden wurde und den *Mythos der Sieben* gegen *Theben* darstellt mit dem während der Belagerung von Theben ausgebrochenen Kampf, zwischen den Brüdern Eteokles und Polyneikes, den Söhnen des Ödipus. Die spanischen Festungsanlagen und die Stadttore aus dem 16. Jh. sind, zusammen mit den Wappen des spanischen Vizekönigs und einer seltenen lateinischen Inschrift, die bei Cosa gefunden wurde, und dem Palazzo di Spagna (17. Jh.) mit seinem charakteristischem Uhrturm und der Büste von Giuseppe Garibaldi (anscheinend hat sich der Held vor seinem Zug der Tausend in Orbetello mit Schießpulver der Polveriera Guzman versorgt) die wichtigsten Sehenswürdigkeiten des kleinen Stadtkerns. Unter den

▼ Orbetello, Porta di Terra

▼ Die Kirche S. Maria Assunta, Portal

Kirchen sind besonders am Anfang der Stadt die Santa Maria delle Grazie (Ort der Marienverehrung mit einem schönen Freskengemälde aus der Siena-Schule des 15. Jh. mit der *Jungfrau mit Kind zwischen den Heiligen Petrus und Paulus*), die Kirche San Francesco da Paola im spanischen Stil und vor allem die Kathedrale Santa Maria Assunta zu erwähnen. Die Letztere wurde wie im Mittelalter üblich auf den Resten eines heidnischen Tempels aus dem 5. Jh. errichtet und zeigt ein schönes Portal und eine wunderbare Fensterrose in der Fassade aus dem 13. Jh., die mit der aus dem 17. Jh. verschmolzen ist. Das im Spätbarockstil gehaltene Innere bewahrt viele Meisterwerke, wie zum Beispiel ein Altar-Ziborium aus Marmor (13. Jh.), ein seltenes Antependium aus dem 9. Jh., das während der Restaurierung der Kathedrale gefunden wurde, ein hölzerner Chor aus dem 16. Jh. und viele Grabsteine wichtiger Persönlichkeiten der spanischen Regierung. In der zweiten Kapelle der rechten Seite wird die Reliquie des Kopfes des Bischofs und Heiligen Biagio, Patron von Orbetello, aufbewahrt. Schaut man auf die *Laguna di Ponente*, erkennt man am Rand der Straße, die zum Argentario führt, eine charakteristische Windmühle, die sich aus dem Wasser erhebt und zum Symbol von Orbetello geworden ist: Insgesamt waren es neun Konstruktionen ähnlicher Art, die von Siena im 16. Jh. errichtet und von den Spaniern für das Getreidemahlen umgeformt wurden. Zuerst waren es hydraulische

▼ Piazza Garibaldi u. Palazzo di Spagna

▼ Orbetello, Mühle

Systeme, welche die Mühlen bewegten und erst später kamen Windmühlenflügel dazu, um die Windenergie zu nutzen.

Talamone

Eine Burg aus dem 15. Jh. schaut strotzend von einem Küstenfelsen auf das schäumende Meer und über eine Handvoll Häuser ringsum: So erscheint dem Besucher das malerische Dorf Talamone. Einst ein Fischerdorf ist es heute als renommierter Badeort im Gemeindebereich von Orbetello bekannt. Die Etruskersiedlung Tlamu befand sich, wie die Ausgrabungen und die Entdeckung des Tempels, von dem oben gesprochen wurde, belegen, auf dem nahen Hügel Talamonaccio. Das Dorf wurde im Mittelalter und in der Renaissance mit der Burg und mächtigen Mauern befestigt aber seine Entwicklung wurde immer wieder von den Überfällen der Barbaren und der sich ausbreitenden Malaria gebremst. Die moderne Kirche Santa Maria Assunta bewahrt noch antike Gegenstände aus den Ruinen der ehemaligen Pfarrei, die durch Bombenangriffe, die auch die Festungsanlagen beschädigten, im Jahre 1944 zerstört wurde. Aus der Geschichte wissen wir, dass auch Garibaldi am 7. Mai 1860 vorbeizog und sich für den *Zug der Tausend* mit Vorräten versorgte. Bei dieser Gelegenheit entschlossen sich 16 Bewohner von Talamone, seine Truppen zu verstärken.

▼ Talamone, Panorama

Cosa

Kurz nach der Niederlage von Vulci, dem wichtigen Machtzentrum im südlichen Etrurien, gründeten die Römer im Jahr 273 v. Chr. diese neue Kolonie: von Anfang an war sie mit mächtigen Mauern befestigt, um sich gegen Etrusker und Karthager verteidigen zu können. Es handelte sich um ein weitsichtiges Projekt, dass zur Konstruktion einer ganzen Stadt (mit dem Tempel für die Göttertriade Jupiter, Juno und Minerva auf dem höchsten Punkt, mit dem Forum, den öffentlichen und kommerziellen Gebäuden, den Häusern der Siedler an den typisch römischen, rechtwinkligen Straßen), aber auch zur Aufwertung des umliegenden Territoriums führte, als Straßen und Brücken gebaut und die landwirtschaftlichen Flächen unter den Siedlern aufgeteilt wurden. Das Gebiet wurde hydrografisch kontrolliert und selbst ein Portus Cosanus angelegt, dessen Wasser von der Tagliata geregelt wurden - darauf kommen wir im nächsten Abschnitt noch zu sprechen. Im Verlauf des 1. Jh. v. Chr. verlor die Stadt zunehmend an Bedeutung und wurde durch Kriegsereignisse und Piratenüberfälle mehrfach zerstört. Im 3. Jh. n. Chr. war sie fast völlig entvölkert zugunsten des ganz in der Nähe entstehenden Ortes Ansedonia, der sozusagen die Geschichte von Cosa fortsetzte. Die Ruinen von Cosa sind unbedingt für einen Besuch zu empfehlen, zeigen sie doch ein eindrucksvolles Beispiel für die urbanistischen Kapazitäten der Römer.

▼ Talamone, Bagno delle Donne

La Tagliata

In der Nähe von Ansedonia befinden sich in der Ortschaft *Torre Tagliata* zahlreiche Überreste aus römischer Zeit, sowohl Gebäude (wie die *Villa Delle Sette Finestre* aus dem 1. Jh. v. Chr.), als auch Mauerkonstruktionen im Hafen von Cosa. Die Hauptattraktion bildet jedoch die so genannte *Tagliata*: Ein Kanal, der, teilweise unter freiem Himmel, teilweise als Tunnel, von den Römern in den Felsen gegraben wurde, um den nahen *Spacco della Regina*, eine ursprüngliche Karstformation, zu ersetzen. Bevor dieser natürliche Kanal von Erdrutschen blockiert wurde, hatte er die Aufgabe, den

Hafenbereich zu dränieren und so vor Versandung zu schützen. Der Name *Tagliata* stammt von einem antiken Wachturm aus dem 15. Jh., der auch als Torre Puccini bekannt ist, weil der berühmte Komponist sich dort aufhielt, um an seinem Werk *Turandot* zu arbeiten.

KURIOSES

Die Überflüge von Balbo

In Orbetello, dort wo sich heute der *Parco delle crociere* befindet, gab es seit Anfang des 20. Jh. einen international bekannten Wasserflughafen, der 1940 noch mit neuen Flughangars ausgebaut wurde, die der Architekt Pier Luigi Nervi geplant hatte: Von hier aus startete Italo Balbo seine berühmten Ozeanüberflüge zwischen den Jahren 1928 und 1933. Die Hangars des Nervi wurden von den deutschen Truppen 1944 zerstört. Die wenigen Reste des Wasserflughafens sind ihrem Schicksal überlassen worden. In der Nähe gibt es den sogenannten Friedhof der Atlantici, wo viele Piloten der Luftwaffe der damaligen Zeit bestattet worden sind.

▼ Ansedonia, Tagliata

Forte delle Saline

Diese Festung erhebt sich über der Flussmündung des Albegna in der Nähe von Albinia. Ein Gebiet, das in der Antike für seine Salinen an der Lagune und den regen Handel mit Salz und Getreide bekannt war. Tatsächlich wurde der Flusshafen im15. Jh. von Siena befestigt, um diese reiche Wirtschaftsquelle zu schützen, bis sie schließlich zum spanischen Präsidienstaat gehörte. Nicht weit entfernt, auf dem *Tombolo della Giannella* trifft man das charakteristische Gebäude *Casale Spagnolo*, das heute das Zentrum für Umweltschutz *Aurelio Peccei* mit didaktischem Material über die Feuchtgebiete der Lagune und einem Schmetterlingsgarten beherbergt.

▼ Albinia, Forte delle Saline

Unter dem Flügelschlag der Seeadler

Es heißt, dass man von den Aussichtstürmen im Wald der Naturoase von Patanella, die 1998 vom WWF gegründet wurde, den Flug der Seeadler beobachten kann: Eins ist sicher, in den Feuchtgebieten und an den Ufern der Lagune von Orbetello haben Avifauna und Wasserflora ein wahres Paradies gefunden und verdienen Respekt und Bewunderung, denkt man nur an die spektakuläre Erscheinung der Flamingos in der Lagune. Im Gemeindegebiet gibt es verschiedene Naturschutzgebiete. Da ist z. B. die *Riserva Naturale della Feniglia*, die sich auf einer ca. 7 km langen Düne erstreckt, die im Süden vom offenen Meer und im Norden (wo sich Hütten für Birdwatching befinden) von der Lagune bespült wird. Hier kann man zu Fuß oder auf dem Fahrrad den Wegen in den Macchia-Wald folgen, wo der Legende nach im Jahre 1610 der im Sterben liegende Caravaggio gefunden wurde. International bekannte Feuchtzonen für die Überwinterung vieler Vogelarten (vor allem Wasservögel) sind die *Riserva Naturale Provinciale Laguna di Orbetello* und die Oasi della *Laguna di Orbetello*, die vom WWF geleitet werden: Im Bosco di Patanella, ein Waldgebiet von 42 ha, werden sowohl verschiedene, vom Aussterben bedrohte Arten der mediterranen Flora geschützt, darunter viele spontane Orchideenarten, als auch die Wiedereinführung geschützter Tierarten gefördert.

▼ Fischfang in der Lagune

Aquarium der Lagune von Orbetello

In Talamone kann man in einem Aquarium den Lebensraum Lagune unter

▼ Rosaflamingos

▼ Fischzucht

▼ Fischadler

verschiedenen Aspekten kennenlernen, die alle von der charakteristischen Wechselbeziehung Meer-Lagune gekennzeichnet sind. Über didaktische Tafeln und alte Werkzeuge kann man sich das Leben und die verschiedenen Lagunenaktivitäten vorstellen, hauptsächlich Fischfang und -Zucht, heute noch wichtige Einnahmequellen für die Bewohner von Orbetello und Umgebung.

Das Museum der Bauernkultur

Dieses Museum befindet sich in Albinia; hier nahm die Flurbereinigung von Grosseto in den 50er Jahren ihren Anfang. Im Museum wird das ländliche Leben vom Ende des 19. Jh. bis zur Hälfte des 20. Jh. dargestellt und über Fundstücke, Werkzeuge, Fotos und Dokumente von den einschneidenden sozialen Veränderungen dieses Zeitraumes berichtet.

FÜHRUNGEN:
Die Cooperativa la Fortezza organisiert wunderbare Ausflüge, Archeotrekking und Führungen in den schönsten Orten der toskanischen Maremma, mitten im Grün der Hügel zwischen den Bergen und dem Meer.
www.sovanaguide.it
coop_lafortezza@virgilio.it
Tel. +39 0564 616532

ORBETELLO
Gemeindegebiet: 227 km²
Einwohner: 15217
Höhe: m. 3 m ü. d. M.
Rathaus: Piazza del Plebiscito 1
www.comune.orbetello.gr.it

Monte Argentario

DIE GESCHICHTE

Heute ein charakteristisches Vorgebirge, das über die Sandstreifen Giannella und Feniglia und über den künstlichen Erddamm, der nach Orbetello führt, mit dem Festland verbunden ist, war der Monte Argentario ursprünglich eine Insel. Bevor die Tomboli die Lagune zu nicht genau bekannter Zeit einschlossen, bot seine Küste der kommerziellen und militärischen Schifffahrt seit der Antike sichere Häfen. Es gibt zahlreiche Grotten, wie die *Degli Stretti*, *Del Granduca* und die von *Cala de' Santi*, wo Spuren aus prähistorischer Zeit gefunden wurden. In der Nähe von Cala Galera (Porto Ercole) wurden außerdem die Reste einer etruskischen Grabstätte entdeckt. In römischer Zeit gehörte die Halbinsel der adeligen Familie der Domizi Enobarbi, reiche Händler und „argentarii" (Geldverleiher). Daher auch die Vermutung, dass von diesem Umstand der Name Argentario abgeleitet wurde, auch wenn vielleicht eher die silbrig glänzenden Felsen für den Namen (argento: Silber) verantwortlich waren. Die luxuriöse Villa mit Fischteich und Thermalbad aus dem 1. Jh. v. Chr., deren Reste an der Küste in der Ortschaft Santa Liberata in der Nähe von Santo Stefano zu bewundern sind, gehörte den Domizi. Die ersten schriftlich erwähnten Befestigungsanlagen stammen aus dem 15. Jh., der Zeit der Herrschaft Sienas (was Misswirtschaft und große Armut für eine Gegend bedeutete, die ohnehin schon von den Sarazenen heimgesucht wurde). Ein effektiveres, militärisches Projekt wurde von den

▼ Porto Santo Stefano

Spaniern begonnen, als der Monte Argentario zur Zeit von Philipp II. von Spanien Teil des Präsidienstaates wurde (1557). Zwischen dem Vatikan und dem Großherzogtum Toskana bekam dieser Küstenabschnitt große, strategische Bedeutung. Aus dieser Zeit stammen die wunderbaren Festungen, die heute noch ein Territorium charakterisieren, wo die dichte, mediterrane Macchia nur vor malerischen Buchten und weiten Hafenbecken Respekt zeigt, an denen Porto Santo Stefano mit dem Rathaus und Porto Ercole entstanden sind. In dieser reizvollen Gegend lebte die spanische Verwaltung (im 18. Jh. für kurze Zeit von den Österreichern abgelöst, siehe Orbetello) in friedlicher Nachbarschaft mit einer großen Gemeinschaft an Fischern, sowohl toskanischer, ligurischer und neapolitanischer Herkunft, bis der Argentario im Jahre 1815 zum Großherzogtum Toskana und schließlich zum Königreich Italien gehörte.

▼ Porto Ercole, die Kirche S. Erasmo

SEHENSWÜRDIGKEITEN

Porto Santo Stefano

Als Hauptstadt des Monte Argentarios und wichtiger Militärhafen zur Zeit des Präsidienstaates ist Porto Santo Stefano der jüngere der beiden Hauptorte des Vorgebirges, auch wenn der an-

▲ Porto Santo Stefano, Fortezza

▼ Porto Santo Stefano, Palio Marinaro

tike Name „Porto Traiano“ und die Anmerkungen von Strabone in Bezug auf einen Beobachtungsposten für den Thunfischfang auf mindestens römischen Ursprung verweisen. Die große, über dem Hafen dominierende Festung wurde 1563 von den Spaniern errichtet, um die Verteidigung gegen Angriffe vom Meer zu verstärken und bildete den Anfang eines militärischen und kommerziellen Aufschwungs nach der dunklen Zeit des Mittelalters. Bei einer Besichtigung der Festung kann man ein wunderbares Panorama genießen und im Inneren die ständigen Ausstellungen „Memorie sommerse. Archeologia subacquea in Toscana” (Unterwasser-Archäologie) und „Maestri d'ascia. L'arte di far navigare il legno” (Schiffbau) besuchen.

▼ Porto Santo Stefano, Fortezza

Im Sommer ist Porto Santo Stefano mit seinen beiden Anlegestellen Porto Vecchio und Porto Nuovo eine viel besuchte Hafenstadt, die im Zweiten Weltkrieg schwere Bombenangriffe hinnehmen musste. Es gibt zwei

▼ Porto Santo Stefano, Strandpromenade

Kirchen: Die Älteste aus dem 17. Jh. ist dem Heiligen Stefan geweiht und wurde in den 50er Jahren restauriert. Im Inneren befindet sich eine schöne Skulptur von Emilio Greco, die den Schutzpatron des Argentario darstellt. Die Andere ist das Werk des Architekten Boccianti (1979) und nach der Vergine Immacolata benannt worden. In der Nähe der schönen Hafenpromenade Lungomare dei Navigatori, ein Projekt von Giorgetto Giugiaro, befindet sich das Aquarium mit 17 von 10 bis

50 Metern tiefen Becken, welche die verschiedenen lokalen Meeresambiente illustrieren. Auf einer wunderbaren Schotterstraße, die außerhalb des Hafens beginnt, kann man atemberaubende Panoramablicke auf das Meer und den unbewohnten Teil des Vorgebirges mit Ruinen antiker Wachtürme inmitten des dichten mediterranen Macchiawaldes genießen.

Porto Ercole

Der Name weist eindeutig auf etruskische Ursprünge: Die Reste der Nekropole, die bei Cala Galera gefunden wurden, stehen nach der kosmischen Ordnung der Etrusker in Beziehung zum 13. Sektor, dort wo sich die Sternenkonstellation Herkules befindet. Nach den noch heute sichtbaren, imposanten Monumenten zu urteilen, war Porto Ercole noch vor dem Präsidienstaat von größerer Bedeutung als Porto Santo Stefano. Vor der Herrschaft Sienas, die wichtige Gebäude aus dem 15. Jh. und die Festungsanlagen am Hafen hinterließ, wurde der Hafen vermutlich schon von dem Kloster Abbazia delle Tre Fontane und den Aldobrandeskern, die sich im Mittelalter um diese Lande stritten, genutzt.

Der Hafen wurde darauf von drei mächtigen Festungen verteidigt, die heute zum Teil noch zu besichtigen sind: *Forte Stella*, auf dem Vorgebirge mit Blick aufs Meer (der Name stammt von seiner sternenförmigen Anlage, die auf der schon vorher bestehenden Festung Forte dell'Avvoltoio 1557 von den Spaniern errichtet und im 17. Jh. mit Bastionen versehen wurde); *Forte Filippo* in Richtung Landesinnere, links über dem Hafen mit der Batteria di Santa Caterina (ca. 1558 gebaut, nach Philipp II. benannt und heute Privatbesitz); und schließlich *Rocca Spagnola*, die sich auf der rechten Seite des

▼ Porto Ercole

Dorfes befindet (schon von Siena verstärkt und später mehrfach restauriert) und über den ältesten Teil des Dorfes wacht. Dieses Festungs-Trio bildete ein modernes und beneidenswertes Verteidigungssystem nach den Plänen der spanischen Regierung zur Zeit des Präsidienstaates, die das Projekt dem Giovanni Camerini anvertraute.

Das sich dicht am Hafen drängende, kleine Dorf wird im Sommer, nicht zuletzt wegen der nahen, mit gutem Service ausgerüsteten Bucht Cala Galera zu einem exklusiven Urlaubsort. Der älteste Dorfkern befand sich innerhalb der Rocca, deren Waffenplatz direkt hinter dem Hafen lag. Auf der Piazza Santa Barbara erhebt sich der Palazzo del Governo (1508), der von Antonio Chigi aus Siena erbaut und später von den Herren aus Spanien bewohnt wurde. Unter den anderen Monumenten empfiehlt sich ein Besuch der Villa Corsini mit dem botanischen Garten tropischer Pflanzen, der im 19. Jh. von Vincenzo Ricasoli kreiert wurde und eine Besichtigung der dem Sant'Erasmo (Patron von Porto Ercole) geweihten Kirche aus dem 17. Jh., die eine bemerkenswerte Sammlung an Epigrafen bewahrt, die sich auf wichtige, meist spanische Persönlichkeiten in der Geschichte von Porto Ercole beziehen.

Wie uns die Geschichtsbücher berichten, fand hier im Jahre 1610 Michelangelo Merisi, besser bekannt als Caravaggio, seinen Tod, der nach einem Schiffbruch in dieser malariaverseuchten Bucht strandete und seine letzten Tage krank und einsam im örtlichen Krankenhaus verbrachte.

▼ Porto Ercole, Rocca di S. Barbara

▼ Der Hafen von Cala Galera

KURIOSES

Das Passionistenkloster

Dieses Kloster, dessen Baustruktur die Herkunft aus dem 18. Jh. verrät, liegt 273 m hoch und bietet erfrischende Rast in spiritueller Atmosphäre. Die Passionisten Mönche verehren hier einige Reliquien von San Paolo della Croce, der hier sein erstes Kloster mit der Kirche errichtete als spirituelle und kulturelle Herausforderung in einer von Armut und Malaria degradierten Gegend. Im Jahre 1933, Jahrestag des Todes Christi, wurde auf diesem Hügel ein monumentales, 19 m hohes Kreuz aufgestellt. Schon das Panorama vom Kloster auf die Lagune von Orbetello ist atemberaubend, aber wenn man auf der Provinzstraße den Gipfel des Monte Telegrafo mit 645 m Höhe erreicht, verschlägt einem die spektakuläre Aussicht auf die nahen Inseln, Giannutri, Giglio und manchmal auch Montecristo vollends die Sprache.

Argentario Polo Club

In der Ortschaft Le Piane können die Liebhaber des Polo-Sports die Turniere verfolgen, die im Frühling und im Sommer mit Teilnehmern aus aller Welt organisiert werden.

▼ Passionistenkloster

Der Palio Marinaro

Dieser Ruderboot-Wettkampf in Porto Santo Stefano ist sicherlich die bekannteste, alljährliche Veranstaltung des Argentario. Der Palio wurde 1937 ins Leben gerufen und sah fortan, immer zu Mitte August unter dem Schutz der Heiligen Maria, die Stadtviertel Croce, Fortezza, Pilarella und Valle im Wettstreit auf dem Meer mit jeweils einem Boot, vier Ruderern und einem Steuermann. Es handelt sich um einen sehr beliebten Wettkampf und die Begeisterung, die hier zum Ausdruck kommt, hat ihre Wurzeln in der bewegten Geschichte dieses Fischerdorfes, besonders zur Zeit des Präsidienstaates, als die Ruderboote täglich zwischen dem Hafen und den vor Anker liegenden Schiffen unterwegs waren und Güter jeder Art, Waffen und andere militärische Ausrüstung verfrachteten.

FÜHRUNGEN:
Die Cooperativa la Fortezza organisiert wunderbare Ausflüge, Archeotrekking und Führungen in den schönsten Orten der toskanischen Maremma, mitten im Grün der Hügel zwischen den Bergen und dem Meer.
www.sovanaguide.it
coop_lafortezza@virgilio.it
Tel. +39 0564 616532

MONTE ARGENTARIO
Gemeindegebiet: 60 km²
Einwohner: 12997
Höhe: m. 0 - 635 m ü. d. M.
Rathaus: Piazzale dei Rioni 8,
www.comune.monteargentario.gr.it

Isola del Giglio

DIE GESCHICHTE

Giglio ist nach Elba die zweitgrößte Insel des toskanischen Archipels. Seit prähistorischen Zeiten bewohnt, zeigt uns diese Insel, wie es der Mensch im Laufe der Jahrhunderte verstanden hat, die vielfältigen Naturschätze dieses wunderbaren Fleckchens Erde zu nutzen: florierende Landwirtschaft, reiche Eisen-, Pyrit-, und Granitförderung und natürlich prosperierender Fischfang. Antike Anbauterrassen mit verschiedenen Kulturen kennzeichnen das landschaftliche Bild. In den Weinbergen wächst ein besonders geschätzter Wein, der berühmte Ansonica. Die mediterrane Macchia verführt den Besucher mit farbigen Blüten und frischem Waldduft zum Trekking und zu Mountainbike-Touren, während das kristallklare, fischreiche Meer unvergesslichen Urlaub garantiert. Das wussten auch die antiken Römer, im Besonderen die Familie der Domizi Enobarbi, die, wie uns archäologische Ausgrabungen berichten, seit dem 1. Jh. v. Chr. auf der kleinen Nachbarinsel Giannutri wohnten und Handel betrieben. Die blühende Insel Aegilium folgte in den späteren Jahrhunderten dem Schicksal vieler Orte der Maremma: zunächst wurde sie von Karl dem Großen dem römischen Kloster Tre Fontane geschenkt, dann als Erbpacht an die Aldobrandesker von Sovana, die Pannocchieschi und die Caetani „weitergereicht" und gelangte schließlich in den Besitz der Orsini. Kurz gesagt ein begehrtes Streitobjekt zwischen den Stadtstaaten Pisa und Siena. Im Jahre 1448 wurde die Insel von Alfons von Aragon erobert (auf diese Zeit geht die Einwanderung neapolitanischer Familien zurück) und

▼ Giglio Castello

1554 wurde sie vom schrecklichen Sarazenen-Piraten Khayr al Din oder Barbarossa geplündert, der viele Inselbewohner als Sklaven verschleppte. Diese blutige Zeit endete 1559, als Giglio als Geschenk von den Herzogen von Amalfi an Eleonora von Toledo, die Frau von Cosimo I. de' Medici, zum Großherzogtum Toskana gehörte. Fortan stand die Insel unter der besonderen Obhut der Großherzoge. Der Fischreichtum des umliegenden Meeres zog im Laufe der Jahrhunderte viele Fischer aus Ligurien und Neapel an und führte im 18. Jh. zur Entstehung des Hafenortes Giglio Porto. Das wesentlich ältere Dorf, das sich auf den Anhöhen gegen die häufigen Piratenangriffe verschanzt hatte, nennt sich Giglio Castello.

▼ Campese, der Turm der Medici

SEHENSWÜRDIGKEITEN

Die Altstadt

Von Porto Santo Stefano gelangt man über neun Seemeilen schnell auf die Insel Giglio, die den Besucher mit ihrem malerischen Hafen Giglio Porto empfängt. Bunt blicken die niedrigen, charakteristischen Häuser auf die kleine Bucht. Klein aber lebendig: Restaurants locken mit typischer Küche und zahlreiche Geschäfte laden zum Shopping ein. Von hier aus starten alle Exkursionen auf dem Land oder zu Wasser. Über der linken Mole erkennt man den schönen Turm der Medici, der 1596

▲ Giglio Castello, das Innere von San Pietro

▼ Giglio Porto, Cala del Saraceno

vom Großherzog Ferdinando I. in Auftrag gegeben wurde, um die Bevölkerung besser vor den Piratenüberfällen zu schützen. Nicht weit entfernt in der Bucht Caletta del Saraceno stehen die Reste der römischen Villa der Domizi Enobarbi (1.-2. Jh. n. Chr.) und Ruinen eines typischen Muränenbeckens. Diese Fischart wurde von den antiken Römern sehr geschätzt. Oberhalb des Hafens steht der restaurierte Turm Torre del Lazzeretto, den 1622 der Großherzog Ferdinando II. errichten ließ. Daneben befinden sich Gebäude, die zur Pestzeit als Lazarett (daher der Name des Turms, der sich heute in Privatbesitz befindet) funktionierten. Eine suggestive Straße steigt zwischen Feldern und Weinbergen mit atemberaubenden Ausblicken auf die Küste bis zum befestigten Dorf Giglio Castello hinauf, wo sich auch das Rathaus der Insel befindet. Auf einer Höhe von 400 m verschanzt kontrolliert das Dorf mit einer mittelalterlichen Stadtmauer und mächtigen, zylindrischen Wachtürmen die Insel und das umliegende Meer. Hier ist es geradezu ein Vergnügen, sich in dem Gewirr verwinkelter Gassen, uriger Steinhäuser, zwischen Bogengängen, Treppen und Kellern mit typischen Restaurants und Souvenirläden zu verirren. Inmitten dieser malerischen Architektur bewahrt die Pfarrkirche San Pietro Apostolo zahlreiche Kunstwerke verschiedenster Art und Zeiten. Unter anderem sind Fresken aus dem 14. Jh., ein wertvolles Elfenbeinkreuz aus dem 16. Jh. von Giambologna und

▼ Giglio Porto, Kirche Madonna del Giglio

▼ Giglio Castello, die Festung

die kostbare Reliquie des San Mamiliano besonders zu erwähnen. Der Reliquienschrein bewahrt den Arm des Heiligen, des Schutzpatrons von Giglio. Jedes Jahr am 15. September wird San Mamiliano mit einer Prozession gefeiert. Ein korinthisches Kapitell aus dem 2. Jh. v. Chr. trägt ein Weihwasserbecken und - kurioserweise - einige Waffen, die an den letzten Überfall der Piraten im Jahre 1799 erinnern, als diese Dank der Fürbitte des Heiligen Mamiliano (worauf wir später noch eingehen) schnell die Flucht ergriffen. Von Giglio Castello steigt man zum fröhlichen und modernen Badeort Campese, dem touristischen Herzen der Insel hinab. Hier findet man einen wunderschönen Sandstrand zwischen dem Wachturm der Medici und einem schroffen Felsen, mit Namen Faraglione. Ganz in der Nähe gibt es wunderbare, kleine Buchten mit traumhaften Farben und kristallklarem Wasser. Die religiöse Verehrung erinnert an ein Wunder, das sich in dieser Bucht durch San Mamiliano ereignete: am 18. 11. 1799 sah man von Giglio Castello aus, wie zweitausend Piraten aus Tunesien an Land gingen. Von Panik erfasst flehte die Bevölkerung um göttlichen Beistand und trug die Arm-Reliquie des Heiligen in Prozession über die Insel und plötzlich erhob sich ein starker Sturm, der die Schiffe der Tunesier zu versenken drohte. Ihrerseits von Panik ergriffen

▼ San Mamiliano Prozession

▼ Giglio Campese

▼ Der Strand Arenella

verließen die Piraten fluchtartig die Insel und ließen einig Waffen zurück: Giglio war gerettet.

Giannutri

Diese Insel gehört zur Gemeinde Isola del Giglio und gilt - wenig bewohnt und vom Massentourismus verschont geblieben - als Kleinod innerhalb des Schutzgebietes des toskanischen Archipels. Als beliebtes „Urlaubsziel" der Zugvögel wird die Insel auch Isola die Gabbiani (der Möwen) genannt, denn es gibt große Kolonien von Mittelmeermöwen (Larus michahellis) und Korallenmöwen (Larus audouinii). Das römische Dianum war schon in prähistorischen Zeiten bewohnt und war bis zum 2. Jh. v. Chr. ein beliebter Hafen. Aus dieser Zeit stammen die Reste, die in der Nähe der Küste gefunden wurden. Eine prächtige römische Villa wurde vermutlich von Lucio Domizio Enobarbo errichtet und war vom 1. Jh. v. Chr. bis zum 5. Jh. n. Chr. bewohnt. Die adelige Familie Enobarbi hatte auch Besitztümer auf Giglio. Zur Zeit des Kaisers Nero wurde die Villa restauriert. Die letzten baulichen Veränderungen im 19. Jh. stammen von einem Kapitän Garibaldis, dem Grafen Gualtiero Adami Rook, der sich hier mit seiner geliebten Nichte zurückzog. Auf der Insel gibt es zwei Buchten: Cala Spalmatoio mit den Resten des römischen Hafens und Cala Maestra, die noch Befestigungen des römischen Hafenbeckens zeigt und gleichzeitig der Eingang für die Besichtigung der großen Villa ist (zurzeit nicht geöffnet), von der man noch Magazine, verschiedene Zimmer für Sklaven und Hafenarbeiter, eine wunderbare

▼ Panorama auf die Insel Giannutri

▼ Felsenküste von Giannutri

▼ Cala Spalmatoio

mit Mosaiken verzierte Terrasse und verschiedene Ruinen auf Terrassen über dem Meer erkennen kann. Die Reste der Mosaike, der Kapitelle und Säulen, der farbigen Marmordekoration vermitteln nur einen schwachen Eindruck der ehemaligen Eleganz und Üppigkeit dieser Ambiente, die damals schon mit einem Heizsystem für die Wintermonate ausgerüstet waren.

▼ Rebsorte Ansonica

▼ Weinbergterrassen auf Giglio

KURIOSES

Museo della Mineralogia e della Geologia

Das mineralogische und geologische Museum befindet sich in Giglio Porto, Via Provinciale 9 und wurde vom wissenschaftlichen Leiter Alessandro Fei gegründet, der seine reiche Sammlung an Mineralien und Fundstücken von Giglio zur Verfügung stellte. Außerdem gibt es eine wichtige Sammlung an Exemplaren von Pietralta, einer Ortschaft, wo die Formation von wunderbaren Quarzen und Malachiten untersucht wird. Das Museum zeigt nicht nur die schöne Sammlung an Fundstücken, sondern ist vor allem eine didaktische Ausstellung, die die geologische Evolution der Insel mit reichen Vorkommen an seltenen Mineralien (Turmalin, Galenitkristalle…), Granit von Giglio und Pyriten veranschaulicht.

FÜHRUNGEN:
Die Cooperativa la Fortezza organisiert wunderbare Ausflüge, Archeotrekking und Führungen in den schönsten Orten der toskanischen Maremma, mitten im Grün der Hügel zwischen den Bergen und dem Meer.
www.sovanaguide.it
coop_lafortezza@virgilio.it
Tel. +39 0564 616532

ISOLA DEL GIGLIO
Gemeindegebiet: 21,2 km²
Einwohner: 1553
Höhe: m. 496 m ü. d. M.
Rathaus: Via Vittorio Emanuele 2
www.comune.isoladelgiglio.gr.it

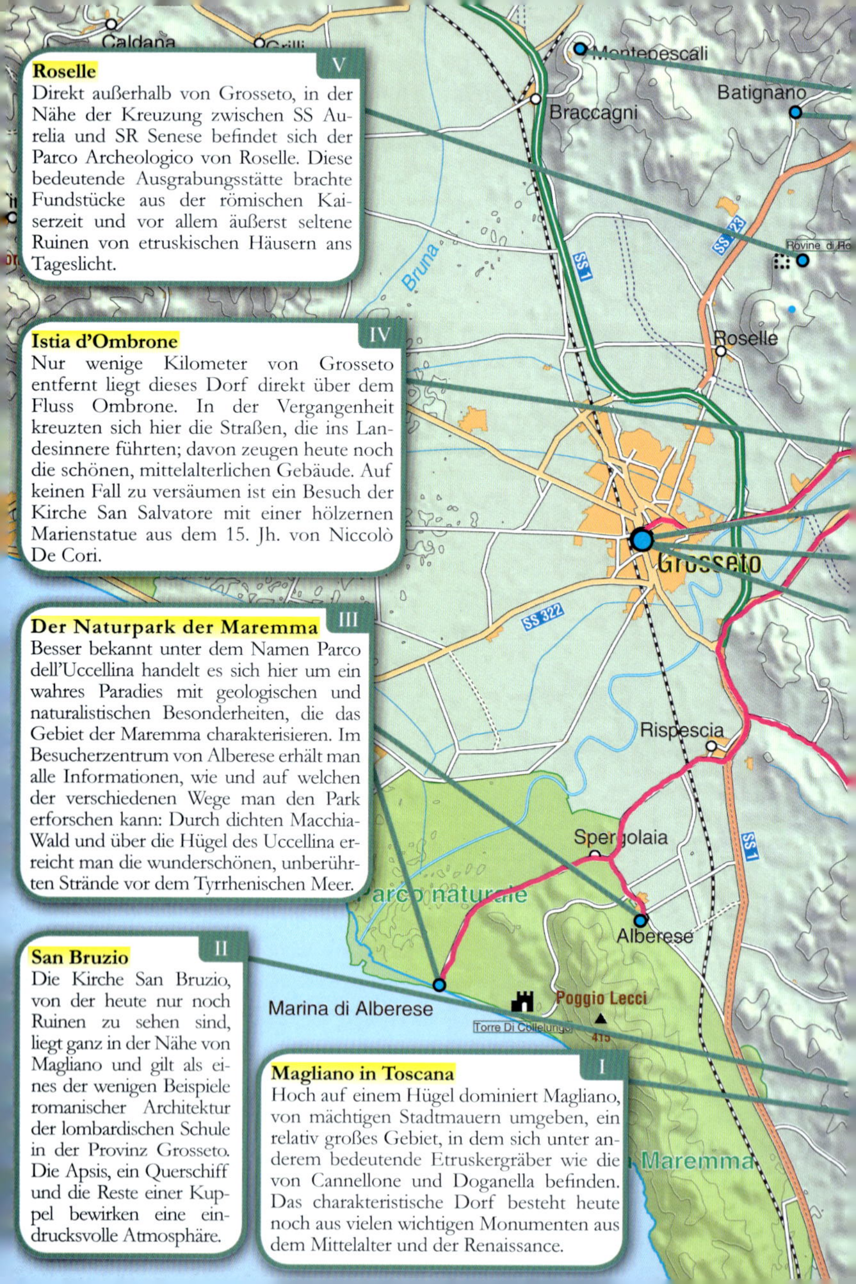

Roselle V

Direkt außerhalb von Grosseto, in der Nähe der Kreuzung zwischen SS Aurelia und SR Senese befindet sich der Parco Archeologico von Roselle. Diese bedeutende Ausgrabungsstätte brachte Fundstücke aus der römischen Kaiserzeit und vor allem äußerst seltene Ruinen von etruskischen Häusern ans Tageslicht.

Istia d'Ombrone IV

Nur wenige Kilometer von Grosseto entfernt liegt dieses Dorf direkt über dem Fluss Ombrone. In der Vergangenheit kreuzten sich hier die Straßen, die ins Landesinnere führten; davon zeugen heute noch die schönen, mittelalterlichen Gebäude. Auf keinen Fall zu versäumen ist ein Besuch der Kirche San Salvatore mit einer hölzernen Marienstatue aus dem 15. Jh. von Niccolò De Cori.

Der Naturpark der Maremma III

Besser bekannt unter dem Namen Parco dell'Uccellina handelt es sich hier um ein wahres Paradies mit geologischen und naturalistischen Besonderheiten, die das Gebiet der Maremma charakterisieren. Im Besucherzentrum von Alberese erhält man alle Informationen, wie und auf welchen der verschiedenen Wege man den Park erforschen kann: Durch dichten Macchia-Wald und über die Hügel des Uccellina erreicht man die wunderschönen, unberührten Strände vor dem Tyrrhenischen Meer.

San Bruzio II

Die Kirche San Bruzio, von der heute nur noch Ruinen zu sehen sind, liegt ganz in der Nähe von Magliano und gilt als eines der wenigen Beispiele romanischer Architektur der lombardischen Schule in der Provinz Grosseto. Die Apsis, ein Querschiff und die Reste einer Kuppel bewirken eine eindrucksvolle Atmosphäre.

Magliano in Toscana I

Hoch auf einem Hügel dominiert Magliano, von mächtigen Stadtmauern umgeben, ein relativ großes Gebiet, in dem sich unter anderem bedeutende Etruskergräber wie die von Cannellone und Doganella befinden. Das charakteristische Dorf besteht heute noch aus vielen wichtigen Monumenten aus dem Mittelalter und der Renaissance.

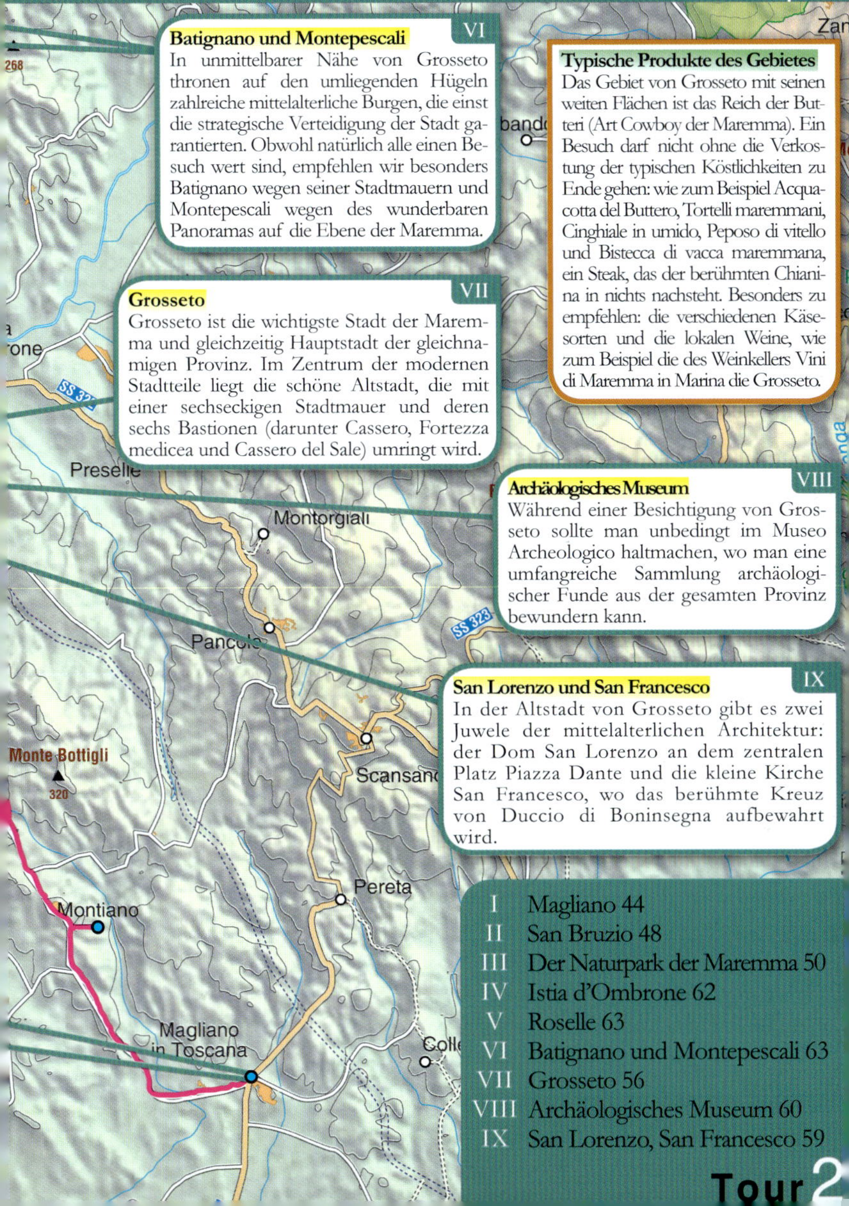

Batignano und Montepescali

VI

In unmittelbarer Nähe von Grosseto thronen auf den umliegenden Hügeln zahlreiche mittelalterliche Burgen, die einst die strategische Verteidigung der Stadt garantierten. Obwohl natürlich alle einen Besuch wert sind, empfehlen wir besonders Batignano wegen seiner Stadtmauern und Montepescali wegen des wunderbaren Panoramas auf die Ebene der Maremma.

Typische Produkte des Gebietes

Das Gebiet von Grosseto mit seinen weiten Flächen ist das Reich der Butteri (Art Cowboy der Maremma). Ein Besuch darf nicht ohne die Verkostung der typischen Köstlichkeiten zu Ende gehen: wie zum Beispiel Acquacotta del Buttero, Tortelli maremmani, Cinghiale in umido, Peposo di vitello und Bistecca di vacca maremmana, ein Steak, das der berühmten Chianina in nichts nachsteht. Besonders zu empfehlen: die verschiedenen Käsesorten und die lokalen Weine, wie zum Beispiel die des Weinkellers Vini di Maremma in Marina die Grosseto.

Grosseto

VII

Grosseto ist die wichtigste Stadt der Maremma und gleichzeitig Hauptstadt der gleichnamigen Provinz. Im Zentrum der modernen Stadtteile liegt die schöne Altstadt, die mit einer sechseckigen Stadtmauer und deren sechs Bastionen (darunter Cassero, Fortezza medicea und Cassero del Sale) umringt wird.

Archäologisches Museum

VIII

Während einer Besichtigung von Grosseto sollte man unbedingt im Museo Archeologico haltmachen, wo man eine umfangreiche Sammlung archäologischer Funde aus der gesamten Provinz bewundern kann.

San Lorenzo und San Francesco

IX

In der Altstadt von Grosseto gibt es zwei Juwele der mittelalterlichen Architektur: der Dom San Lorenzo an dem zentralen Platz Piazza Dante und die kleine Kirche San Francesco, wo das berühmte Kreuz von Duccio di Boninsegna aufbewahrt wird.

Magliano in Toscana

DIE GESCHICHTE

Die Entstehung der Etruskerstadt Magliano ereignete sich vermutlich zeitgleich mit der Zerstörung des nahen Ortes Marsiliana (gehört heute zur Gemeinde Manciano), welcher ca. 1550 Opfer eines großen Brandes war. Die Bevölkerung flüchtete auf die Hügel von Magliano und fand in den verschiedenen Siedlungen Unterschlupf.

Davon zeugen auch die Ausgrabungen der Nekropolen Cancellone und Santa Maria in Borraccia und der Siedlung von Doganella. Im 2. Jh. v. Chr. wurde die römische Kolonie von Heba in dasselbe Gebiet der Ortschaft Le Sassaie verlegt, was wirtschaftlichen Aufschwung bedeutete. Später nach dem Niedergang der Kolonie zogen die Bewohner auf den Hügel des heutigen Magliano. Diese strategische Position wurde zur Zeit der Aldobrandesker, der mächtigen Familie, die um das Jahr 1000 diesen Teil der Maremma beherrschte, befestigt. Der Name Magliano wurde zum ersten Mal im 9. Jh. schriftlich erwähnt. Vor der Hälfte des 14. Jh. gelangte das Dorf in den Besitz Sienas und wurde mit einer imposanten Stadtmauer verstärkt, die heute noch auf drei Seiten zu sehen ist.

Auch Magliano folgte dem Schicksal vieler Orte der Maremma und gehörte bis zur Einheit Italiens zum Großherzogtum der Toskana.

▼ Magliano

SEHENSWÜRDIGKEITEN

Die Altstadt

Die Stadtmauer von Magliano gilt als Musterbeispiel für einen mittelalterlichen Mauerring, der um das Jahr 1000 ursprünglich eine nicht mehr existierende Burg der Aldobrandesker mit einschloss. Trotz einer Restaurierung in jüngerer Zeit wurde die Mauer durch die Überschwemmung von 2012 erneut beschädigt. Am Ende des 14. Jh. und wiederholt im 15. Jh. vervollständigte Siena die von den Aldobrandeskern begonnenen Befestigungsanlagen. Heute kann man die Stadtmauer, die von sechs runden Türmen unterbrochen wird, auf drei Seiten besichtigen. Die vierte Seite ist von den Bewohnern in die Häuser mit eingebaut worden. Die Ruinen an der südöstlichen Ecke stammen aus der frühen Zeit der Aldobrandesker. In der Mauer befinden sich drei Stadttore: Porta San Giovanni und gegenüber Porta di San Martino und Porta Nuova aus späterer Zeit, die den Eingang zur Altstadt bildet. Unter den Zivilgebäuden sind der spätmittelalterliche Palazzo dei Priori mit einer wappengeschmückten Fassade und der Palazzo Checco il Bello (nach seinem Eigentümer im 20. Jh. Francesco Salvi benannt), der mit Zwillings-

▼ Ausblick von Porta S. Martino

▲ Befestigter Mauerabschnitt

▼ Magliano, Palazzo dei Priori

fenstern am Ende des 2 Jh. errichtet wurde, zu erwähnen. Hier lebte sowohl die Familie der Monaldeschi als auch die der Aldobrandesker. Die Kirche San Martino gilt, wenn auch mit späteren Erweiterungen modifiziert, wie an der Fassade abzulesen ist, als die älteste des Dorfes und befindet sich in der Nähe des gleichnamigen Stadttores aus dem 11. Jh. Im rechten Seitenschiff erkennt man ein originelles Portal mit romanischen Relief-Verzierungen. Zahlreiche Freskengemälde aus dem 15. u. 16. Jh., größtenteils von Künstlern aus der Schule Sienas bilden den wertvollen Wandschmuck der Kirche. Mit einer Fassade aus der Renaissancezeit, aber ursprünglich aus dem Mittelalter und im 14. Jh. restauriert präsentiert sich die Kirche San Giovanni Battista, die einen schönen Taufbrunnen aus dem 15. Jh. und verschiedene Fresken sienesischer Schule aus der Renaissance bewahrt. Nicht weit vom Dorf entfernt liegt die kleine Kirche Annunziata, die im 15. Jh. aus dem ehemaligen Oratorium Maria lactans entstand, im 18. Jh. restauriert und mit Fresken aus der Schule des Bartolo di Fredi und des Andrea Niccolò dekoriert wurde. Im Zentrum, in der Via Garibaldi wurde von der Gemeinde und der Denkmalschutzbehörde ein archäologisches Museum eingerichtet, wo man sich anhand von Fundstücken und didaktischem Material in die

▼ Magliano, die Kirche San Martino

▼ Die Kirche San Giovanni Battista

antike Geschichte dieser schon von Etruskern und Römern bewohnten Gegend vertiefen kann.
Im Gemeindegebiet von Magliano befindet sich auch ein Teil des Naturparks der Maremma (der Großteil gehört zu den Gemeinden von Grosseto und Orbetello). Hier trifft man auf historische Konstruktionen wie die Türme *Torre della bella Marsilia* bei Collecchio und *Torre di Cala di Forno*, auf die wir im nächsten Kapitell noch näher eingehen werden.

Etruskische Nekropolen

In der Nähe der Ortschaft Sant'Andrea kann man zwei Nekropolen des 7. u. 6. Jh. v. Chr. besichtigen, die Cancellone und Santa Maria in Boraccia genannt werden. Aus der Letzteren stammt die berühmte Bleischeibe aus Magliano, ein votives Objekt, das im 19. Jh. bei Ausgrabungen entdeckt wurde und heute im Archäologischen Museum von Florenz ausgestellt wird. Hier handelt es sich um ein seltenes und wertvolles Exemplar einer etruskischen Inschrift, die auf beiden Seiten der Scheibe spiralenförmig mit ca. 70 Wörtern von Göttern und Opfern erzählt und damit zur Entschlüsselung des etruskischen Alphabetes beigetragen hat.

La Doganella

Im Süden von Magliano liegt diese bedeutende, archäologische Ausgrabungsstätte, die uns die Reste einer großen, ländlichen Etruskerstadt zeigt, die damals unter der Herrschaft von Vulci stand. Die Spuren dieser Siedlung waren über 230 ha verteilt und die Wohnhäuser nach einem gleichmäßigen Grundriss angeordnet; die Fundstücke beweisen, dass sie vom 5. Jh. v. Chr. bis zum Anfang des 3. Jh. v. Chr., der Zeit ihres Niederganges, ständig bewohnt waren.

Heba

Von der römischen Stadt, die im 2. Jh. v. Chr. entstand, gibt es nur noch einige Fundament-Ruinen in der Nähe der Ortschaft Le Sassaie. Doch bezeugen zwei wichtige Fundstücke diese bedeutende römische Stadt, von der auch schon römische Geschichtsschrei-

▼ San Bruzio, Kapitell-Detail

ber (Tolomeo und Plinio il Vecchio) berichteten: die Bronze-Tafel von Heba aus dem Jahre 20 v. Chr., die von der Bestattung des Germanico und seines Vaters Druso Maggiore erzählt und sich heute im archäologischen Museum von Grosseto befindet und eine Säule mit einer Inschrift an den Genius Loci von Heba (2. Jh. v. Chr.), die im Rathaus von Magliano steht.

San Bruzio

Der volkstümliche Name geht aus der Ableitung von San Tiburzio hervor, dem kurz außerhalb von Magliano eine romanische Kirche (14. Jh.) geweiht wurde. Heute erkennt man von der Kirche nur noch einige Ruinen, besonders die große Apsis, die von Halbsäulen und Bögen, dem Trommelgewölbe der Cupola und den beiden Armen der Seitenschiffe charakterisiert ist. Aber selbst die wenigen Reste lassen eine gewisse Eleganz der Struktur und den Einfluss der lombardischen Kunst der damaligen Zeit erkennen.

Montiano

Einige Ruinen in der Nähe des mittelalterlichen Dorfes erinnern noch an das Montiano der Langobarden. Seine Befestigungsanlagen stammen aus dem 13. Jh., als die Aldobrandesker mit Siena um dieses Dorf kämpften. Letztendlich behielt Siena im Jahre 1302 die Oberhand. Die Stadtmauer, von der noch Abschnitte zwischen den Häusern zu erkennen sind, die Türme und ein schönes Bogentor wurden im 15. Jh. errichtet. Auf dem Hauptplatz bewahrt die Kirche San Giovanni Battista Werke von Meistern aus Siena aus dem 17. Jh.

Pereta

Wie Montiano war auch Pereta ein Zankapfel zwischen Aldobrandeskern und Siena. Im 11. Jh. errichtet, findet man im Dorf noch Teile der Stadtmauer aus dem späten 14. Jh., die von Siena gebaut wurde. Die antike Kirche San Giovanni Battista zeigt trotz vieler baulicher Eingriffe heute noch den ursprünglichen romanischen Grundriss und ein schönes Portal.

▼ San Bruzio

▼ Montiano

KURIOSES

Der Ulivo della Strega

Nicht weit außerhalb der Porta San Giovanni, in der Nähe der kleinen Kirche Annunziata steht seit Jahrhunderten ein mächtiger Olivenbaum, der zu den ältesten Bäumen der Toskana und Italiens gerechnet wird. Sein Alter wird auf ca. 3500 Jahre geschätzt, noch älter als der berühmte Olivenbaum von Getsemani mit 3000 Jahren. Der Stamm umfasst an seiner Basis über acht Meter und erscheint mit seiner verkrümmten Form wie eine lebende Skulptur. Da die alten Äste abfallen und die Vegetation von unten nachwächst, hat der Baumwipfel eher bescheidene Ausmaße. Der Name Ulivo della Strega (Der Olivenbaum der Hexe) entstammt antiken Legenden, die von heidnischen Riten und Hexentreffen in der Nacht zwischen dem 23. u. 24. Juni, zum Fest des San Giovanni erzählen.

▲ Pereta

▼ Magliano, Agnus Dei

▼ Magliano, Ulivo della Strega

FÜHRUNGEN:
Die Cooperativa la Fortezza organisiert wunderbare Ausflüge, Archeotrekking und Führungen in den schönsten Orten der toskanischen Maremma, mitten im Grün der Hügel zwischen den Bergen und dem Meer.
www.sovanaguide.it
coop_lafortezza@virgilio.it
Tel. +39 0564 616532

MAGLIANO IN TOSKANA
Gemeindegebiet: 250 km²
Einwohner: 3745
Höhe: 128 m ü. d. M.
Rathaus: Via XXIV Maggio 9
www.comune.maglianointoscana.gr.it

Der Naturpark der Maremma

DIE GESCHICHTE

Unter der Leitung des *Ente Parco Regionale* erstreckt sich der Naturpark der Maremma über 25 km an der südlichen Küste der Toskana und wird im Norden von Principina a Mare, im Süden von Talamone und im Osten von der Aureliastraße und der Eisenbahnstrecke begrenzt. Dieses Gebiet, das sich heute die drei Gemeinden Grosseto (Norden), Magliano (Mitte) und Orbetello (Süden) teilen, gehörte seit dem 10. Jh. den Grafen der Aldobrandesker von Sovana. Am Anfang des 12. Jh. wurde hier die Abtei Abbazia di San Rabano errichtet, die unter dem Schutz der Bischöfe von Roselle stand. Wie andere Dörfer in der näheren Umgebung war auch diese Gegend Streitobjekt zwischen den Aldobrandeskern und den Sienesern, die letztendlich die Oberhand behielten, bevor im Jahre 1559 das Großherzogtum der Toskana die Macht übernahm. Cosimo I. de' Medici war der Erste, der sich ernsthaft um die Sanierung des Territoriums der Maremma kümmerte, die aufgrund der Malaria, der Überfälle der Sarazenen, der allgemeinen Armut und der fehlenden Produktivität des Sumpfgebietes sozusagen „am Boden zerstört" war. Besonders die Sarazenenpiraten enterten nicht nur die Schiffe, sondern unternahmen auch Raubzüge an der Küste und in den Dörfern des Hinterlandes und waren daher eine ständige Bedrohung: Dies ist die Erklärung für die zahlreichen Wachtürme, deren Reste man ca. alle drei Meilen über

▼ Alberese, Butteri bei der Arbeit

die Küste verteilt heute noch erkennen kann. Von Norden nach Süden: Torre della Trappola, Ridotto di Bocca d'Ombrone, der Turm von Castelmarino (einer der ältesten aus dem 13. Jh.), von Collelungo in der Nähe von San Rabano, von Cala di Forno, Bella Marsilia, Torre Bassa, der Turm von Poggio Raso, Canelle, Capo d'Uomo, Mulinaccio und schließlich der Turm von Talamonaccio, der Teil dieses komplexen Warnsystems ist aber nicht mehr zum Naturpark gehört. Das Landgut von Alberese (dieser Ort bildet den Eingang zum Park) gehörte zunächst den Rittern von Malta, später den Medici und schließlich den Lothringern, denen trotz der störenden Unterbrechung durch Napoleon eine wohldurchdachte Verwaltung gelang. Im Jahre 1839 kaufte Leopold II. von Lothringen den landwirtschlichen Betrieb und das nicht weit entfernte Gut Badiola bei Castiglione della Pescaia für die Summe von über einer Million toskanischer Lire. Im Jahre 1915 verkauften die Lothringer an die Herzoge Lante Della Rovere. Der italienische Staat entschied im Jahre 1923, da der Kaufvertrag wegen des Ausbruchs des Ersten Weltkrieges nicht abgeschlossen wurde, die beiden Landgüter zu beschlagnahmen, weil sie ja noch offiziell den Feinden gehörten! Im Jahre 1926 wurde die Verwaltung dieses Gebietes der Opera Nazionale Combattenti (O.N.C.) übertragen, einer Organisation, die sich um die Kriegsveteranen kümmerte und ihnen Arbeitsplätze verschaffte. Auf dem Landgut Alberese wurden viele Veteranenfamilien aus Venetien und dem Friaul aufgenommen, die hier eine Art ethnische Insel bildeten, die sich aber im Laufe der Zeit perfekt integrierte. Die Trockenlegungsarbeiten wurden mit neuen Kanälen und Gräben wieder aufgenommen, neue Straßen angelegt und um die alte Fattoria di Alberese entstand eine neue Siedlung mit handwerklichen und kommerziellen Aktivitäten und der Kirche Santa Maria. Heute umfasst der landwirtschaftliche Betrieb von Alberese innerhalb des Parkes 4600 ha, von denen ca. 600 mit biologischem Anbau kultiviert werden. Der Rest besteht aus Wald, Weinbergen (ca. 50 ha, hier entsteht der DOCG-Wein Morellino di Scansano), Olivenhainen (80.000 Bäume), Pinienwäldern und Weideflächen für

▼ Collelungo und Cala di Forno

▼ Castel Marino

Pferde und die Maremma-Rinder mit ihren lang gebogenen Hörnern. Der Betrieb zählt zu den größten ganz Italiens und betreibt mit Erfolg auch Agritourismus.

SEHENSWÜRDIGKEITEN

Das Territorium

Der Naturpark bietet nicht nur naturalistische, sondern auch historische und künstlerische Reize; so trifft man neben der Abbazia di San Rabano (eigenes Kapitel) auch auf die Villa Granducale, die im 15. Jh. von Beuccio Capacci (Prior der Abbazia Benedettina di S. Maria Alborense) erbaut und später zur Residenz des Großherzogs Leopold II. und schließlich Sitz einer Außenstelle der Region Toskana wurde. In den großen Scheunen der Spergolaia, den jüngst restaurierten Gebäuden der Lothringer aus dem 19. Jh., werden Veranstaltungen und Ausstellungen organisiert. Doch das Leitmotiv des Parkes ist natürlich die Natur in all ihren Variationen. Das Bergmassiv Monti dell'Uccellina bildet die Längsachse des Naturparks, deren dichte mediterrane Vegetation von Meerwinden „gestriegelt" wird. Die höchsten Erhebungen sind Poggio Lecci und Poggio Alto, jeweils 417 und 391 m hoch. Das Schwemmland und die Flussmündung des Ombrone (im Norden) umranden die Anhöhen und bilden ein Feuchtgebiet für viele interessante Tierarten. An der Küste schauen große Kalkfelsen mit Grotten nostalgisch auf das Meer, das sich an weite Strände und lange

▼ Maremma-Stier, Kuhreiher

▼ Kanus vor der Ombrone-Mündung

▼ Maremma-Pferd u. Villa Granducale

Dünen schmiegt: ein geschütztes Paradies, das im Sommer viele Besucher anlockt (Marina di Alberese und Collelungo kann man von Alberese aus zu Fuß oder mit dem Fahrrad, Cala di Forno ab Juni nur mit Führer erreichen). Spontane Vegetation wechselt sich mit sogenannten antrophischen Pflanzungen ab, wie aufgegebenen Olivenhainen und Aufforstungen; so zum Beispiel der 600 ha große Pinienwald, den der Großherzog Leopold II. von Lothringen bei Marina di Alberese anlegen ließ, um die Anbauflächen des Hinterlandes vor den Meerwinden zu schützen und dem Boden mehr Halt zu geben. Und in den verschiedenen Biotopen zeigen typische Flora und Fauna das charakteristische Gesicht der Maremma vergangener Zeiten.
Öffnungszeiten: ganzjährig außer dem 1. Januar, nachmittags am 1. Mai und dem 15. August. Frühling und Herbst gelten als die besten Besuchszeiten, um die Sommerhitze zu vermeiden und die Vegetation in ihrer ganzen Pracht zu erleben. Auf alle Fälle empfehlen wir, sich vorher im Centro Visite di Alberese (Tel. 0564-407098) über die verschiedenen Besuchsmöglichkeiten zu informieren: zu Fuß, zu Pferd, in der Kutsche, auf dem Fahrrad oder im Kanu.

Die Flora

Unter Stein- und Korkeichen mit höherem Wuchs findet man die typischen Arten der mediterranen Flora. Auf dem trockenen Boden gedeihen Erdbeerbäume, Mastixstrauch, Schneeball, Weißdorn, Myrte und Steinlinden, während große Sträucher von Rosmarin, Lavendel, Zistrosen, Ginster und Erika für farbige Blüten und zauberhaften Duft sorgen. Unter der Vielzahl verschiedener Spezies (es gibt sogar verschiedene spontane Orchideenarten, die im Frühjahr in den sogenannten Gariguen blühen) sind besonders die seltene Zwergpalme Chamaerops humilis und die vielen Sumpfpflanzen wie Stechbinsen, Schilfrohr und Queller zu nennen.

Fauna

Genauso artenreich präsentiert sich die Tierwelt des Naturparks. Wie in anderen Bereichen der Maremma werden die Wälder von Wildschweinen, Rehen, Dammhirschen und Füchsen bevölkert; dazwischen tummeln sich aber auch freilaufende Rinder und Pferde der Maremma-Rasse.

▼ Fuchs

Den Himmel und die Baumwipfel teilen sich Grünfinken, Mönchsgrasmücken, Kohlmeisen, Eichelhäher, Spechte aber auch Raubvögel wie Turmfalken und Mäusebussarde, während Zugvögel wie Ringeltauben, Waldschnepfen, Buchfinken und Rotkehlchen hier mit Vorliebe Rast suchen. Enten und Blesshühner bevorzugen die Feuchtgebiete, das Reich der Grau- und Seidenreiher. Interessant ist das Vorkommen der Biberratte, die hier einen idealen Zufluchtsort gefunden und der autochthonen Otter den Rang abgelaufen hat. In den Kalkhöhlen der Küste verstecken sich dagegen Wildkaninchen, Stinktiere, Mauswiesel und Füchse.

San Rabano

Hier handelt es sich um die älteste Besiedlung des Naturparks, die im Jahre 1101 von den Bischöfen von Roselle erbaut wurde, deren weite Besitztümer sich bis in diese Gegend ausdehnten. Damals wurde die Abtei noch Monasterium Arborense oder Alborense genannt (unklar ist die Herkunft des Namens: entweder vom lateinischen arbor (Baum) oder von albarium in Bezug auf das weiße Gestein der Gegend. Das Kloster, auf einem Bergsattel zwischen Poggio Lecci und Poggio Alto gelegen, wurde von den Benediktinern bewohnt und wegen seiner strategischen Position bald mit einer Mauer und einem Wachturm befestigt. Im 14. Jh. lösten die Ritter von Malta die Benediktiner ab bis zum Jahre 1475, als das Kloster verlassen wurde, nachdem die Sieneser entschieden hatten, das Priorat in die Gebäude von Alberese zu verlegen, die später zur großherzoglichen Villa wurden. Im 16. Jh. wurde die Abtei von dem Eremiten Beato Rabano bewohnt, von dem sie ihren heutigen Namen erhielt. Dieser war auch ihr letzter Gast, bevor mansie endgültig ihrem Schicksal überließ. Erst Restaurierungsarbeiten, die zu Anfang des neuen Jahrtausends fertiggestellt wurden, machten den Komplex mit Wachturm, Mauern, Resten der Apsis der Kirche mit einer achteckigen Kuppel und Glockenturm den Besuchern wieder zugänglich.

▼ San Rabano

▼ Maremma-Wildschwein

KURIOSES

Der Buttero

In Alberese hat der Buttero, emblematische Figur der Tradition der Maremma, der oft bei folkloristischen Veranstaltungen auftritt, noch heute seine ursprüngliche und unersetzliche Funktion: Ein rauer Beruf zur Überwachung der Viehherden des Territoriums, zu allen Jahreszeiten und bei jedem Wetter, denn hier bewegen sich die frei lebenden Herden in unzugänglichem Gelände, das manchmal nur zu Pferd erreichbar ist. Nicht umsonst hat die Region Toskana die Figur des Buttero unter die antiken, vom „Aussterben" bedrohten Berufe aufgenommen. Es gibt nur wenige Betriebe wie den von Alberese mit einer entsprechenden Größe, die den Einsatz der Butteri heute noch notwendig machen. Wer eine gewisse Erfahrung im Umgang mit Pferden hat, kann an speziellen Exkursionen teilnehmen und die tägliche Arbeit der vier im Betrieb beschäftigten Butteri verfolgen, die viel Erfahrung im Umgang mit den Pferden und den Maremma-Rindern haben (über agriturismo@alberese.com kann man diese Exkursion reservieren). Darüber hinaus kann man die Butteri während der alljährlichen Sagra di Primavera di Alberese in Aktion erleben, wenn sie sich im Torneo della Rosa (Reitwettkampf) und der Merca del bestiame (Brandmarkung) messen.

▼ Butteri des Betriebes von Alberese

Der Laden von Alberese

In einem antiken Weinkeller von Alberese findet man neben verschiedenen lokalen Qualitätsprodukten die biologischen Produkte des landwirtschaftlichen Betriebes von Alberese, wie optimales Rindfleisch der Maremma-Rasse, Natives Olivenöl extra, der DOCG-Rotwein Morellino, durch bronzene Nudelgeräte gezogene Pasta artigianale aus Hartweizenmehl, Soßenspezialitäten und Brot aus Alberese, das aus steingemahlenem Mehl gebacken wurde.

FÜHRUNGEN:
Die Cooperativa la Fortezza organisiert wunderbare Ausflüge, Archeotrekking und Führungen in den schönsten Orten der toskanischen Maremma, mitten im Grün der Hügel zwischen den Bergen und dem Meer.
www.sovanaguide.it
coop_lafortezza@virgilio.it
Tel. +39 0564 616532

DER NATURPARK DER MAREMMA
Territorium: 9800 ha Schutzgebiet
Höhe: 0 - 417 m ü. d. M.
Büro Alberese
www.parco-maremma.it
Azienda Alberese, loc. Spergolaia
www.alberese.com

Grosseto

DIE GESCHICHTE

Obwohl in der näheren Umgebung von Grosseto einige etruskische und römische Grabstätten gefunden wurden, stammen die ersten schriftlichen Erwähnungen, die sich auf eine Burg der mächtigen Adelsfamilie der Aldobrandesker beziehen, die weite Gebiete der Maremma des 10. Jh. beherrschte, aus dem frühen Mittelalter. Der Umzug des Bischofssitzes von Roselle nach Grosseto im Jahre 1138 verhalf der kleinen Stadt zu größerer Bedeutung. Aber auch als freie Stadt war Grosseto sowohl der bischöflichen Willkür als auch dem Expansionsdrang von Siena auf der Suche nach einem Zugang zum Meer ausgeliefert.

Im Jahre 1224 bestrafte Siena die Stadt Grosseto wegen ständiger Unruhen mit einer Besatzung und unterhielt darauf ein zwiespältiges Verhältnis mit der Stadtregierung, indem man sich die Kontrolle über den Hafen sicherte und fortfuhr, die Maremma der Aldobrandesker zu erobern. Die Stadtmauer von Grosseto wurde 1335 von Siena zerstört und die Stadt fiel damit definitiv unter die Herrschaft Sienas. Bald wurden neue Verteidigungsanlagen, einschließlich des Cassero gebaut, die nach der Eroberung von Grosseto seitens der Florentiner auf Befehl des Großherzogs Cosimo I. (1574 von Francesco I.) mit der mächtigen Stadtmauer der Medici vervollständigt wurden, die heute noch komplett erhalten ist.

In diesem Gebiet der Maremma lebte die Bevölkerung für viele

▼ Grosseto, Piazza Dante

Jahrhunderte in Armut und desolaten Verhältnissen. Das mittlere Lebensalter lag bei knapp 20 Jahren: Weite Sumpfgebiete waren dagegen ein Paradies für Mücken (anofele), damals noch unbekannte Ursache für die Malaria, welche die Bevölkerung heimsuchte. Damals wurde angenommen, dass die ungesunde Luft der Sümpfe und die schlechte Ernährung der Grund dafür gewesen wäre. Die hydraulischen Trockenlegungsarbeiten, die zuerst von den Medici begonnen (Ferdinando I. richtete das Ufficio dei Fossi in Grosseto ein) und später von den Lothringern (Pietro Leopoldo und Leopoldo II.) erweitert wurden, führten zu einer langsamen aber konstanten Sanierung und einer Wiederbevölkerung dieser Gegend. Im Jahre 1927 gründeten einige der großen Gutsbesitzer das Konsortium Bonifica Grossetana, das sowohl die Trockenlegung als auch die Bodenreform noch bis heute weiterführte. Die Malaria wurde definitiv erst in den 50ger Jahren besiegt, als die Agrarreform der Landwirtschaft erheblichen Auftrieb gab und sich die allgemeinen Lebensbedingungen deutlich verbesserten.

▼ Grosseto, das Innere der Kathedrale

▲ Grosseto, Domfassade

▼ Grosseto, Denkmal von Leopold II.

SEHENSWÜRDIGKEITEN

Die Altstadt

Die wunderbare Stadtmauer, welche die Altstadt von Grosseto umringt, stammt, wie schon erwähnt, teilweise aus dem 14. Jh., zur Zeit der Herrschaft von Siena; doch der heute sichtbare, größere Teil wurde von den Medici geschaffen, als die Großherzoge eine moderne und uneinnehmbare Festung errichten wollten. Über der Stadtmauer ragt im Norden in der Nähe der Porta Nuova (18. Jh.) der mächtige Cassero mit einem Tor mit Zugbrücke und Fallgitter und einem mittelalterlichen Turm. Hier beginnt auch die schöne Fußgängerzone; im Süden dagegen befindet sich die sogenannte Porta Vecchia (13. Jh.), die den ursprünglichen Eingang der Stadt bildete. Direkt dahinter erkennt man auf der linken Seite den mittelalterlichen Cassero del Sale (Salzdepot), der jüngst restauriert wurde. Bei einem Rundgang auf der gut erhaltenen Stadtmauer aus unterschiedlichen Epochen mit ihren sechs Bastionen hat man eine schöne Aussicht auf Grosseto. Nicht weit von der Porta Vecchia entfernt, öffnet sich der weiträumige Platz Piazza Dante; in seiner Mitte das bekannte Monument von Luigi Magi: ein Bildhauer aus dem 19. Jh., der hier Leopold II. von Lothringen darstellt, welcher wegen seiner blonden Haare den sympathischen Spitznamen „Canapone“

▼ Grosseto, Festungstor

▼ L. Magi, Leopold II. v. Lothringen

erhielt und dank seiner Bemühungen um die Trockenlegung und die Sanierung des Territoriums als Retter der Maremma verehrt wird. Der Platz ist teilweise von Bogengängen umgeben und bildet das Ende der Haupteinkaufsstraße Corso Carducci. Der Dom, das Rathaus, und der neugotische, aber auf einem antiken Gebäude errichtete Palazzo della Provincia, bilden die Einrichtung des „Wohnzimmers" von Grosseto. Der dem Heiligen Lorenz geweihte Dom präsentiert sich mit einer größtenteils im 19. Jh. restaurierten Fassade, von der die älteren Bauteile aber noch gut zu erkennen sind (besonders der innere Bereich der Fassade mit den Symbolen der vier Evangelisten und die rechte Seite des Doms aus den Jahren 1330-1340). Das Kircheninnere stammt aus dem 16. Jh. wurde aber im gotischen Stil des 19. Jh. überarbeitet. Es gibt zahlreiche, sehenswerte Kunstschätze: Links vom Eingang trifft man auf ein Weihwasserbecken aus dem 16. Jh, aus der Schule von Siena und nicht weit entfernt auf einen wunderbaren Taufbrunnen mit Tabernakel (1470) von Antonio Ghini, der auch die Ädikula in der Kapelle Madonna delle Grazie geschaffen hatte: im linken Seitenschiff wird ein Heiligenbild (1470) von Matteo di Giovanni aus Siena verehrt, während im rechten Seitenschiff zwei Fenster aus dem 15. Jh. von Benvenuto di Giovanni zu bewundern sind. Außerdem erkennt man einen Christus in Gloria (14. Jh.) über dem Hauptportal. Werke, die von der historischen Bedeutung der Kathedrale im Laufe der Jahrhunderte berichten. Doch die älteste Kirche der Altstadt von Grosseto ist San Pietro, die schon 1188 schriftlich erwähnt wurde. Jüngste Ausgrabungen belegen, dass sie auf einer noch älteren Kirche aus dem 9. Jh. errichtet wurde. Man erreicht sie auf dem Corso Carducci in Richtung Porta Nuova: Auf der rechten Seite erkennt man die schlichte Fassade der Kirche, die mit spätromanischen Basrelief-Lisenen verziert ist. Das Innere besteht aus einem strengen Schiff mit Chorraum und Steinmauern. Auf einer Gedenktafel mit dem Datum 1235 wird der Graf Ildebrandino Aldobrandeschi erinnert. Von der rechts an der Kirche liegenden Seitenstraße ist die

▼ Duomo di S. Lorenzo

antike Apsis lombardischen Stils zwischen modernen Gebäuden zu erkennen. Diese Straße führt auf drei aneinanderliegende Plätze mit dem *Museo archeologico e della Maremma,* das Klarissenkloster mit der Chiesa dei Bigi, den Resten des antiken Krankenhauses der Misericordia und der Kirche und dem Kloster San Francesco. Das archäologische und kunsthistorische Museum der Maremma in dem ehemaligen Gerichtsgebäude bietet mit wertvollen Sammlungen Gelegenheit, die verschiedenen Aspekte von Kunst und Geschichte dieser Gegend kennenzulernen. Besonders interessant ist die archäologische Abteilung mit zahlreichen etruskischen und römischen Objekten, die während der Ausgrabungen bei Roselle (eine wichtige Sammlung an Statuen aus der Kaiserzeit) gefunden wurden, und mit wertvollen etruskischen Grabbeilagen (7. Jh. v. Chr.) aus anderen Ausgrabungsstätten in der

▼ Matteo di Giovanni, Madonna delle Grazie

▼ Grosseto, Piazza Indipendenza

Provinz Grosseto, im Besonderen bei Vetulonia und La Marsiliana. Eine weitere Sammlung an etruskischen und römischen Objekten unterschiedlicher Art (Urnen, Keramik, Schmuck usw.) wurde im 19. Jh. vom Kanoniker Giovanni Chelli geschenkt und bildete den ersten Kern des Museums, damals noch in der von ihm geschaffenen Bibliothek, der heutigen Biblioteca Chelliana. Ein wichtiger Ausstellungsbereich über zwei Etagen ist der sakralen Kunst gewidmet: Meisterwerke aus den Kirchen der Diözese von Grosseto, die zum Großteil von Künstlern aus Siena stammen, die zwischen dem 13. u. 18. Jh. wirkten. In der Abteilung Archäologie des Mittelalters und Geschichte der Stadt Grosseto kann man Fundstücke besichtigen, die innerhalb der Stadt und auf bzw. in den Mauern gefunden wurden. In den letzten Jahren wurden auch viele Gemälde der Sammlung des Gianfranco Luzzetti, eines bekannten Antiquitätenhändlers aus Grosseto, ausgestellt. Großzügig stellte er dem Museum verschiedene Gemälde und Skulpturen, Della-Robbia-Keramik und Möbelstücke aus der jüngeren, toskanischen Geschichte zur Verfügung. Links vom Museum erkennt man die kleine, restaurierte Kirche der Heiligen Gherardo und Ludovico, die auch „dei Bigi" (nach den dunklen Kutten der Bruderschaft) genannt wurde und sich neben dem Ospedale della Misericordia im Komplex des Klarissenklosters befindet, das im 16. Jh. restauriert wurde und heute Sitz des Universitäts-Zentrums ist. Davor auf dem Platz Piazza Indipendenza befindet sich ein schöner Brunnen aus dem Jahre 1465, der auf die Beziehung des ehemaligen Krankenhauses zum Ospedale di Santa Maria della Scala von Siena weist. Schließlich erkennt man auf dem nahen Platz Piazza San Francesco die gleichnamige Kirche aus dem 14. Jh. mit einem Klosterhof und einem Glockenturm aus dem 19. Jh. Die Kirche bewahrt einige wertvolle Werke, u.a. ein Kreuz aus dem 13. Jh. und ein großes Fresko mit dem Heiligen Christoforo vom Anfang des 15. Jh. In der rechten Seitenkapelle (17. Jh.) kann man die Geschichte des Heiligen Antonio auf den Fresken von Francesco und Antonio Nasini nachvollziehen. Nicht zu versäumen ist ein Besuch im neuen naturgeschichtlichen Museum, das sich inmitten der Altstadt unter der Adresse Strada Corsini 5 befindet. Dieses Kleinod gilt wegen seiner Ausstellung und seiner wissenschaftlichen und didaktischen Aktivitäten als Vorzeigemuseum: ein Schaufenster auf die Flora, Fauna und Geologie der Maremma.

Marina di Grosseto

Zusammen mit dem Nachbarn Principina a Mare ist Marina heute ein fröhlicher Badeort, der von Pinienhainen umgeben, direkt am Meer seit Jahren die begehrte Auszeichnung Bandiera Blu erhält. Hier findet man einen optimal ausgerüsteten, modernen Jachthafen und im alten Dorfkern erhebt sich das antike Forte di San Rocco, eine Küstenfestung aus dem 18. Jh., die auf dem antiken Torre del Sale errichtet wurde.

▼ Principina a Mare

Eine schöne Fahrradpiste verbindet Grosseto über 12 km mit Marina.

Istia d'Ombrone

Dieses kleine Dorf liegt an der Provinzstraße, die nach Scansano führt. Der Name ist Programm: Er kommt von „Isola (Insel) dell'Ombrone" und erinnert an den Fluss Ombrone, der sich in dieser Ebene mit seinem Delta zum Meer ausbreitet und im Herbst oft über die Ufer tritt. Im Dorf sind noch Teile der doppelten Stadtmauer zu erkennen. Die Erste wurde im Jahre 1137 vom Herzog von Bayern teilweise zerstört und enthält die Reste eines befestigten Gebäudes; die Zweite wurde von Siena im 13. Jh. errichtet und schützte das ganze Dorf . Es gibt zwei Stadttore, die sich jeweils in einem Turm öffnen. In zahlreichen charakteristischen Winkeln findet man noch Zeugen aus dem 12.- 13. Jh. (Palazzo dei Vescovi, das antike Krankenhaus und die Reste einer Kapelle). In der antiken, grob restaurierten Kirche San Salvatore (13. Jh.) sieht man, wie ein romanisches Kapitell als Weihwasserbecken genutzt wurde. An den Wänden hängen drei wichtige Kunstwerke aus dem 15. Jh.: ein Bruchstück eines Freskengemäldes mit Sant'Antonio Abate, der eine

▼ Istia d'O., die Kirche S. Salvatore

▲ Istia d'Ombrone, Porta grossetana

▼ Istia d'Ombrone

▲ Batignano

Besessene befreit, eine hölzerne Madonna mit Jesuskind (von Domenico di Niccolò die Gori) und ein Gemälde mit Madonna und Jesuskind von Giovanni di Paolo.

Roselle

Die öffentlichen Ausgrabungen von Roselle gehören zum Gemeindegebiet von Grosseto und zeigen auf den Hügeln, die Roselle umgeben, Behausungen und Grabstätten aus unterschiedlichen Epochen. Die archäologischen Ausgrabungen legten die erste Etruskersiedlung von Roselle frei (7. – 6. Jh. v. Chr.) mit einem Mauerring, einem Tempel und kleinen Häusern. Nach der römischen Eroberung im Jahre 294 v. Chr. folgten Jahre der Zerstörung und des Niedergangs, bis das Dorf im 1. Jh. n. Chr. wieder aufblühte. Aus dieser Zeit stammen das Forum, ein Amphitheater, Straßen mit Kopfsteinpflaster, Werkstätten und vornehme Häuser mit Resten einer Mosaikdekoration.

Die Ausgrabungen brachten zahlreiche Fundstücke ans Licht, im Besonderen Keramik und verschiedene Statuen, die wie schon erwähnt, im Museo Archäologico di Grosseto aufbewahrt werden.

Batignano

Diese Fraktion von Grosseto verdient wegen seiner Altstadt, die noch Reste der mittelalterlichen Stadtmauer, antike Türme und Tore (Porta Senese und Porta Grossetana) zeigt, unbedingt einen Besuch. Außerdem kann man einen charakteristischen Bogengang bewundern, der aus antiken Bauelementen, wie Kapitellen und römischen Säulen besteht, die sicherlich aus dem nahen Roselle stammen. In der romanischen Kirche San Martino sind noch Spuren von Fresken aus der Zeit von Siena zu sehen, während die anderen Kirchen drastisch umgebaut oder geschlossen wurden.

Montepescali

Diese anmutige Fraktion von Grosseto ist auch als „Balkon der Maremma"

▼ Roselle, Thermalbad

bekannt, kann man doch bei klarer Sicht ein unvergessliches Panorama genießen. Aber auch innerhalb der mittelalterlichen Stadtmauer bietet das antike Dorf malerische Blickwinkel; es gibt noch einige gut erhaltene Türme, ein Cassero, das in ein Wohnhaus verwandelt wurde und eine Bastion aus dem 16. Jh., die gleichzeitig der höchste Aussichtspunkt des Dorfes ist. Zwei Kirchen sind besonders zu empfehlen, die von San Niccolò und die von San Stefano und San Lorenzo (jeweils aus dem 11. u. 12. Jh.). Beide zeigen Freskengemälde aus der Siena-Schule des 14. Jh. Außerdem gibt es ein Museum über die lokale Geschichte, das nach Ildebrando Imberciatori, einem italienischen Historiker im 20. Jh. aus Castel del Piano benannt wird: Hier wird die Geschichte des Castello di Montepescali mit Bergwerksausrüstung, Werkzeugen und anderen Gegenständen aus dem bäuerlichen Leben bis hin zu Musikinstrumenten und antiken Uhren illustriert.

KURIOSES

Tino di Moscona

Schon von der Staatsstraße Siena-Grosseto erkennt man die Burg (auch Rocca di Montecurliano) auf dem Poggio di Moscona, die

▼ Montepescali, die Kirche San Niccolò

▲ Montepescali

▼ San Niccolò, das Innere

als Privatbesitz heute nur mit Einverständnis des Hofes Il Poggione di Roselle besichtigt werden kann. Wegen seiner runden Form wird diese vor Kurzem restaurierte Ruine im Volksmund auch „Tino“ (Bottich) genannt. Der Mauerring umschließt mit ca. 30 m Durchmesser kleine Behausungen und Zisternen aus dem Mittelalter und sollte der umliegenden Bevölkerung bei Überfällen Schutz bieten. Zu jener Zeit gehörte der Hügel zum Besitz der Aldobrandesker. Es gibt sogar Quellen, die von dem Vorhaben berichten, die Siedlung von Grosseto (1179) aus der malariaverseuchten Ebene auf den Poggio Moscona zu verlegen: Aber da keine ausreichende Trinkwasserversorgung gewährleistet werden konnte, wurde dieses Projekt bald aufgegeben und das befestigte Dorf wieder verlassen.

▼ Tino di Moscona

Die Estatatura

Eine Gedenktafel unter dem Bogengang des Rathauses von Grosseto erinnert an den antiken Brauch der Estatatura: Alljährlich im Sommer, wegen der Ausdünstungen der Sümpfe und der daraus resultierenden Malaria die gefährlichste Jahreszeit, zog die öffentliche Verwaltung in das höher gelegene Scansano mit gesünderem Klima um, und Grosseto entleerte sich demzufolge. Diese antike Tradition wurde im Jahre 1780 von den Lothringern und später von Leopoldo II. weitergeführt und, wie auf der Tafel geschrieben steht, erst 1897 endgültig aufgegeben.

FÜHRUNGEN:
Die Cooperativa la Fortezza organisiert wunderbare Ausflüge, Archeotrekking und Führungen in den schönsten Orten der toskanischen Maremma, mitten im Grün der Hügel zwischen den Bergen und dem Meer.
www.sovanaguide.it
coop_lafortezza@virgilio.it
Tel. +39 0564 616532

GROSSETO
Gemeindegebiet: 474 km²
Einwohner: 81928
Höhe: 10 m ü. d. M.
Rathaus: Piazza Duomo, 1
www.comune.grosseto.it

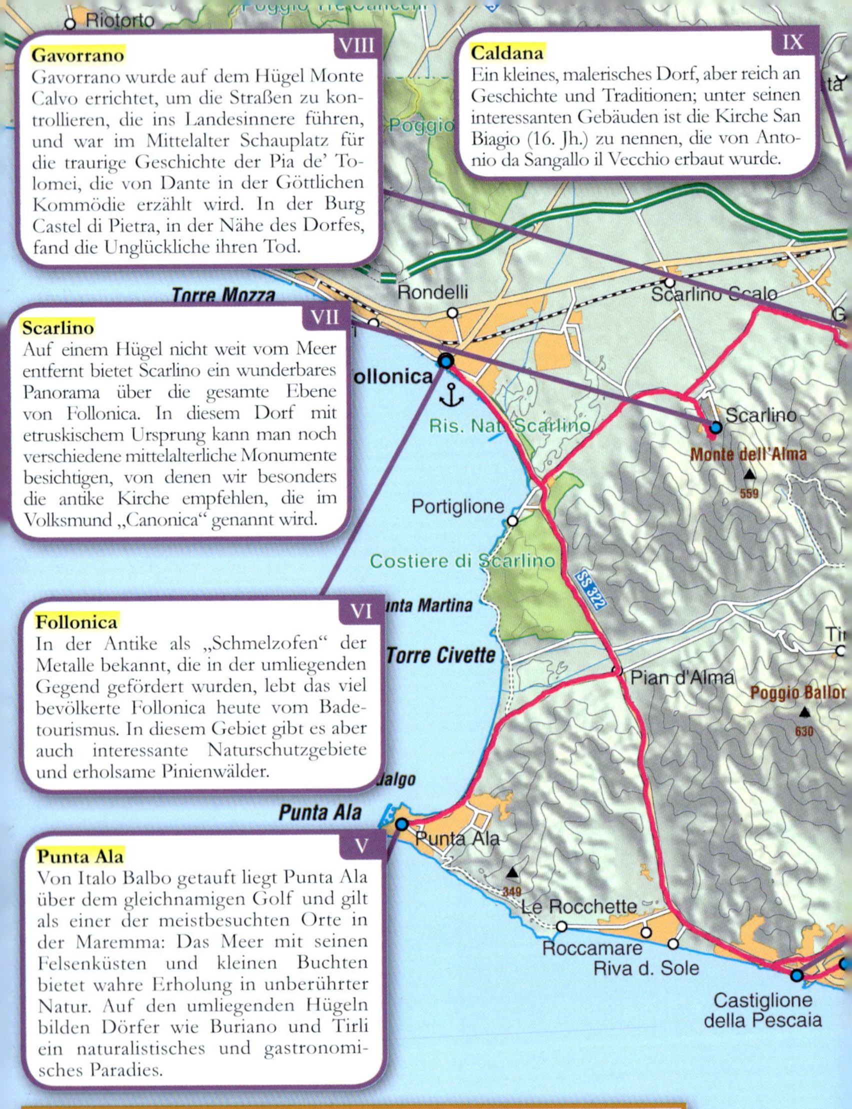

VIII

Gavorrano

Gavorrano wurde auf dem Hügel Monte Calvo errichtet, um die Straßen zu kontrollieren, die ins Landesinnere führen, und war im Mittelalter Schauplatz für die traurige Geschichte der Pia de' Tolomei, die von Dante in der Göttlichen Kommödie erzählt wird. In der Burg Castel di Pietra, in der Nähe des Dorfes, fand die Unglückliche ihren Tod.

IX

Caldana

Ein kleines, malerisches Dorf, aber reich an Geschichte und Traditionen; unter seinen interessanten Gebäuden ist die Kirche San Biagio (16. Jh.) zu nennen, die von Antonio da Sangallo il Vecchio erbaut wurde.

VII

Scarlino

Auf einem Hügel nicht weit vom Meer entfernt bietet Scarlino ein wunderbares Panorama über die gesamte Ebene von Follonica. In diesem Dorf mit etruskischem Ursprung kann man noch verschiedene mittelalterliche Monumente besichtigen, von denen wir besonders die antike Kirche empfehlen, die im Volksmund „Canonica" genannt wird.

VI

Follonica

In der Antike als „Schmelzofen" der Metalle bekannt, die in der umliegenden Gegend gefördert wurden, lebt das viel bevölkerte Follonica heute vom Badetourismus. In diesem Gebiet gibt es aber auch interessante Naturschutzgebiete und erholsame Pinienwälder.

V

Punta Ala

Von Italo Balbo getauft liegt Punta Ala über dem gleichnamigen Golf und gilt als einer der meistbesuchten Orte in der Maremma: Das Meer mit seinen Felsenküsten und kleinen Buchten bietet wahre Erholung in unberührter Natur. Auf den umliegenden Hügeln bilden Dörfer wie Buriano und Tirli ein naturalistisches und gastronomisches Paradies.

Typische Produkte des Gebietes

Diese Tour führt zum Großteil an der Küste der Provinz Grosseto entlang, die mit ihren renommierten Häfen reichen Fischfang liefert. Den Liebhabern frischer Fischgerichte läuft hier das Wasser im Mund zusammen: Ceci al Caciucco (Fischsuppe mit Kichererbsen), Pelamide und alle Arten des *Pesce Povero*. Dagegen produziert das Hinterland feines Gemüse, Schafskäse und Wein der Maremma.

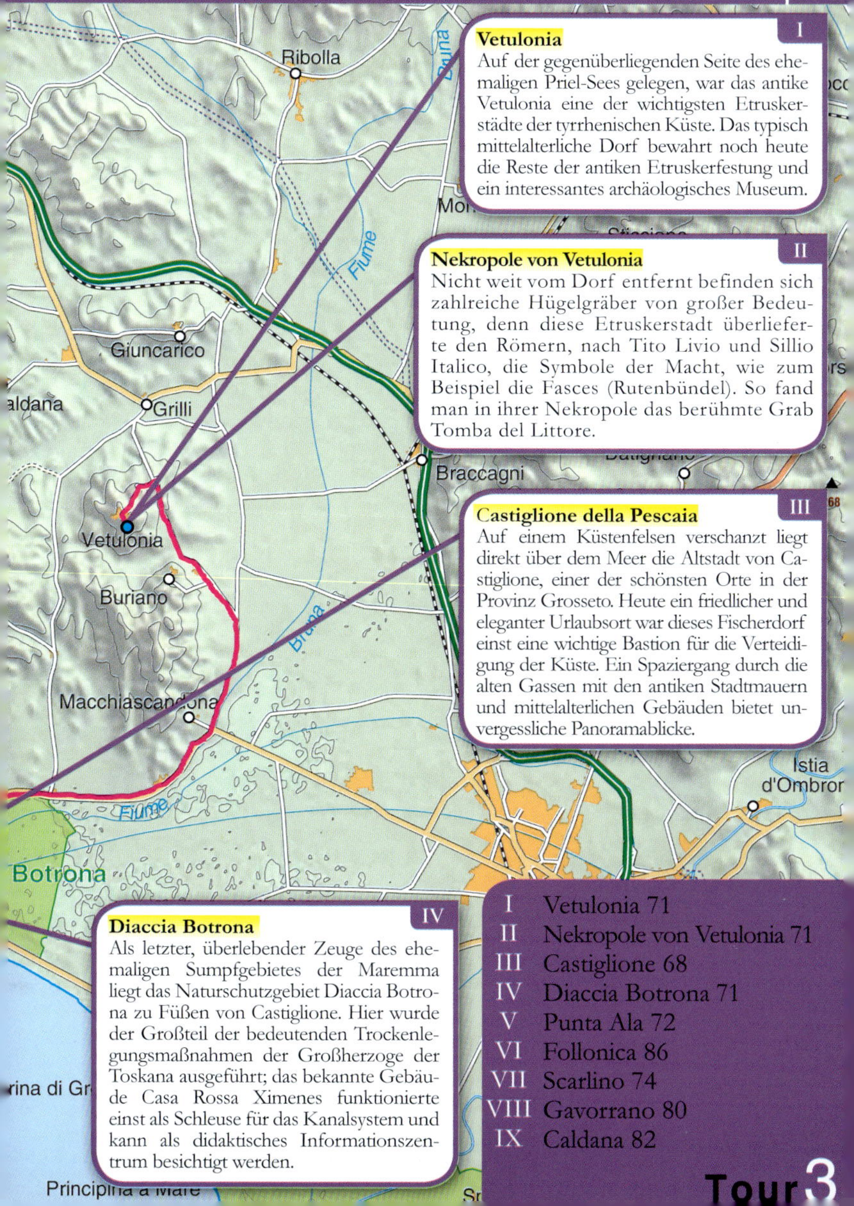

Vetulonia I

Auf der gegenüberliegenden Seite des ehemaligen Priel-Sees gelegen, war das antike Vetulonia eine der wichtigsten Etruskerstädte der tyrrhenischen Küste. Das typisch mittelalterliche Dorf bewahrt noch heute die Reste der antiken Etruskerfestung und ein interessantes archäologisches Museum.

Nekropole von Vetulonia II

Nicht weit vom Dorf entfernt befinden sich zahlreiche Hügelgräber von großer Bedeutung, denn diese Etruskerstadt überlieferte den Römern, nach Tito Livio und Sillio Italico, die Symbole der Macht, wie zum Beispiel die Fasces (Rutenbündel). So fand man in ihrer Nekropole das berühmte Grab Tomba del Littore.

Castiglione della Pescaia III

Auf einem Küstenfelsen verschanzt liegt direkt über dem Meer die Altstadt von Castiglione, einer der schönsten Orte in der Provinz Grosseto. Heute ein friedlicher und eleganter Urlaubsort war dieses Fischerdorf einst eine wichtige Bastion für die Verteidigung der Küste. Ein Spaziergang durch die alten Gassen mit den antiken Stadtmauern und mittelalterlichen Gebäuden bietet unvergessliche Panoramablicke.

Diaccia Botrona IV

Als letzter, überlebender Zeuge des ehemaligen Sumpfgebietes der Maremma liegt das Naturschutzgebiet Diaccia Botrona zu Füßen von Castiglione. Hier wurde der Großteil der bedeutenden Trockenlegungsmaßnahmen der Großherzoge der Toskana ausgeführt; das bekannte Gebäude Casa Rossa Ximenes funktionierte einst als Schleuse für das Kanalsystem und kann als didaktisches Informationszentrum besichtigt werden.

Tour 3

Castiglione della Pescaia

DIE GESCHICHTE

Der Name „Castillione de Pescaria" taucht zum ersten mal in Dokumenten des 12. Jh. auf, als sich das antike Dorf an der Küste unter der Herrschaft von Pisa befand. Von den Pisanern stammen auch die ersten Befestigungsanlagen mit einem mächtigen Wachturm, der heute noch in der Burg der Herren von Aragon zu sehen ist. In der Ebene entlang des Kanals bei der Ortschaft Le Paduline kann man noch Reste wesentlich älterer Bauwerke aus der späten Römischen Republik erkennen, die vermutlich zu einer Thermalbad-Anlage an den Ufern des sogenannten Lago Prile (Priel-See) gehörten. Im Mittelalter stritten sich kleinere Feudalherren um Castiglione, bis das Dorf am Ende des 13. Jh. zur freien Gemeinde erklärt wurde. Zu dieser Zeit erlebte Castiglione dank seines Hafens und des Fischfangs im großen Priel-See, wovon nebenbei auch die Bewohner von Grosseto nicht ganz ohne Streitereien profitierten, einen gewissen Aufschwung. Dagegen begann für den Ort im 14. Jh. eine dunkle Zeit: Der See fing an zu versanden mit gravierenden Folgen für den Fischfang. Dazu dezimierte die Pest die ohnehin schwer geprüfte Bevölkerung und bald war die Ebene um den Hafen nahezu völlig entvölkert. Auf dem sicheren Hügel dagegen wuchs das Dorf zusehends und wurde mit einer Stadtmauer umgeben, die heute noch die Burg einschließt, und gehörte damit zu dem Verteidigungssystem der Wachtürme entlang der Maremma-Küste gegen die Sarazenen-Angriffe. Castiglione wurde am Anfang des 15. Jh. von Florenz unterworfen, aber schon im Jahre 1446 von Alfons I. von Aragon

▼ Castiglione della Pescaia

erobert, der das Dorf wiederum an die Piccolomini übergab. In diesen Jahren wurden die Befestigungsanlagen verstärkt und die Burg um ein Stockwerk erhöht. Schließlich gelangte Castiglione zusammen mit der Insel Giglio in den Besitz des zukünftigen Großherzogs der Toskana, Cosimo de'Medici, der es als Geschenk an seine geliebte Braut Eleonora di Toledo „konfektionierte". Darauf gehörte Castiglione zum Großherzogtum Toskana bis zur Einheit Italiens.

SEHENSWÜRDIGKEITEN

Die Altstadt

Die Altstadt des malerischen Fischerdorfes mit gut ausgerüstetem Hafen und von sauberem Meerwasser bespülten Stränden liegt auf dem Felsvorsprung direkt über dem Meer und wird von einer Stadtmauer aus dem 14. Jh. umgeben. Über dem Dorf dominiert die Rocca Aragonese, die sich heute in Privatbesitz befindet und am Ende des 19. Jh. vom Architekten Lorenzo Porciatti aus Grosseto restauriert wurde. Der im Vergleich zu den beiden anderen Türmen (mit Blick aufs Meer und um 1450 erhöht), kleinere, mittelalterliche Wachturm der Pisaner bildet den ältesten Teil der Burg innerhalb der Stadtmauer.Das befestigte, mittelalterliche Tor Porta Urbica (im

▼ Castiglione della Pescaia, Hafen

▲ Golfo delle Rocchette

▼ Castiglione della Pescaia, Rocca aragonese

17. Jh. modifiziert) bildet den Eingang zur Altstadt und führt den Besucher sofort in die kleine Kirche Santa Maria del Giglio mit einem besonders verehrten Mariengemälde aus dem 18. Jh. Etwas weiter trifft man in Via della Fortezza auf einen kleinen, charakteristischen Platz mit der antiken, öffentlichen Zisterne (Il Pozzetto). Auf der linken Seite führt die Via delle Batterie an der Stadtmauer entlang, bis man über eine Treppe auf den großen Platz kommt, der eine wunderbare Aussicht über den Hafen und die Küste bis zum Monte Argentario bietet. Dieser Platz, auf dem im Sommer Konzerte und andere kulturelle Veranstaltungen stattfinden, trägt den Namen des berühmten, ungarischen Dirigenten Georg Solti, der lange Zeit in Castiglione lebte, wie auch andere Persönlichkeiten aus dem Kulturleben, zum Beispiel Italo Calvino und Carlo Fruttero, die in die Maremma verliebt waren und im kleinen Friedhof des Dorfes außerhalb der Stadtmauer „unter dem Blick“ der antiken Kirche San Giovanni ihre letzte Ruhe fanden. Die kleine Kirche aus dem 16. Jh. wurde innerhalb der Stadtmauer auf mittelalterlichen Gebäuden, von denen noch Fragmente aus Marmor zu sehen sind, errichtet. Der Glockenturm mit arabisch anmutenden Bögen wurde Anfang des 20. Jh. aus einem Turm der Stadtmauer (14. Jh.) gewonnen. Im Inneren werden die Reliquien des Dorfpatrons San Guglielmo di Malavalle und ein Gemälde mit den Heiligen Guglielmo und Petronilla, die Maria um Schutz für das Dorf anbeten aus der Schule des Francesco Nasini, eines Malers aus der Amiata-Gegend im 17. Jh. bewahrt. In den malerischen Gassen kommt man an verschiedenen, antiken Gebäuden vorbei, unter denen besonders der Palazzo Centurioni (im 15. Jh. Gericht und Schule im letzten Jahrhundert) auffällt. Der lebhafte Bereich des Dorfes mit Restaurants

▼ Altstadt von Castiglione della Pescaia

▼ Casa Rossa in der Diaccia Botrona

und Geschäften erstreckt sich um den Hafen und am Meer entlang. Mitten im Zentrum zwischen modernen Häusern behaupten sich noch aus dem Mittelalter das Tor Portaccia Pisana, Teile der Stadtmauer am Orto del Lilli und ein Lagerhaus aus dem 14. Jh. mit abgeschrägter Basis an der Anstiege zur Burg. Wenn man zu Fuß auf der Brücke Ponte Giorgini den Fluss Bruna überquert, erreicht man Casa Rossa (1765), ein rotes Gebäude der komplexen Trockenlegungsanlagen, die zur Zeit des Großherzogtums vom Jesuiten Leonardo Ximenes geplant wurden: Über den Schleusen kontrollierte es einst die Wasser des Canale Reale und ist heute ein multimediales Museum des Sumpfgebietes Padule di Castiglione, der bedeutenden Feuchtzone in der Riserva Naturale Provinciale della Diaccia Botrona.

Vetulonia

Im Gemeindegebiet von Castiglione befindet sich auch das antike Vetulonia, einst ein mächtiger Stadtstaat in Etrurien, wo am Ende des 19. Jh. Etruskergräber mit wertvollen Grabbeilagen (Schmuck und Bronzestatuen, Keramik im Stil von Korinth, Gebrauchsgegenstände, die von einem hohen sozialen Status der lokalen Familie berichten) entdeckt wurden. Die wichtigsten Gräber dieser Nekropole heißen Tomba del Diavolino, della Petrera, del Duce und del Littore. Seine Blütezeit erlebte Vetulonia im 7. Jh. v. Chr. unter orientalischem Einfluss. Der größte Teil der Fundstücke wird heute im Archäologischen Museum in Florenz ausgestellt, doch auch im Museo Civico Archeologico von Vetulonia kann man eine bemerkenswerte Sammlung aus der Zeit vom 9. Jh. v. Chr. bis zur römischen Epoche bewundern. Das Museum ist nach Isidoro Falchi benannt worden, Arzt und Archäologe, der die ersten Ausgrabungen in der Ortschaft Colonna leitete und dabei das antike Vetulonia der Etrusker entdeckte. Im höchsten Teil des Dorfes befindet sich ein antiker Torbogen, der zwischen mittelalterlichen Bauteilen auch Spuren aus etruskischer und römischer Zeit beinhaltet.

Tirli und Buriano

Zwei Dörfer auf den Hügeln in der Nähe von Castiglione della Pescaia, die einst wegen der malariaverseuchten Ebene dicht bewohnt waren, aber heute im Sommer aus wesentlich angenehmeren Gründen, nämlich wegen der abendlichen Frische und der guten Küche viel besucht werden. Tirli mit mittelalterlichem Ursprung lugt auf 400 m Höhe aus dem grünen Macchia-Wald hervor. Im 16. Jh. entstanden in den Wäldern von Tirli die Einsiedeleien Eremo di Malavalle (hier lebte der Heilige Wilhelm) und Sant'Anna (restauriert). Auch die Aktivitäten der Augustiner, die mehrere Kirchen errichteten, unter anderem die barocke Pfarrkirche Sant'Andrea Apostolo zeugen von der wachsenden Bedeutung des Dorfes. Der Palazzo Pretorio

▼ Vetulonia

aus dem 18. Jh. ist das einzige Zivilgebäude von historischer Bedeutung. Buriano liegt auf den Ausläufern von Poggio Ballone und war seit dem 9. Jh. Feudalbesitz der Aldobrandesker. Aus dem Mittelalter stammen die ersten Verteidigungsanlagen wie die Burg. In der Kirche Santa Maria Assunta wird die Reliquie eines Arms des Heiligen Wilhelm aufbewahrt. Nicht weit vom Dorf entfernt wurde im 16. Jh. eine kleine Kirche auf der Stelle erbaut, wo dem Einsiedler, dem Heiligen Wilhelm die Jungfrau erschien.

Le Rocchette

Eine antike Burg auf einem Felsvorsprung direkt über einer fischreichen Felsenküste mit kristallklarem Meerwasser: Auch wenn die Burg La Torre delle Rocchette (schon im Jahre 1000 schriftlich erwähnt und heute Privatbesitz) nicht öffentlich zugänglich ist, gilt dieser wunderbare Küstenabschnitt 5 km von Castiglione entfernt als beliebtes Urlaubsziel. Die Burg, zuerst im Besitz der Piccolomini und später von Eleonora di Toledo, war bis zum Ende des 19. Jh. bewohnt und mit einer Kanone bestückt.

Punta Ala

Dieser exklusive und elegante Badeort hat einen modernen Jachthafen mit ausgezeichnetem Service „unter dem strengen Blick" eines Wachturms aus dem 16. Jh. Im 20. Jh. gehörte Punta Ala zum Besitz von Italo Balbo, dem heldenhaften Atlantiküberflieger, der auch den Namen erfand: aus der Luft betrachtet erscheint diese Landzunge (Punta) wie ein Flügel (Ala). Davor hieß der Ort Punta Troia.

KURIOSES

Eremo di San Guglielmo

Das Leben des Heiligen Wilhelm (Guglielmo), des am 2. Montag im Mai gefeierten Schutzpatrons, wird von vielen Legenden umwoben. Ca. 1099 geboren führte er als Fürst von Aquitania

▲ Buriano und Vetulonia

▼ Le Rocchette

▼ Punta Ala

ein gottloses Leben, bis er den Heiligen Bernhard von Clairvaux traf, der ihn eines Besseren belehrte. Nach langer Buße und vielen Pilgerreisen kam er nach Buriano, wo er der Legende nach einen Drachen tötete, der die Bevölkerung terrorisierte. Hier lebte er für einige Zeit in der (oben beschriebenen) Einsiedelei auf dem Monte Pruno und begab sich dann in den dichten Macchiawald von Castiglione, nach Malavalle, wo er ein Einsiedlerkloster gründete, von dem noch einige Mauern und die kleine Kirche zu sehen sind. Nach dem Tod von Guglielmo wurde die Einsiedelei Eremo di Malavalle zum Sitz der Wilhelmiten, später der Augustiner und bleibt trotz ihres Verfalls jedes Jahr im Mai Ziel einer frommen Prozession.

Die Selige Libertesca

Das mittelalterliche Benediktinerkloster San Pancrazio al Fango am Rand des Sumpfgebietes Diaccia Botrona auf der Isola Clodia (hier baute die römische Familie der Clodi im 1. Jh. v. Chr. eine Villa) wird im Volksmund Badia al Fango genannt. In diesen Ruinen lebte der Legende nach die Selige Libertesca, die von der lokalen Bevölkerung sehr verehrt wird. Als junges Mädchen zog sie sich auf die Isola Clodi zurück und lebte in Einsiedelei in den Klosterruinen, wo sie im 16. Jh. in einer Kapelle beigesetzt wurde. Ihr Leichnam wurde anschließend nach Buriano gebracht, wo ihre Reliquien noch heute in der Pfarrkirche verehrt werden.

▼ Einsiedelei San Guglielmo

▼ Badia al Fango

FÜHRUNGEN:
Die Cooperativa la Fortezza organisiert wunderbare Ausflüge, Archeotrekking und Führungen in den schönsten Orten der toskanischen Maremma, mitten im Grün der Hügel zwischen den Bergen und dem Meer.
www.sovanaguide.it
coop_lafortezza@virgilio.it
Tel. +39 0564 616532

CASTIGLIONE DELLA PESCAIA
Gemeindegebiet: 208,96 km²
Einwohner: 7449
Höhe: 4 m ü. d. M.
Rathaus: Strada Provinciale del Padule, 3
www.comune.castiglionedellapescaia.gr.it

Scarlino

DIE GESCHICHTE

Fundstücke aus der Bronzezeit und aus der Epoche der Etrusker lassen vermuten, dass der Hügel von Scarlino schon zu jener Zeit bewohnt war, und zwar als Ort der Metallförderung und –Verarbeitung. Die ersten schriftlichen Erwähnungen, die von den Befestigungsanlagen berichten, stammen aus dem Jahre 973. Die mächtige Burg dagegen geht auf das 12. Jh. zurück, auf die Zeit der Aldobrandesker, die durch die Hochzeit von Ildebrando Aldobrandeschi mit der Tochter des Grafen Alberto Alberti zu den lokalen Feudalherren wurden. Im Jahre 1164 gelangte das Dorf unter die Herrschaft von Pisa und darauf in den Besitz der Appiani, Adelige aus Pisa, die 1399 den Staat von Piombino ausriefen, unter dessen Herrschaft Scarlino bis zur Eroberung der Medici im Jahre 1552 blieb. Doch der Großherzog Cosimo I. musste nach der Unterdrückung Sienas mit Rücksicht auf das politische Gleichgewicht unter den verschiedenen Mächten einen Teil des Territoriums der Maremma dem Staat Piombino zurückerstatten, der 1594 unter der Herrschaft der Appiani erneut zum Fürstentum wurde, bis zur Zeit Napoleons, als, nach einem kurzen Interim mit Elisa Baciocchi (Schwester von Napoleon), der Wiener Kongress (1855) das Fürstentum an die Habsburger vergab, die es bis zur Einheit Italiens behielten.

▼ Scarlino

SEHENSWÜRDIGKEITEN

Die Altstadt

Scarlino erhebt sich auf einem Hügel, von dem aus man die Ebene von Follonica und die gesamte Küste kontrolliert, von Piombino bis Punta Ala (tatsächlich stammt der Name des Dorfes vielleicht von dem habsburgerischen Begriff „scherl", soviel wie Warte). „Aufgeteilt" in Terziere di Sotto, di Mezzo und di Sopra oder di Rocca war das antike Dorf von einer Stadtmauer umringt, die zwischen dem 13. u. 15. Jh. errichtet wurde: Der östliche Teil ist noch am besten erhalten, mit einem runden Turm und der Porta della Fonte oder Porta Senese; der westliche Abschnitt dagegen wurde von den Häusern der darauffolgenden Epochen vereinnahmt. Die Stadtmauer verlief von dem höchsten Punkt des Hügels mit der Burg der Aldobrandesker aus dem 12. Jh. um das Dorf herum. Eine umfangreiche Restaurierung hat der Burg ursprüngliche Mächtigkeit zurückerstattet. Sie wird auch Rocca Pisana genannt, denn unter der Herrschaft von Pisa wurde sie mit Burgzinnen, Gräben und Ver-

▼ Garibaldi Denkmal

▲ Rocca Aldobrandesca

▼ Die Kirche San Donato

teidigungsanlagen mit Kanonen bestückt. Im Burghof, der einst als Friedhof genutzt wurde, finden heute kulturelle Veranstaltungen unter freiem Himmel statt. Alle Gegenstände, die während der Restauration gerettet werden konnten, befinden sich seit 1994 im Rathaus des Dorfes (aus dem 12. Jh. mit einem Turm aus dem 16. Jh.). Hier kann man anhand der Ausstellung der Fundstücke die lange Geschichte dieser Gegend, angefangen mit Gegenständen aus der Bronzezeit, die in der Nähe der Burg gefunden wurden, und Fundstücken aus dem Gebiet von Pian d'Alma und aus der römischen Villa bei Puntone direkt am Meer, nachvollziehen. In den antiken Gassen des Dor-

▼ Scarlino, Rathaus

▲ Panorama von der Burg

fes erkennt man noch Spuren aus dem Mittelalter (Türen, Architrave, Fenster). Nicht weit von der Burg entfernt befinden sich die Ruinen des Klosters Madonna degli Angeli, während man im Terziere di Sopra die Kirche San Martino besichtigen kann, die von Eleonora Appiani im 17. Jh. restauriert wurde, aber schon im 13. Jh. als Oratorium im Inneren der Burg funktionierte. Ihren antiken Ursprung bezeugt eine Inschrift auf einer der Kirchenglocken mit dem Wappen von Scarlino

▼ Scarlino

und dem Datum 1340. Die romanische Kirche San Donato, gegenüber der Burg im unteren Teil des Dorfes wurde im 11. Jh. mit einem Schiff errichtet und im 17. Jh. grob restauriert: Antike Bauteile sind in den Mauern zu finden, während man im linken Querschiff die feierliche Grabstätte aus Marmor der 1471 verstorbenen Zwillinge der Familie der Appiani, Vanni und Emanuele Appiani bewundern kann.

KURIOSES

Die Canonica

Eine der wenigen Ruinen außerhalb des Dorfes sind die Reste der antiken Kirche von Scarlino, die vermutlich im 12.-13. Jh. erbaut und dem Heiligen Michael geweiht wurde. Die im Volksmund genannte „Canonica" wurde im 15. Jh. wegen der ständigen Sarazenen-Überfälle außerhalb der schützenden Mauern verlassen. Von der antiken Kirche sind noch die Reste der Apsis mit Glockenturm zu sehen, die zusammen mit anderen Elementen auf den romanischen Baustil von Pisa hinweisen.

Der kleine Schatz von Scarlino

Während der Ausgrabungen in der Burg im Jahre 1982 wurde eine Tonvase mit hundert Goldmünzen gefunden, die aus den verschiedenen Münzpressen des 15. Jh. aus Italien und Ungarn stammten. Der wertvolle Schatz ist im *Centro di Documentazione del Territorio* im Rathaus von Scarlino ausgestellt. Bei der Geldsumme handelt es sich um ca. 100 Fiorini, die

▼ Scarlino, die Canonica

wohl bei drohender Gefahr versteckt und nach dem Tod des Besitzers vergessen wurden.

Der Hafen

Bei *Il Puntone* entstand vor wenigen Jahren Marina di Scarlino, der neue touristische Hafen mit 950 Anlegeplätzen, der bald wegen der modernen Anlagen und seinem exzellenten Service, einschließlich Jachtklub und luxuriöser Appartements zu einem Musterbeispiel des Territoriums geworden ist.

Zum Schutz des Tombolo

Die Naturschutzgebiete Riserve Naturali Statali dei Tomboli von Follonica und Scarlino sollen das Ökosystem der Tomboli (Sandstreifen) vor den menschlichen Eingriffen an dieser wunderschönen Küste schützen. Die Pinienwälder, die als öffentliche Parks entlang der Küste von Follonica und auf dem sandigen Küstenstreifen zwischen Follonica und Il Puntone di Scarlino genutzt werden, bilden eine enorme naturalistische und touristische Resource, und verdienen deshalb höchsten Respekt. Einige Gebiete sind eingezäunt und unzugänglich. Doch im Großteil des ca. 60 ha umfassenden Pinienwaldes finden die Touristen im Sommer auf Picknickplätzen Erholung, während nachts kleine Nagetiere und Reinike Fuchs auf Nahrungssuche durch den Pinienwald stöbern.

▼ Marina di Scarlino

Cala Violina

Der Name deutet auf den feinen, weißen Sand, der unter den Füßen wie Violinen „ertönt“, doch die eigentliche Attraktion sind die naturalistische Schönheit und das klare Wasser dieser kleinen Bucht, die im Sommer zum beliebten und oft überfüllten Badestrand wird. Sie gehört zum Naturschutzgebiet Riserva Bandite Naturali di Scarlino und ist zu Fuß oder

▼ Scarlino, Riserva Bandite Naturali

▲ Cala Violina

mit dem Fahrrad über einen ca. 4 km langen Panoramaweg, der an der Ortschaft Puntone di Scarlino beginnt, und direkt über der Küste verläuft, zu erreichen: Vor Cala Violina trifft man auf Cala Francese und Cala Martina, wo Garibaldi im Jahre 1849 auf der Flucht vor den päpstlichen Truppen Rast machte. Ansonsten gibt es einen kurzen Wanderweg, der durch den dichten und schattigen mediterranen Macchia-Wald führt und über den man von der Via delle Collacchie aus (bei Pian d'Alma, Podere Laschetti mit gebührenpflichtigem Parkplatz) in wenigen Minuten die Cala Violina erreicht.

▼ Cala Francese

▼ Cala Martina

FÜHRUNGEN:
Die Cooperativa la Fortezza organisiert wunderbare Ausflüge, Archeotrekking und Führungen in den schönsten Orten der toskanischen Maremma, mitten im Grün der Hügel zwischen den Bergen und dem Meer.
www.sovanaguide.it
coop_lafortezza@virgilio.it
Tel. +39 0564 616532

SCARLINO
Gemeindegebiet: 88,38 km²
Einwohner: 3718
Höhe: 229 m ü. d. M.
Rathaus: Via Martiri d'Istia, 1
www.comune.scarlino.gr.it

Gavorrano

DIE GESCHICHTE

Die Burg von Gavorrano wird zum ersten Mal im Jahre 1164 als Lehensgut der Grafen Alberti di Mangona erwähnt. Im 13. Jh. wechselte der Besitz an die Pannocchieschi, eine Familie aus Siena, die in den undurchsichtigen Fall der Ermordung von Pia de' Tolomei, der Frau von Nello Pannocchieschi, verwickelt war. Wie von Dante (5. Gesang des Purgatorium) beschrieben, fand die Adelige ein trauriges Ende in Castel di Pietra, dem Familiensitz in der Nähe von Gavorrano. Die Burg von Gavorrano war lange Zeit Streitobjekt zwischen Massa Marittima und Siena, bis sie schließlich 1331 unter die Herrschaft der Letzteren fiel, die von der sienesischen Familie der Malavolti ausgeübt wurde. Mit dem Anschluss Sienas an das Großherzogtum Toskana im Jahre 1559 „lernte" das Dorf wie die meisten Orte der Maremma erst die Medici, darauf die Lothringer und schließlich im 19. Jh. den neuen italienischen Einheitsstaat „kennen".

SEHENSWÜRDIGKEITEN

Die Altstadt

Das antike Dorf dominiert in strategischer Position auf dem Monte Calvo die Hügel bis zum Meer hinab. Noch heute ist die elliptische Stadtmauer aus dem 13.-14. Jh. teilweise zu sehen und man kann sich vorstellen, wie sie mit ihren Wachtürmen einst die Burg beschützte. In den Gassen kommt man an

▼ Gavorrano u. Bagno di Gavorrano

vielen mittelalterlichen Häusern vorbei, die schöne architektonische Details zur Schau stellen. Auf den Hauptplatz Piazza Bruno Buozzi blicken das Rathaus, das zum ersten Mal im 17. Jh. erwähnt wird, aber vom Äußeren zu urteilen aus dem 19. Jh. zu stammen scheint, und die Kirche San Giuliano, die aus Teilen der Stadtmauer besteht und sicherlich vor dem Jahre 1321 errichtet wurde; in diesem Jahr wurde di Bestattung von Paganello Pannocchieschi zitiert. Schaut man auf den Glockenturm, erkennt man die ältere Basis, die vermutlich Teil eines ehemaligen Turms der Stadtmauer war. Im Inneren der antiken Kirche, die im 17. u. 18. Jh. restauriert wurde und eine Fassade aus dem 20. Jh. zeigt, wird das Werk *Maria mit Jesuskind* (14. Jh.) vom sienesischen Künstler Giovanni d'Agostino aufbewahrt. Dieses Werk wurde im vergangenen Jahrhundert illegal verkauft, konnte aber auf dem Antiquitätenmarkt wieder zurückgeholt werden.

Neben anderen sakralen Gebäuden aus der Renaissance weisen wir auf das ehemalige und später restaurierte Kloster der Augustiner

▲ Gavorrano

▼ Die Kirche San Giuliano

▼ Caldana, die Kirche San Biagio

(Privatbesitz), die entweihte Kapelle Santi Cosimo e Damiano und das schöne Oratorium Santissimo Sacramento mit einer Fassade aus dem 19. Jh., aber ursprünglich aus dem 15. Jh. Zu Füßen des Dorfes befindet sich Bagno di Gavorrano, ein antikes Thermalbad, das heute ein modernes Gesicht zeigt. Hier sieht man einige sogenannte *Palazzi Termali*, Gebäude, die zur Zeit des Faschismus von der Firma Montecatini nach dem Projekt des Giò Ponti gebaut wurden. Ein Fund von Moneten bestätigt, dass die Thermen schon von den Römern besucht wurden. Dagegen bedeutete die Erzförderung in tiefen Solen wohl das Ende der Thermalaktivität in modernen Zeiten.

▼ Gavorrano, die Kirche San Giuliano

Caldana

Das kleine Dorf Caldana entstand vor dem Jahre 1000 in strategischer Position in der Nähe von Gavorrano und Ravi und wurde im 16. Jh. in seiner heutigen Form restauriert. Der Cassero trägt das Wappen der Augustini, einer reichen Familie aus Siena, die das Dorf von den Medici nach der zweiten Hälfte des 16. Jh. erhielt. Diese Familie war auch für die Modernisierung der mittelalterlichen Befestigungsanlagen verantwortlich, was heute noch gut zu erkennen ist: Die Stadtmauer hat einen rechteckigen Umfang und ihre Bastionen stützen sich auf eine abgeschrägte Basis; das ehemalige Stadttor ist heute geschlossen. Die schöne Kirche San Biagio (16. Jh.) wurde von Antonio Sangallo il Vecchio mit einer Fassade versehen, die der Stirnseite der Kirche von Mon-

▼ Caldana, die Kirche San Biagio

▲ Kirche S. Biagio, Fresco von Nasini

tepulciano ähnlich sieht. Über dem Portal erkennt man das Wappen der Augustini, während sich über dem Hauptaltar ein Fresko von Giuseppe Nicola Nasini befindet, das *Die Heiligen Blasius und Wilhelm in Anbetung des Kreuzes* darstellt.

Der naturalistiche Bergbau-Park

In der Geschichte des Dorfes Gavorrano spielten die Pyrit-Förderung und die örtlichen Steinbrüche eine zentrale Rolle. Aber was einst eine wichtige wirtschaftliche Ressource war, nämlich die Förderung und Verarbeitung der Mineralien, ist heute zu einer Touristenattraktion geworden: ein Teil der Brüche und der industriellen Bergbaustrukturen gehören heute zu einem Freilichtmuseum mit interessanten Rundgängen, die seit dem Jahre 2003 zum Parco Minerario e Naturalistico di Gavorrano gehören, der wiederum in das übergeordnete Projekt des Technologischen Parks *Parco Tecnologico ed Archeologico delle Colline Metallifere Grossetane* eingegliedert ist. Auf diese Weise wird die Erinnerung an die lokale Geschichte und die Opfer vieler Einwohner von Gavorrano in der Vergangen-

▼ Bergbau-Park

heit aufrechterhalten und gleichzeitig der Tourismus der Gegend von Gavorrano gefördert. Zwei Bergbaubereiche sind für die Besichtigung freigegeben worden: *Der Parco delle Rocce*, gleichzeitig Eingang zum Bergbaupark) und der Bereich *Ravi Marchi*. Der Parco delle Rocce besteht aus einem großen Steinbruch, der einst Füllmaterial für die Pyrit-Minen lieferte. Umgeben von einer Art steiniger Mondlandschaft werden hier im sogenannten Teatro delle Rocce im Sommer kulturelle Veranstaltungen von hohem Niveau organisiert. Am Eingang des Parks gelangt man durch eine konische Struktur in einen Museumstunnel, eine moderne multimediale Ausstellung, die von dem harten Leben der Bergleute im letzten Jahrhundert berichtet. Im Bereich Ravi Marchi, wo sich einst die Mine und die Anlagen zur Pyrit-Verarbeitung befanden, hat man einen didaktischen Rundgang geschaffen, der die verschiedenen Fasen der Förderung und der Sortierung der Mineralien veranschaulicht.
Darüber hinaus gibt es im Park naturalistische Zonen von großer Bedeutung, wie zum Beispiel die Bacini di San Giovanni, Becken, die für die Flößerei der Erze genutzt wurden und heute von Stockenten, Tafelenten und anderen Wassertieren besucht werden.

▼ Parco delle Rocce

KURIOSES

Der Salto della Contessa

In der Nähe von Gavorrano, bei Castel di Pietra kann man noch die Reste der Burg der Pannocchieschi

▼ Bergbau-Park

erkennen: ein Turm und ein Mauerring auf dem Hügel über dem Wasserlauf Bruna. Wie anfangs schon erwähnt, ist der Ort wegen der Verse von Dante „Siena hat mich geschaffen, aber die Maremma hat mich vernichtet“, die von Pia de' Tolomei an Dante gerichtet waren, berühmt geworden. Es bleibt aber im Ungewissen, ob diese Dame Opfer der Eifersucht ihres Mannes Nello d'Inghiramo der Pannocchieschi (Herrscher von Volterra im Jahre 1277) wurde, oder seines Verlangens, eine vorteilhaftere Ehe mit Margherita Aldobrandeschi einzugehen. Diese Intrigen werden von den antiken Kommentatoren der Göttlichen Kommödie berichtet und sind zur Legende geworden. Doch das Schicksal der armen Pia de' Tolomei, die in der Burg eingekerkert und danach von den Burgzinnen zu Tode gestoßen wurde, wird alljährlich mit dem Dorffest „Salto della Contessa“ im Monat August mit historischen Umzügen, Fahnenschwenkern, Straßentheater und gastronomischen Ständen in Erinnerung gehalten.

▼ Castel di Pietra, Gedenktafeln

▼ Ruinen von Castel di Pietra

FÜHRUNGEN:
Die Cooperativa la Fortezza organisiert wunderbare Ausflüge, Archeotrekking und Führungen in den schönsten Orten der toskanischen Maremma, mitten im Grün der Hügel zwischen den Bergen und dem Meer.
www.sovanaguide.it
coop_lafortezza@virgilio.it
Tel. +39 0564 616532

GAVORRANO
Gemeindegebiet: 164 km²
Einwohner: 8982
Höhe: 273 m ü. d. M.
Rathaus: Piazza Bruno Buozzi, 16
www.comune.gavorrano.gr.it

Follonica

DIE GESCHICHTE

Heute gehört Follonica auf relativ kleinem Gebiet (ca. 55 km^2) zu den am dichtesten bevölkerten Gemeinden der Provinz Grosseto, stand jedoch bis zum Jahre 1923 unter dem Einfluss von Massa Marittima. Follonica entstand erst in der jüngeren Geschichte, als der Großherzog Leopoldo II. von Lothringen im 19. Jh. das Trockenlegungsprojekt einleitete und für den Aufschwung der antiken Schmelzaktivitäten in dieser Gegend sorgte. Schon die Etrusker, welche die Küste der Maremma und die Colline Metallifere (metallhaltige Hügel) bevölkerten, zeichneten sich mit der Fähigkeit des Eisengießens aus (siehe die archäologischen Funde von Populonia). Tatsächlich wurden auch im Hinterland von Follonica Spuren antiker Metallverarbeitung aus dem 6. Jh. v. Chr. entdeckt, auch wenn es keine Hinweise auf eine größere, antike Etruskersiedlung gibt. Der Name Fullona bezeichnet im Jahre 1038 eine Anlegestelle, die unter dem Einfluss des Klosters Abbazia di Sestinga (Vetulonia) stand. Die wenigen Zeugen aus dem Mittelalter beziehen sich vor allem auf die nahe gelegene Burg Castello di Valle, deren Ruinen auf den Hügeln im Norden von Follonica zu sehen sind. Dokumente aus dem späten 15. Jh. berichten von der Herrschaft der Appiani, der Adeligen von Piombino, deren Besitztümer sich bis in diesen Teil der Maremma ausdehnten und 1815 zu den Lothringern wechselten. Jahrhunderte lang litt dieses Gebiet unter dem Fluch der Malaria und den daraus resultierenden,

▼ Follonica

ungesunden Lebensverhältnissen. Die Schmelzöfen, die das Eisen von der Insel Elba verarbeiteten, waren schon seit 1546 aktiv, doch die Arbeiter ließen sich wegen der unhygienischen Verhältnisse nur selten in der Ebene nieder. Wie oben schon erwähnt, war es der Großherzog aus Lothringen, der in den 30er Jahren des 19. Jh. die sumpfigen Gebiete trockenlegte und eine moderne Eisenhütte konstruieren wollte, die sogenannten *Reali e Imperiali Fonderie,* welche die alten Hochöfen aus dem 16. Jh. ersetzten. Diese Initiative brachte einen entscheidenden Aufschwung für die desolate Wirtschaftslage in der Maremma dieser Epoche. Arbeiter aus vielen Teilen der Toskana, im Besonderen aus dem Raum Pistoia, dem damaligen Zentrum der Metallverarbeitung in der Toskana kamen nach Follonica. Die Eisenhütte von Follonica wurde innerhalb kurzer Zeit die zweitwichtigste in Europa, was für die Stadt enormen wirtschaftlichen und demografischen Aufschwung bedeutete.

SEHENSWÜRDIGKEITEN

Die Altstadt

Follonica erstreckt sich an der Küste des gleichnamigen Golfes und wird

▼ Die Kirche San Leopoldo

▲ Via Roma

▼ Meer-Terrasse

von dem Vorgebirge von Piombino und Punta Ala begrenzt. Dank der jungen Geschichte zeigt die Stadt ein modernes, urbanes Gesicht. Über allem dominiert seit den 60er Jahren der Wolkenkratzer Torre Azzurra, mit 22 Stockwerken der zweithöchste in der Toskana (der höchste befindet sich in Livorno). In den letzten Jahren ist das Erscheinungsbild der Stadt mit der Eröffnung eleganter Boutiquen und gepflegten Grünanlagen immer lebhafter geworden und dank des vom Badetourismus herrührenden Wohlstands gilt Follonica heute als das „Rimini der-Maremma“: Auf der schönen Strandpromenade steht eine eindrucksvolle Marmorskulptur von Riccardo Grazzi mit dem Titel *Portale del mistero* (Das Tor zum Mysterium).

▼ Follonica, Strand

▲ Die Kirche San Leopoldo

Es gibt außerdem verschiedene historische Gebäude, wie den Palazzo Granducale (1845), in dem der beliebte Großherzog Leopoldo II. residierte und einige Villen im Jugendstil. Die Kirche San Leopoldo ist die bedeutendste von Follonica und wurde vom Architekten Alessandro Manetti und seinem Schwiegersohn Carlo Reishammer gebaut. Bei der Einweihung der nach ihm benannten Kirche war auch der Großherzog anwesend. Hier kann man eine einzigartige Kombination aus Mauerwerk und Gusseisen,

▼ Cancellone, Eingang zur Gießerei

dem Vorzeigeprodukt der Stadt bewundern. Mit großem Geschick wurden Säulen, Verzierungen und Dekorationen jeglicher Art, die Kanzel, der Taufbrunnen, die Leuchter, der Glockenturm und das große Eingangsportal in neoklassizistischem Stil zu einem gusseisernen Meisterwerk, zu einem „Aushängeschild" der Eisenwerke von Follonica geformt. In der Vergangenheit war Follonica sozusagen eine „Fabrikstadt", denn der eigentliche Motor

▲ Das Innere der Kirche San Leopoldo

für ihre Entwicklung „brummte" im Hüttenwesen, im Besonderen in der Gusseisenproduktion. Im Zentrum von Follonica zeigt das Gusseisenmuseum *Museo di Arti in Ghisa della Maremma* (MAGMA) die enge Beziehung zwischen der Stadtgeschichte und der florierenden Eisenproduktion über Maschinen, archäologische Fundstücke, Holzmodelle, charakteristische Gusseisenobjekte der Eisenhütte von Follonica und zahlreiche Dokumente, die von den ersten Begebenheiten zur Renaissancezeit bis zur Schließung der Eisenhütten in den 60er Jahren des 20. Jh. berichten. Das wunderbare, imposante Eingangstor aus Gusseisen, das wie die Kirche San Leopoldo von Alessandro Manetti und Carlo Reishammer entworfen wurde, ist zu einem Wahrzeichen von Follonica geworden. Die realistische Ausstellung des Museums schlängelt sich durch die Bereiche des Hochofens Forno Tondo, der später zu Ehren des Großherzoges Forno di San Ferdinando und schließlich Forno Vecchio getauft wurde und aus dem Jahre 1818 stammt. Seinerzeit eine moderne Anlage erlaubte dieser Schmelzofen eine bedeutende Wassereinsparung im Vergleich

▼ Kirche San Leopoldo, Kreuz

zum alten System aus dem 16. Jh., was sich in einer deutlich steigenden Produktion niederschlug. Das sogenannte "Blut von Elba", das Eisen, wurde bis in die 60ger Jahre in den Gebäuden der „Ex-Ilva" geschmolzen, wo sich heute das Museum MAGMA befindet, welches zum Techologie-Park *Parco Tecnologico e Archeologico delle Colline Metallifere Grossetane* (2002) gehört. Auf dem Platz Piazza del Popolo kann man die Pinacoteca Civica besichtigen, die auf der ersten Etage Werke von Künstlern aus Follonica und anderen zeitgenössischen Künstlern ausstellt, während im Erdgeschoss Ausstellungen von Gemälden, Skulpturen und Fotografien, oder Konferenzen und Konzerte organisiert werden: ein interessanter Ausblick auf das kulturelle Leben in Follonica.

▼ Ivan Theimer, Allegoria al mare

KURIOSES

Das Geheimnis des Namens

Anscheinend können sich die Historiker nicht über die Herkunft des Namens einigen, der für einige von „fullone" stammt, was in der römischen Welt eine Art Waschbecken bezeichnete, oder zumindest eine Werkstatt, wo die Wolle in Wasser gelegt wurde, damit sie weicher wurde. Andere wiederum gehen davon aus, dass „Follonica" von Poggio di Follona mit Bezug auf einen etruskischen Namen, nämlich „Fullona" hergeleitet wurde; und schließlich könnten die Schmelzöfen für den Namen verantwortlich gewesen sein, wenn man bedenkt, dass „follis" im Lateinischen (Ofengebläse) bedeutet.

▼ Alter Strand von Follonica

Der Karneval der Stadtviertel
Die sieben Stadtteile von Follonica messen sich seit 1949 alljährlich zu Karneval an drei Sonntagen mit allegorischen Wagen aus Pappmaschee bis zur Endausscheidung, die den fantasievollsten Wagen prämiert. Der Umzug und die Maskenbälle garantieren großes Vergnügen, vor allem für Kinder.

Pinienhaine als Garten
Im Kapitel über Scarlino wurde schon auf den Naturpark *Riserva Naturale Statale Tomboli di Follonica e Scarlino* hingewiesen, der zum Schutz der Pinienhaine und der Küstendünen, die sich über ca. 60 ha von Follonica bis nach Puntone erstrecken, eingerichtet wurde und zum Großteil für die Öffentlichkeit zugänglich ist. Die Pinienwälder Pineta di Levante und Pineta di Ponente bieten als öffentliche Gärten wahre Oasen der Erholung, die im Sommer gerne von den Touristen zu einer kühlen Rast genutzt werden. Im ca. 11 ha großen, geschützten Bereich kann man im Unterholz des Pinienwaldes spontan wachsende Pflanzen wie Steineichen, Korkeichen und Steinlinden erkennen, während auf den Dünen im Frühling typische Vertreter der Küstenvegetation wie die Strandlilien blühen. In kleinen Feuchtzonen wachsen dagegen Schilfrohre und Binsen.

▼ Pinienwald Levante

FÜHRUNGEN:
Die Cooperativa la Fortezza organisiert wunderbare Ausflüge, Archeotrekking und Führungen in den schönsten Orten der toskanischen Maremma, mitten im Grün der Hügel zwischen den Bergen und dem Meer.
www.sovanaguide.it
coop_lafortezza@virgilio.it
Tel. +39 0564 616532

FOLLONICA
Gemeindegebiet: 55,83 km²
Einwohner: 22113
Höhe: 4 m ü. d. M.
Rathaus: Largo Cavallotti, 1
www.comune.follonica.gr.it

Die Kathedrale

IV

Die dem Heiligen Cerbone geweihte Kathedrale von Massa Marittima gilt als eine der wichtigsten Ausführungen des romanischen Stils von Pisa innerhalb der Toskana. Hier werden wertvolle Werke der bedeutendsten Künstler des 14. u. 15. Jh. aufbewahrt.

Monterotondo Marittimo

V

Wie der Name schon sagt, liegt das antike Dorf Monterotondo auf einem Hügel von runder Form. Die wenigen Ruinen zeugen von der ehemaligen Bedeutung einer mittelalterlichen Burg. Die Altstadt, die im 16. Jh. vollständig renoviert wurde, bewahrt noch einige interessante Monumente. Im Jahre 1843 wurde hier der bekannte Dichter Renato Fucini geboren, der mit unvergesslichen Worten seine Heimat, die Maremma huldigte.

Der Baum der Fruchtbarkeit

III

Gegenüber der Kathedrale befindet sich das antike Gebäude *Fonti dell'Abbondanza*, das für die Wasserversorgung der Bevölkerung von Massa Marittima sorgte. Vor wenigen Jahren hat dieses Gebäude während einiger Restaurierungsarbeiten ein besonders interessantes Fresco preisgegeben, das einen kuriosen Baum darstellt, an dem eindeutige Phallussymbole hängen.

Massa Marittima

II

Hier befinden wir uns im Herzen der metallhaltigen Hügel der Maremma, deren Juwel die Stadt Massa Marittima ist. Reich an Geschichte und Traditionen wurde die Stadt nach einem antiken und präzisen, städtebaulichen Projekt mit drei Stadtvierteln realisiert, sodass man heute noch die urbanistischen Richtlinien des Mittelalters und der Renaissance erkennen kann.

Lago dell'Accesa

I

Der See von Accesa ist ein karstiges Becken zu Füßen von Massa Marittima in einem einzigartigen naturalistischen Ambiente, das von typischer Sumpf-Vegetation bis zum klassischen Macchia-Wald variiert. Immer schon war der See Gegenstand von Legenden und volkstümlichen Geschichten, die unweigerlich seine Faszination erhöht haben.

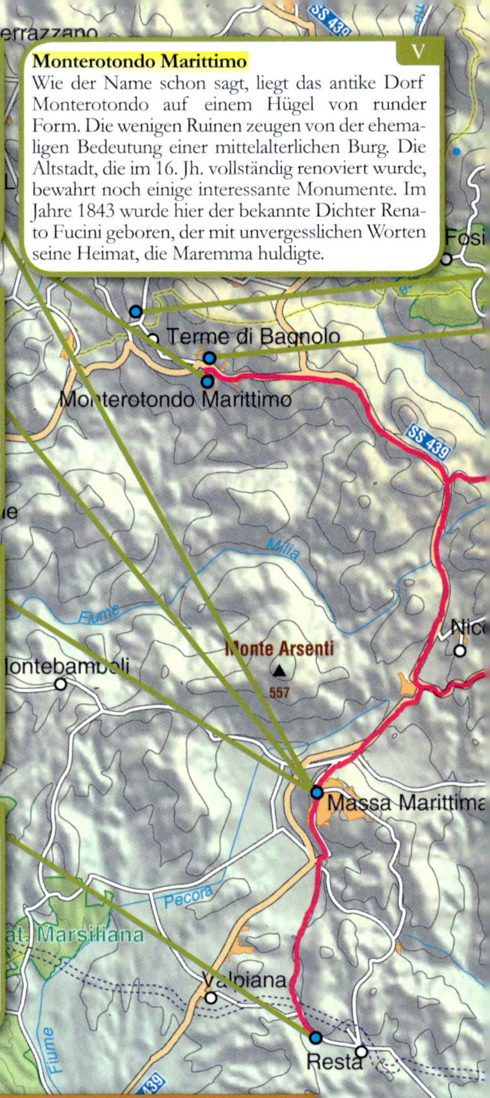

Typische Produkte des Gebietes

Diese Tour führt durch eine auch unter gastronomischem Gesichtspunkt äußerst interessante Gegend. Auf der Weinstraße „Strada del Vino e dei Sapori di Monteregio" verführen Tortelloni di Massa Marittima, die Kastanien von Monterotondo, das berühmte Cinta Senese Fleisch aus lokaler Viehzucht, Prugnoli Pilze (Mairitterling), Marzolino (Trüffelart), und natürlich lokales Olivenöl und Wein von Monteregio zu einem köstlichen „Stop and Go".

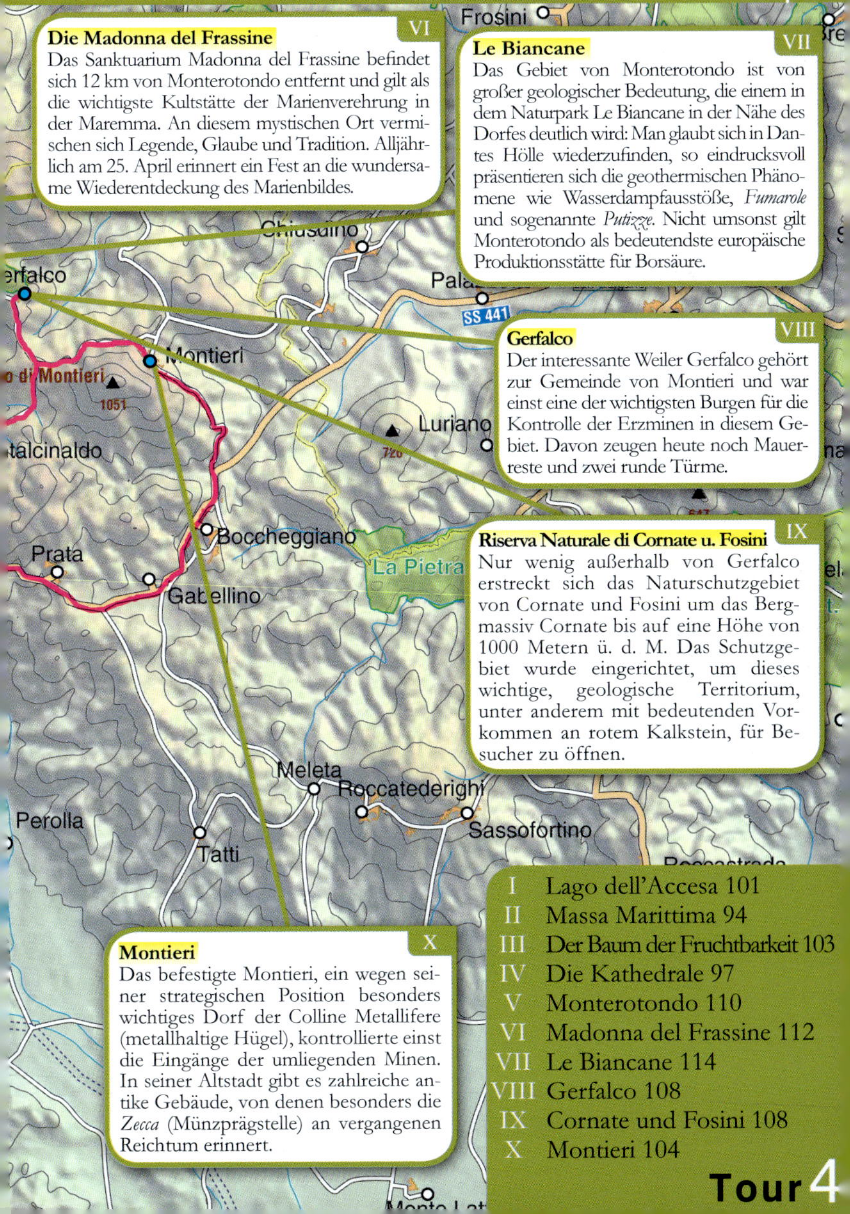

VI Die Madonna del Frassine

Das Sanktuarium Madonna del Frassine befindet sich 12 km von Monterotondo entfernt und gilt als die wichtigste Kultstätte der Marienverehrung in der Maremma. An diesem mystischen Ort vermischen sich Legende, Glaube und Tradition. Alljährlich am 25. April erinnert ein Fest an die wundersame Wiederentdeckung des Marienbildes.

VII Le Biancane

Das Gebiet von Monterotondo ist von großer geologischer Bedeutung, die einem in dem Naturpark Le Biancane in der Nähe des Dorfes deutlich wird: Man glaubt sich in Dantes Hölle wiederzufinden, so eindrucksvoll präsentieren sich die geothermischen Phänomene wie Wasserdampfausstöße, *Fumarole* und sogenannte *Putizze*. Nicht umsonst gilt Monterotondo als bedeutendste europäische Produktionsstätte für Borsäure.

VIII Gerfalco

Der interessante Weiler Gerfalco gehört zur Gemeinde von Montieri und war einst eine der wichtigsten Burgen für die Kontrolle der Erzminen in diesem Gebiet. Davon zeugen heute noch Mauerreste und zwei runde Türme.

IX Riserva Naturale di Cornate u. Fosini

Nur wenig außerhalb von Gerfalco erstreckt sich das Naturschutzgebiet von Cornate und Fosini um das Bergmassiv Cornate bis auf eine Höhe von 1000 Metern ü. d. M. Das Schutzgebiet wurde eingerichtet, um dieses wichtige, geologische Territorium, unter anderem mit bedeutenden Vorkommen an rotem Kalkstein, für Besucher zu öffnen.

X Montieri

Das befestigte Montieri, ein wegen seiner strategischen Position besonders wichtiges Dorf der Colline Metallifere (metallhaltige Hügel), kontrollierte einst die Eingänge der umliegenden Minen. In seiner Altstadt gibt es zahlreiche antike Gebäude, von denen besonders die *Zecca* (Münzprägstelle) an vergangenen Reichtum erinnert.

Tour 4

Massa Marittima

DIE GESCHICHTE

„Massa, guardala e passa" (Massa, schau es an und ziehe weiter), so hieß es oft bis zum 18. Jh., denn das Dorf war von malariaverseuchten Sümpfen umgeben. Ein anderes Sprichwort lautet „Massa Metallorum inimica civium suorum" (Massa der Metalle, Feind seiner eigenen Bürger), eben wegen der Malaria-Gefahr, die mindestens bis zu den Trockenlegungsarbeiten, die vom Großherzog der Lothringer in Angriff genommen wurden, andauerte.

Dank der Lothringer erlebte Massa eine neue Blütezeit und gilt heute als mittelalterliches Juwel der Toskana. Fundstücke aus der Jungsteinzeit, die bei „Le Tane" entdeckt wurden, zeigen, dass die Gegend schon in der Vorgeschichte bewohnt war. Zu etruskisch-römischer Zeit entstanden verschiedene Dörfer, die von der Metallförderung und ihrer Verarbeitung lebten (besonders in der Nähe des Sees Lago Accesa). Der römische Geschichtsschreiber Ammiano Marcellino zitiert außerdem eine Massa Veternensis oder Massa Vecchia als Geburtsort von Gallo Cesare (ca. 350 n. Chr.), dem Enkel des Kaisers Konstantin. Diese Siedlung lag zu Füßen des Hügels, während im Mittelalter die strategischere und gesündere Position auf dem Hügel bevorzugt wurde. Das Dorf nannte sich im hohen Mittelalter *Massa Metallorum* in direktem Bezug auf die Metall verarbeitenden Aktivitäten, die bis in die jüngere Zeit weiter betrieben wurden.

Im Jahre 809 wurde das nahe Populonia bei einem Piratenangriff zerstört.

▼ Massa Marittima

Darauf wurde beschlossen den Bischofsitz dieser mächtigen Diözese nach Massa Marittima zu verlegen, wie die Reliquien des San Cerbone, des Bischofs von Populonia (570–575) und heutigen Patrons von Massa Marittima, die nach Massa in Sicherheit gebracht wurden, belegen.
Die Stadt, damals noch unter der Herrschaft von Pisa, erlebte eine wahre Blütezeit, bis sie im Jahre 1225 freie Stadt wurde. Die Allianz mit Siena im 13. Jh. verstärkte den Einfluss der Stadt und ihr Territorium erstreckte sich bis nach Grosseto. Aus dieser Zeit stammen die meisten Bürgerhäuser, was eindeutig den Reichtum und die Macht der Republik von Massa unterstreicht. Innerhalb der Gemeindestatuten wurden auch die bekannten Bergbaustatuten zitiert, die als erstes Modell ihrer Art die Bergbauaktivitäten hinsichtlich der hochwertigen Erze wie Kupfer, silberhaltiges Blei und Alaun regelten.
Das Schicksal von Massa änderte sich drastisch, als die Stadt von den Ghibellinen zu den Guelfen wechselte und die ungünstigen, politischen Verhältnisse dazu führten, dass Siena mit der mächtigen Familie der Pannocchieschi nach jahrelangen, heftigen Kämpfen Massa belagerte und schließlich einnahm. Es folgte eine harte Zeit mit Allianzen mit

▼ Kathedrale di San Cerbone, Apsis

▲ Die schöne Piazza von Massa Marittima

▼ Balestro del Girifalco

Pisa und gegen Siena, neuen Niederlagen, kurzen Perioden der Freiheit und dramatischen Belagerungen der Sieneser, die Massa auf eine harte Probe stellten. Im Jahre 1335 vertrieb Siena die Bischöfe und sowohl die Republik von Massa als auch die blühenden Bergbauaktivitäten waren dem Niedergang geweiht. Den Gnadenstoß erhielt Massa von den Pestepidemien und der kurzen Herrschaft der Visconti.
Die Stadt entvölkerte sich, verlor ihren Glanz und verkam zu einem einfachen, ländlichen Dorf. Nach dem Anschluss an das Großherzogtum der Medici (1555) und besonders durch die Trockenlegungsarbeiten der Lothringer in den Sumpfgebieten Ghirlanda und Pozzaione erholte sich die Stadt zwar langsam aber beständig. Leopold II.

▼ Porta al Salnitro

▲ Duomo di San Cerbone

aus Lothringen vollendete dieses Projekt und sorgte im 19. Jh. für eine Wiederbevölkerung der Stadt und für neuen Schwung in der lokalen Wirtschaft und den Bergbauaktivitäten.

SEHENSWÜRDIGKEITEN

Die Altstadt

Die Stadt war schon immer in Stadtviertel aufgeteilt. Die Namhaftesten sind: *Città Vecchia* mit Piazza Garibaldi, dem Dom, Palazzo del Podestà und anderen Monumenten in romanischem Stil und die höher gelegene *Città Nuova*, wo sich einst die Burg von Monteregio befand und die Stadt Massa expandierte. Hier bauten die Sieneser nach der Eroberung im Jahre 1335 neue Befestigungsanlagen auf den Ruinen der Burg und Mauern, die Massa später zweiteilen sollten. Ein weiteres Viertel um die Straßen Via San Francesco und Via Norma Parenti mit den Kirchen San Francesco und San Rocco und der Münzprägeanstalt von Massa heißt *Borgo*. Città

Vecchia (nicht mit Massa Veternensis zu verwechseln, die sich zu Anfang der Stadtgeschichte unterhalb in der Ebene befand) entstand zur Zeit der mächtigen Bischöfe im Mittelalter. So kann man sich noch heute auf dem wunderbaren Platz Piazza del Duomo mit der von Amtsgebäuden und Häusern der Adeligen umgebenen Kathedrale die Pracht und Eleganz des Dorfes im 13. Jahrhundert vorstellen. Die Kathedrale San Cerbone, die vom 11. bis 12. Jh. erbaut wurde, gilt als eines der bedeutendsten Monumente im romanischen Stil von Pisa in der ganzen Toskana. Verschiedene Episoden aus dem Leben des Heiligen Cerbone werden sowohl im wunderschönen Fries über dem Torbogen des Hauptportals der Fassade als auch im Inneren der Kathedrale in den wunderbaren Reliefen des sienesischen Bildhauers Goro di Gregorio auf dem Sarkophag (1324) , erzählt. In den drei Schiffen der Kirche kann man zahlreiche Kunstwerke bewundern, wie z. B. einen bemerkenswerten Taufbrunnen mit eingemeißelten Heiligen-Geschichten aus dem Jahre 1267 von Giroldo da Como, die Madonna delle Grazie von Duccio da Boninsegna, ein Marmortabernakel aus dem 15. Jh., ein farbiges Holzkreuz von Giovanni Pisano, einen römischen Sarkophag aus dem 3. Jh. und unzählige Reliefe und Basreliefe aus dem Mittelalter, die von ungewisser Herkunft aber ausgezeichneter Machart in die Wände gemauert wurden. Gegenüber der Kathedrale liegt mit Blick auf den gleichnamigen Platz der hohe Palazzo Pretorio aus dem 13. Jh., ehemals von Zinnen gekrönt und heute noch mit zahlreichen Wappen der verschiedenen Stadtvogte geschmückt. Auf der rechten Seite des Eingangs gibt es zwei Besonderheiten: ein Eisenring, an den die zum Pranger Verurteilten gebunden wurden und etwas tiefer eine lange Rinne in der Mauer, die einen Metallstab enthielt, der als Maßeinheit im 13. Jh. fungierte, den sogenannten *Braccio Massetano*. Im Inneren des Palazzo befindet sich das Archäologische Museum mit vielen Fundstücken aus den Ausgrabungsgebieten des Gemeindegebietes: Im ersten Stockwerk wird mit einer eindrucksvollen Rekonstruktion das Leben in

▼ Museum, Stele aus der Kupfersteinzeit

den Grotten der Vorgeschichte illustriert. Bemerkenswert sind die Stelen aus der Kupfersteinzeit, die bei Vado all'Arancio gefunden wurden. Im zweiten Stockwerk kann man vor allem Fundstücke vom Lago dell'Accesa besichtigen. Rechts vom Palazzo del Podestà, ebenfalls am Platz, erkennt man das kleinere Gebäude der Grafen von Biserno aus der Mitte des 13. Jh. und das nahe, mit Zinnen bewehrte Rathaus aus der Mitte des 14. Jh., das im 19. Jh. weitgehend restauriert wurde. Hinter dem Rathaus in Via Parenti befindet sich der Palazzo della Zecca (Münzprägeanstalt) aus dem 13. Jh. Hier prägte man den wertvollen Grosso massetano, eine Silbermünze mit dem Abbild des San Cerbone (auf der Rückseite ein Kreuz und zwei kleine „M"), der die ökonomische Macht der Republik Massa Marittima zwischen 1317 und 1337 manifestierte. Geht man in den Gassen spazieren, trifft man auf viele andere Häuser wichtiger Familien aus Massa zur Zeit des Mittelalters und der Renaissance (der Malfatti, der Pannochieschi, der Albizzeschi…). Im oberen Bereich der Altstadt verschanzte sich die Burg von Monteregio, welche als Erste mit Verteidigungsmauern versehen wurde (heute noch im unteren Dorfteil Richtung Follonica zu sehen). Gut erhalten und zu besichtigen ist der Turm Torre del Candeliere (oder auch dell'Orologio) aus dem Jahre 1228, der ein atemberaubendes Panorama bietet und als Symbol der freien Stadt und wichtiges Element der antiken Burg von Massa galt. Im Jahre 1335 wurde der Turm während der sienesischen Eroberung „enthauptet". Nachdem die Verteidigungsanlagen von Massa zerstört worden waren, wurden sie von Siena wieder aufgebaut und über einen kühnen Bogen mit dem

▼ Torre del Candeliere

▼ Panorama von Torre del Candeliere

▲ Antike Öhlmühle

neuen Verteidigungssystem verbunden, welches nach der Vertreibung der Visconti aus der Fortezza Senese (vom Architekten Angiolo di Ventura aus Siena) und den Mauern bestand, die von der antiken Rocca di Monteregio (nur noch wenige Ruinen) ausgehend die Stadtmauern ergänzten. Dieser Teil der Stadt, der auch Città Nuova genannt wird, wurde von der Città Vecchia durch Mauern getrennt, welche für öffentliche Ordnung sorgen und Unruhen vermeiden sollten. Der einzige Durchgang zwischen den beiden Stadtteilen war das Tor Porta alle Silici, das sich heute noch neben dem Turm befindet. Nicht weit entfernt in Richtung des Hügels kann man einige nennenswerte, antike Kirchen besichtigen. Die Kirche San Francesco gehörte zu einem großen Klosterkomplex, der wie man erzählt, vom Heiligen Franz im Jahre 1220 gegründet wurde und außerhalb der neuen Stadtmauern blieb. Die großen Kirchenschiffe der Kirche wurden im Laufe der Jahrhunderte mehrmals reduziert, da das Gebäude nicht stabil genug war. Die Apsis bleibt heute der einzige, originale Bauteil. Die Kirche San Pietro all'Orto aus dem Jahre 1197 ist heute nicht mehr geweiht und wurde vor dem Bau der Kathedrale San Cerbone genutzt. Im ersten Stock befindet sich das Museum der antiken Orgeln der Fondation Santa Cecilia, eine seltene Sammlung von Orgeln und anderen Instrumenten vom 18. – 20. Jh. Im Kloster befindet sich das Museum der sakralen Kunst mit vielen Meisterwerken aus der Blütezeit der Stadt, aber auch der zeitgenössischen Kunst dank einer Schenkung von Angiolino Martini. Hier trifft man auf die originalen Skulpturen der Dom-Fassade und die berühmte *Maestà*, ein Meisterwerk aus der späten Reife des großen Malers Ambrogio Lorenzetti. Im Jahre 1299 wurde auf Wunsch des Bischofs Ugurgieri die größere Kirche Sant'Agostino mit einem einzigen großen Kirchenschiff neben San Pietro all'Orto errichtet, da die Letztere zu klein für die wachsende Bevölkerung wurde. Ein großer Kreuzgang verbindet die beiden Kirchen miteinander. Im Inneren der Kirche werden zahlreiche Gemälde von Iacopo da Empoli, Lorenzo Lippi, Rutilio Manetti und Antonio Nasini vom Monte Amiata aufbewahrt. Auf der rechten Seite der Apsis, in der sich auch die wertvolle Reliquie, ein Kleidungsstück des Heiligen Bernhards, der 1380 in Massa geboren wurde, befindet, liegt die Kapelle Santa Lucia, die Patronin der guten Sicht und der Bergleute (in einem Fresko mit profanen Motiven, scheint es, als könnte man die berühmten Bergbauregeln erkennen).

Die beiden Bergbaumuseen

Die geschichtliche und wirtschaftliche Bedeutung der Erzförderung für die Evolution von Massa Marittima wird mit zwei Museen zum Thema Bergbau gewürdigt. Das erste, *Museo di arte e storia delle Miniere* befindet sich in der Altstadt im *Palazzetto delle Armi*, der in alten Zeiten als ziviles Waffenlager genutzt wurde und neben dem *Torre del Cancelliere* liegt (1442). In diesem Museum werden auf didaktische Weise besonders die praktischen Minenarbeiten behandelt. Das zweite, *Museo della Miniera*, ganz in der Nähe in einem unterirdischen Ambiente, gibt getreu die Minenatmosphäre wieder und kann nur mit einem Führer besichtigt werden. Hier erlebt man

▲ Minenmuseum

hautnah die unterirdische Minenwelt mit der Besichtigung der drei Stollen und erhält Einblick in die technische Ausstattung (Stützgerüste und Werkzeuge) aber auch in das harte Schicksal der Bergleute in der Vergangenheit.

▼ Palazzo Pretorio, Museum

Parco Tecnologico e Archeologico

Wie schon in den Kapiteln über Gavorrano und Follonica erwähnt, wurde der Bergbaupark *Parco tecnologico e archeologico delle Colline Metallifere Grossetane* im Jahre 2002 gegründet. Es handelt sich um ein wahres Schutzgebiet für Industrie-Archäologie und war eines der ersten seiner Art in Italien. Hier wird das wertvolle, geschichtliche und naturalistische Vermögen der Bergbauaktivitäten im Gebiet von Massa Marittima, Follonica, Gavorrano, Montieri, Monterotondo Marittimo, Roccastrada und Scarlino geschützt. In der Tat bietet dieser polythematische Park eine Vielzahl interessanter Argumente: Minen, verlassene Anlagen, naturalistische Bereiche, Bergbaudörfer, Ausgrabungsstätten und künstlerische und architektonische Zeugen sowohl aus der Etruskerzeit als auch aus der zeitgenössischen Szene. Für genaue Informationen über die vielen möglichen Routen in diesem Gebiet kann man sich an die drei „Eingänge" des Parco di Massa Marittima wenden: Museo della Miniera (Via Corridoni), Museo Archeologico (Piazza Garibaldi) und Museo Arte e Storia delle Miniere (Piazza Matteotti). Unter den vielen Sehenswürdigkeiten weisen wir neben den schon erwähnten Museen auf einige Minen (Pyrit bei Noccioleta, Braunkohle bei Montebamboli), auf die Schmelzöfen (Accesa, Marsiliana) und die Eisenhütten (La Fenice, di Fondo, di Mezzo).

▲ Castello di Marsiliana

Der See Lago dell'Accesa

An der südlichen Grenze des Gemeindegebietes liegt ein tiefer See karstigen Ursprungs mit einer Quelle auf seinem Grund, aus der ein kleiner Ausfluss sprudelt, der den Fluss Bruna speist. Mit seinem charakteristischen Schilfdickicht und von geheimnisvollen Legenden umwoben liegt der See zwischen den Hügeln, die wegen der nahen Vorkommen von Silber, Blei, Eisen und sogar Gold schon seit dem 6. Jh. v. Chr. von den Etruskern besiedelt waren. Archäologische Ausgrabungen brachten kleine Siedlungen und Grabstätten ans Licht. Die Förderungs- und Schmelzaktivitäten wurden sowohl von den Römern als auch im Mittelalter weiter geführt und endeten erst im 19. Jh. zur Zeit der industriellen Entwicklung von Follonica. Die letzten Zeugen dieser Aktivitäten sind die Reste der Hochöfen in der Lokalität Forni dell'Accesa und La Pesta. Verschiedene Legenden berichten, dass der See ohne Boden sei (tatsächlich ist er bis zu 40 m tief) und sich im Jahre 1218 auf der Stelle fruchtbarer Äcker gebildet hätte, nachdem ein gieriger Gutsherr seine Bauern dazu zwang am 26. Juli, dem Festtag der Heiligen Anna und Tag der Erholung und des Gebetes, zu mähen. Nach einem halben Tag harter Arbeit entfesselte sich ein heftiges Unwetter und ein Feuerschlund tat sich im Boden auf, der alles verschlang und anschließend

▼ Lago dell'Accesa

von einer unerbittlichen Flut bedeckt wurde. Und heute noch glaubt man zwischen den Schilfrohren das Flüstern und Wimmern des Gutsherren und der armen Bauern zu hören, die in der Hölle verschwanden.

KURIOSES

San Cerbone

Zusammen mit San Regolo war San Cerbone (der Heilige Zerbonius) wegen der Verfolgungen der Vandalen im Jahre 570 n. Chr. dazu gezwungen, von den afrikanischen Küsten zu fliehen und gründetet in Populonia bald eine neue Diözese, die er als ihr beliebter Bischof bis zu seinem Tod im Jahre 575 leitete. Legenden und Kunstwerke berichten von den verschiedenen Episoden seines heiligen Lebens: Während der Verfolgung durch König Totila, der ihn mit einem wilden Bären kämpfen ließ, blieb San Cerbone unversehrt, indem er den Bären allein mit Worten besänftigte; als sich die Bauern darüber beschwerten, dass Cerbone zu früh am Morgen die Messe las, und die Diener des Papstes ihn nach Rom führen sollten, melkte er unterwegs Hirschkühe um ihren Durst zu stillen; um Papst Vigilius ein Geschenk zu präsentieren, rief er Gänse zu sich, die nach der Audienz wieder davon flogen; wenn der Heilige die Messe las, waren Engelsgesänge zu hören, wovon sich auch Papst Vigilius persönlich überzeugen konnte. Auch seine Beerdigung hatte etwas Wundersames: Nach der Eroberung von Populonia durch die Langobarden floh Cerbone auf die Insel Elba und auf dem Sterbebett erklärte er den Wunsch, in seinem geliebten Populonia bestattet zu werden. Darauf gelang es seinen Anhängern, den Leichnam unversehrt über das Meer und auf das Festland zu bringen, dank eines schrecklichen Unwetters, welches das Boot für die Langobarden un-

▼ Sarkophag von San Cerbone

▼ Cattedrale San Cerbone, Inneres

sichtbar werden ließ, aber seine Insassen, die trotz des Regens trocken blieben, nicht im geringsten gefährdete. Der Heilige wurde schließlich im Golf von Baratti, wo es eine kleine nach ihm benannte Kirche gibt, bestattet. Noch heute lebt diese Geschichte in der suggestiven *Luminaria di San Cerbone* weiter, in der Prozession beleuchteter Boote, welche die Reliquien des Heiligen in die Kirche des Golfes von Baratti bringen.

Der Balestro del Girifalco

Die traditionelle Kunst des Armbrustschießens wird in Massa Marittima zweimal im Jahr zelebriert, und zwar im Mai zu Ehren des Heiligen Bernhard von Siena und im August in Erinnerung an die Gründung der freien Stadt Massa Marittima am 31. August 1225. Jedes der drei Viertel (Borgo, Cittanova und Cittavecchia) nimmt mit acht Armbrustschützen an diesem Wettkampf teil, der im Jahre 1959 entstand und im malerischen Rahmen eines triumphalen Umzugs von 150 Teilnehmern in historischen Kostümen aus dem Mittelalter stattfindet.

Der Baum der Fruchtbarkeit

Unter den Logen des Palazzo dell'Abbondanza, des antiken Getreidelagers auf der linken Seite des Domes am Platz Piazza Mazzini kann man hinter dem öffentlichen Brunnen *Fonte Pubblica* (1265), der von den Frauen aus Massa in vergangenen Jahrhunderten als „Wäscherei" genutzt wurde, interessante Freskendekorationen erkennen: Leider erscheinen die Motive trotz Restaurierung etwas undeutlich, doch entdeckt der aufmerksame Beobachter, wie an einem großen Baum Früchte mit eindeutig phallischer Form hängen, um die sich einige Frauenfiguren streiten. Auch wenn dies maliziös erscheinen mag, handelt es sich sicherlich um eine, wenn auch profane, so doch symbolische Darstellung der Fruchtbarkeit. So war es zum Beispiel bei mittelalterlichen Hochzeitsbanketten durchaus üblich, auf dem Tisch Brotlaibe in Form des männlichen Gliedes zu präsentieren, die dem Hochzeitspaar Wohlstand und Fruchtbarkeit bringen sollten.

▼ Der Baum der Fruchtbarkeit

FÜHRUNGEN:
Die Cooperativa la Fortezza organisiert wunderbare Ausflüge, Archeotrekking und Führungen in den schönsten Orten der toskanischen Maremma, mitten im Grün der Hügel zwischen den Bergen und dem Meer.
www.sovanaguide.it
coop_lafortezza@virgilio.it
Tel. +39 0564 616532

MASSA MARITTIMA
Gemeindegebiet: 283,72 km²
Einwohner: 8781
Höhe: 380 m ü. d. M.
Rathaus: Piazza Garibaldi, 10
www.comune.massamarittima.gr.it

Montieri

DIE GESCHICHTE

„Mons aeris" oder „Kupferberg". Die Ursprünge dieser mittelalterlichen Burg, heute ein fröhliches, von Eichen- und Kastanienwäldern umgebenes Dorf, gehen – wie der Name schon sagt - auf die reichen Erzvorkommen in dieser Gegend zurück, die schon von den Etruskern genutzt wurden, wie an den zahlreichen Fundstücken und unterirdischen Stollen zu erkennen ist. So kann man in diesem Gebiet zum Beispiel verschiedene Schmelzluppen, bzw. Schlacken von ähnlicher Art, wie die aus Populonia bewundern. Außerdem gibt es einige Höhlen, wie die „Buca delle Fate" (Feengrube) oberhalb von Montieri, die für Eingänge und Brunnen antiker Minen gehalten werden. Die ersten Erwähnungen des Ortes stammen aus dem 10. Jh. Aber erst im 12. bis 13. Jh., nachdem das Dorf von Populonia unterworfen wurde, und später zum Besitz der Bischöfe von Volterra gehörte und für einige Jahre des 13. Jh. auch vom Kaiser Friedrich II. kontrolliert wurde, konnte Montieri sich als Bergbauzentrum etablieren. Es dauerte nicht lange und die Stadt Siena bekam großen Appetit auf die reichen Silberminen, die für die Prägung von Moneten nützlich waren. Bald erhielt Siena, nicht zuletzt wegen der finanziellen Schwierigkeiten der Bischöfe von Volterra, die Konzession über diese Minen, bis schließlich im Jahre 1326 die Burg zum Besitz von Siena gehörte. Ortschaften wie Gerfalco, Travale und Boccheggiano (heute Ortsteile von Montieri) entstanden zum Schutz der wertvollen Kupfer-, Silber- und Bleimi-

▼ Montieri

nen. In diesen Jahren erlebte das Dorf seine Blütezeit, wie die heute noch erhaltenen Monumente aus dem 13. und 14. Jh. belegen. Während der dramatischen Raubzüge englischer Soldaten (1364) wurde das Dorf geplündert und Teile der Festungsanlagen zerstört, die von den Bewohnern im Jahre 1371 wieder aufgebaut wurden. Die Flöze der begehrten Minen begannen sich mit Beginn des 15. Jh. zu erschöpfen und die strategische Bedeutung von Montieri nahm zusehends ab: Landwirtschaft und Viehzucht bildeten bald die wichtigsten Ressourcen des Ortes, auch wenn die Erzförderung besonders in Boccheggiano bis zum letzten Jahrhundert weiter betrieben wurde. Heutzutage werden im Gemeindegebiet noch die geothermischen Bodenschätze genutzt.

▼ Montieri, Palazzo Comunale

SEHENSWÜRDIGKEITEN

Die Altstadt

Die wichtigsten Gebäude blicken auf den zentralen Platz Piazza Gramsci und seine Erweiterung. Der Palazzo Comunale (Rathaus) wurde Anfang des 20. Jh. vom Architekten Lorenzo Porciatti auf einem wesentlich älteren Bauwerk errichtet. In der Nähe kann man antike, öffentliche Brun-

▲ Montieri, die Kirche San Giacomo

▼ Montieri, von oben

nen besichtigen, welche die Wasserversorgung des Dorfes seit dem Jahre 1236 sicherten. Der Brunnen „Fonti di Sopra“ befindet sich neben dem Rathaus und gehört seit dem 17. Jh. zum Palazzo der Markgrafen von Montieri, der heute *Palazzo Papi Mattii* genannt wird. Nicht weit entfernt trifft man auf „Fonti di Sotto“, dessen ehemalige Tier-Tränke im 20. Jh. durch zwei kleinere Becken ersetzt wurde. Von den Befestigungsanlagen aus dem 14. Jh. sind heute nur noch vier von ehemals acht Türmen und der Cassero der Burg zu sehen. Einer der Türme funktioniert heute zwischen dem Rathaus und der Kirche der Heiligen Paul und Michael als Glockenturm. Ein weiterer bildet das Turm-Haus Biageschi; auch das wunderbare, mittelalterliche Gebäude mit spitzbogigem Eingang *Casa Narducci* erhebt sich auf den Resten eines Turmes, der sich in der südöstlichen Ecke der Stadtmauern befand. Im Westen wurde das Haus *Casa Mazzarocchi* ebenfalls auf der Basis eines anderen Turmes errichtet. Der steinerne Cassero (Hauptgebäude) der Burg stammt aus dem 13. Jh. (die Südseite ist noch älter) und wurde zunächst von Adeligen bewohnt und später im 17. Jh. als Kerker des Palazzo di Giustizia (Gericht) genutzt. In der Altstadt, in der Via della Ruga, kann man antike Stadtmauern, Steinsäulen und andere architektonische Details erkennen, die auf den Wohlstand des Ortes im Mittelalter hinweisen. Die verschiedenen Gassen verlaufen alle in Richtung der Via delle Fonderie, wo sich einst die Geldpresse befand, ein weiteres Symbol der Blütezeit von Montieri aus vergangenen Zeiten. Die älteste Kirche des Dorfes, San Paolo, liegt außerhalb der Stadtmau-

▲ Kastanienhaine

▼ Travale

ern und wurde später verlassen; in der Tat finden sich einige ihrer zoomorphen, romanischen Kapitelle in drei anderen Kirchen des Dorfes wieder. Die Pfarrkirche ist, wie schon erwähnt, den Heiligen Paul und Michael geweiht (der Name Michael wurde 1540 hinzugefügt), stammt aus dem 14. Jh. und wurde im 16. Jh. erweitert und im 18. Jh. restauriert. Der Taufbrunnen besteht aus einem Kapitell der Kirche San Paolo; sehenswert sind außerdem die zahlreichen Gemälde und die holzgeschnitzte Orgel aus dem 17. Jh. In einem Barockaltar wird die Reliquienbüste aus Bronze (1670) vom seliggesprochenen Giacomo Papocchi, einem Einsiedler des 13. Jh. bewahrt, dessen Leben auf einigen Gemälden illustriert wird.

In der Via Roma trifft man auf die Kirche San Francesco, die schon im 14. Jh. als Franziskaner-Kapelle existierte und im 15. Jh. restauriert wurde. Im Kirchenschiff mit verschiedenen Barockaltaren befindet sich auch ein bemalter Hauptaltar aus Holz, im Stil des Altares des Doms von Siena aus dem 17. Jh. Auch hier hat man ein Kapitell aus der Kirche San Paolo „entliehen" und als Weihwasserbecken umfunktioniert. Unter den zahlreichen Gemälden aus dem 16. Jh. stammen einige von Giuseppe Nasini. Direkt außerhalb des Dorfes, hinter dem Cassero liegt die Kirche des Apostel San Giacomo, die aber im Volksmund nach Giacomo Papocchi benannt wird, der hier als Einsiedler in einer Mauernische lebte. Die Kirche in Panoramaposition wurde mit dem Ziel restauriert, ihren romanischen Ursprung (13. Jh.) nach groben Restaurierungsarbeiten im 17. Jh. wieder ins Licht zu rücken.

Der naturalistische Bergbau-Park

Wie andere Gemeinden in diesem Bergbaugebiet wurde auch Montieri in den Schutzpark *Parco Tecnologico ed Archeologico delle Colline Metallifere Grossetane* aufgenommen, dessen Eingang im Theater von Boccheggiano eingerichtet wurde (Informationen sind auch in Montieri im Info Point neben dem Rathaus erhältlich). Wie oben schon erwähnt, gehören Boccheggiano, Gerfalco und Travale zu den interessanteren Orten, sowohl hinsichtlich des Bergbaus, als auch unter kulturel-

▼ Le Roste, Reste der Kupferverarbeitung

lem Aspekt. Besonders in Boccheggiano geht die Kupfer-Förderung bis auf das 19. Jh. zurück (die Pyrit-Förderung endete im Jahre 1994). Entlang des Flusses Merse, von der Provinzstraße Massa Marittima -Siena bis zur Ortschaft „Le Roste" kann man noch auffällige Spuren der Kupferverarbeitung erkennen, wie z. B. die zusammengefallene Merse-Mine.

Gerfalco

Als Burg aus dem 12. Jh. zeigt sich das Dorf heute noch mit mittelalterlichem Flair: Zwischen neueren Gebäuden trifft man auf Teile der alten Stadtmauer mit zwei runden Wachtürmen. Die Kirche San Biagio stammt aus dem 13. Jh. und wurde im 16. Jh. restauriert. In unmittelbarer Umgebung, im Gemeindegebiet von Montieri und Radicondoli erstreckt sich über ca. 500 Hektar das Naturschutzgebiet *Riserva Naturale Cornate e Fosini*, das 1996 gegründet wurde: Hier findet man interessante geologische Formationen und seltene Pflanzen auf den charakteristischen Wiesen des lokalen Kalkmassivs, auf dem sich unter anderem auch die Burg von Fosini erhebt (Provinz Siena).

▼ Riserva delle Cornate und Fosini

KURIOSES

Erst Dieb, dann Seliger

Die kuriose Geschichte des Seligen Giacomo Papocchi ist eng mit den Bergbauaktivitäten in Montieri verbunden. Bei dieser Persönlichkeit aus dem 13. Jh. handelt es sich um einen Bergmann und eine Art „No global" ante litteram (wegen seiner revolutionären Einstellung gegen die Ausbeutung der Minen durch Siena), der das Silber

▼ Gerfalco

raubte, das von der Mine zur Geldpresse transportiert wurde. Die Strafe dafür war die Amputation der rechten Hand und des linken Fußes. Aus Reue für das schwere Verbrechen zog sich Giacomo als Einsiedler in eine Zelle neben der Kirche San Giacomo außerhalb des Dorfes zurück und wurde deshalb „Il Murato" (der Gemauerte) genannt. Dort lebte er 46 Jahre im Gebet bis zu seinem Tod im Jahre 1289. Er widerstand zahlreichen Versuchungen, hatte himmlische Visionen, bewirkte Wunder und galt als Beispiel für christliche Tugend. Durch eine Maueröffnung in der Kirche, die er wegen seiner Invalidität nicht besuchen konnte, hörte er die heilige Messe und erhielt über eine Treppe die tägliche Kommunion: Eines Tages konnte der Priester den Einsiedler wegen starken Schneefalls nicht erreichen, aber das mystische Verlangen des Seligen, die heilige Hostie zu erhalten, war so groß, dass - der Legende nach - Jesus persönlich erschien, die dunkle Zelle des Einsiedlers mit paradiesischem Licht erfüllte und ihm die Hostie brachte. Das Fest des Seligen Papocchi wird am 27. Juli gefeiert.

▼ Castello di Fosini

▼ Boccheggiano

FÜHRUNGEN:
Die Cooperativa la Fortezza organisiert wunderbare Ausflüge, Archeotrekking und Führungen in den schönsten Orten der toskanischen Maremma, mitten im Grün der Hügel zwischen den Bergen und dem Meer.
www.sovanaguide.it
coop_lafortezza@virgilio.it
Tel. +39 0564 616532

MONTIERI
Gemeindegebiet: 108,34 km²
Einwohner: 1250
Höhe: 705 m ü. d. M.
Rathaus: Piazza Gramsci, 4
www.comune.montieri.gr.it

Monterotondo Marittimo

DIE GESCHICHTE

Hier kommt die Energie aus der Erde und seit Jahrhunderten hat die Geschichte des Dorfes mit den geothermischen Bodenschätzen zu tun. Der mittelalterliche Weiler liegt im Hinterland der Küste auf einem „runden" Hügel, dem Mons Ritundus. Monterotondo ist von Kastanienwäldern und Orten natürlicher Phänomene umgeben, im Besonderen von sogenannten borhaltigen *Soffioni* (heißer Wasserdampf, der mit 100 bis 160 Grad aus der Erde schießt). Die Soffioni, schon seit der Antike bekannt, werden heute als alternative Energiequelle genutzt. Dazu kam im 18. Jh. die Entdeckung von Borsäure im schwefelhaltigen Wasser des Sees Cerchiaio, die seit 1815 zu einer ertragreichen, industriellen Produktion dieser Säure führte und Monterotondo zum wichtigsten europäischen Borsäureproduzenten machte. Monterotondo wird zum ersten Mal 1128 erwähnt, als zunächst das Kloster von Monteverdi (langobardischen Ursprungs) diese Gegend kontrollierte und später die Familie der Alberti di Mangona. Im Jahre 1262 hatte Massa Marittima die Gelegenheit, nach dem Tode von Rinaldo Alberti, das Dorf zu kaufen, das darauf 1335 zusammen mit Massa in die Hände von Siena fiel. Im Jahre 1555 wurde das gesamte Gebiet dem Großherzogtum Toskana der Medici angeschlossen. Es folgten Jahre des Verfalls und der Epidemien und Dokumente aus dem Jahre 1615 berichten von dem erbärmlichen Zu-

▼ Monterotondo

stand der Befestigungsanlagen. Die Lothringer brachten im 18. u. 19. Jh. neuen wirtschaftlichen und kulturellen Aufschwung, was in Monterotondo mit der Einrichtung des neuen Theaters der Philharmoniker (1859) zum Ausdruck kam. Das Dorf gehörte auch mit der Einheit Italiens weiterhin zur Gemeinde von Massa Marittima und wurde erst im Jahre 1961 autonom. Seine isolierte Lage hat den mittelalterlichen Flair dieses Dorfes mit seinen antiken Gassen und seiner Ruhe auch in modernen Zeiten bewahrt, sodass seine Gäste sich umgeben von den Zeugen der Vergangenheit und den Naturschönheiten wohlfühlen können.

▼ Monterotondo, antikes Tor

SEHENSWÜRDIGKEITEN

Die Altstadt

Von der Stadtmauer, die im Laufe der Jahrhunderte mehrfach modifiziert wurde, kann man leider nur noch wenige Spuren zwischen den Häusern des Dorfes erkennen. Des Weiteren sind noch die Basis eines Turms des Cassero aus dem 14. Jh. und die Reste der Burg der Alberti, der antiken Herren des Dorfes zu sehen, die während der Belagerung der Medici im Jahre

▲ Monterotondo, Palazzo comunale

▼ Monterotondo, geothermische Anlage

1554 stark gelitten hatte und anschließend teilweise wiederaufgebaut wurde.
Das Rathaus aus dem 17. Jh., das in seiner Fassade noch bauliche Details aus dem 12.-13. Jh. zeigt, ist mit einem Glockenturm ausgerüstet. Diesem Gebäude gegenüber bemerkt man ein anderes, das vermutlich auch Verwaltungsfunktionen hatte und im Erdgeschoss einen Bogengang aufweist: der Palazzo delle Logge stammt aus dem Anfang des 19. Jh. und wurde im Neu-Renaissance-Stil errichtet. Die einschiffige Kirche San Lorenzo wurde im 16. Jh. während des Wiederaufbaus des Dorfes durch die Medici restauriert, doch ist ihr eigentlicher Ursprung wesentlich

▼ Monterotondo, die Kirche S. Lorenzo

▲ Monterotondo, Kirche S.Lorenzo

älter. Hier kann man eine *Jungfrau mit Jesuskind* aus dem späten 13. Jh. bewundern, die einem Meister von Monterotondo zugerechnet wird.
Eine Büste und eine Gedenktafel in der Mitte des Dorfes erinnern an die Geburt von Renato Fucini, dem bekannten Schriftsteller aus der Toskana, der im Jahre 1843 in Monterotondo zur Welt kam, zwischen bäuerlicher Armut und dem einfachen Alltag der Bourgeoisie aufwuchs und davon in seinen Werken erzählte, vor allem in „Le veglie di Neri".

Heiligtum der Madonna del Frassine

Dieses Heiligtum gilt seit dem 17. Jh. als der wichtigste Ort der Marienverehrung in der Maremma.
Die Legende berichtet, dass eine Zedernholz-Statue der Jungfrau durch die Heiligen Regolo und Cerbone, auf der Flucht aus Afrika, nach Italien gelangte. San Regolo ließ sich darauf in dem Tal Val di Cornia als Einsiedler nieder und

brachte die Statue mit sich, die nach ihrem Martyrium von den Mönchen des Klosters von Monteverdi behütet wurde. Im Jahre 1252 wurde das Kloster von den Pannocchieschi gebrandschatzt, doch ein Mönch konnte mit der heiligen Statue fliehen und diese im Wald verstecken.
Über ein Jahrhundert lang glaubte man, dass die Marienstatue verloren gegangen oder verbrannt worden wäre, bis eines Tages ein Bauer mit Namen Folco, dem das Verhalten eines seiner Rinder verdächtig wurde, das jeden Tag im Wald verschwand und erst am Abend wieder auftauchte, dem Rind folgte, und sah, wie es vor einer Hainbuche niederkniete, zwischen deren Ästen

▲ Santuario Madonna del Frassine

die Skulptur der Madonna thronte. Mit Andacht brachte der Bauer die Statue nach Monterotondo. Aber, da sich am Fundort viele Wunder ereigneten, wurde beschlossen die Madonna wieder zwischen die Äste der Hainbuche zu positionieren und um sie herum eine Kirche zu bauen, die bald zu einem Wallfahrtsort wurde. Die Holzstatue befindet sich heute auf dem Hauptaltar der Kirche umgeben von dem alten Baumstamm der antiken Hainbuche und alljährlich am 25. April wird hier die wunderbare Entdeckung der Marienstatue aus der pisanischen Schule des 14. Jh. gefeiert.
Das Gebäude wurde im Laufe der Jahrhunderte mehrfach erweitert und modifiziert und schließlich in den 70er Jahren des 20. Jh. restauriert. Die Kirche stellt außerdem eine schöne Sammlung an einfachen, volkstümlichen Gemälden aus, die von dem harten Leben vergangener Zeiten berichten.

Der Bergbaupark

Ein Besuch im Bergbaupark *Parco minerario di Monterotondo* (der zusammen mit denen von Follonica, Gavorrano, Massa Marittima, Scarlino, Montieri, Roccastrada zum *Parco tecnologico e archeologico delle Colline Metallifere Grossetane* gehört) lohnt sich vor allem unter naturalistischem Aspekt.

▼ Santuario del Frassine, Inneres

Der Eingang zum Park befindet sich in der ehemaligen Olivenmühle in Via del Poggiarello nahe am Palazzo Comunale, wo man genaue Informationen über die interessantesten Rundwege bekommen kann.

Das Gebiet des Parco delle Biancane, das seinen Namen von weißen Felsen erhält, bietet mit seinen Soffioni und Wasserdampfausstößen ein natürliches Ambiente der Geothermik: eine Art „Höllenfahrt" über farbige Böden, mal weiß, mal ockerfarbig mit dampfenden Höhlen von spektakulärer Schönheit.

Heute noch zeugen die typischen Konstruktionen der Soffioni sowohl an den Biancane (nordöstlich des Dorfes), als auch am See (nordwestlich) von der Energienutzung in der Vergangenheit.

▼ Parco delle Biancane

Castello di Cugnano

Diese heute verfallene Burg zwischen Monterotondo und Massa Marittima gehörte zunächst den Aldobrandeskern, bevor sie um 1300 in die Hände der Pannocchieschi fiel und darauf von Massa kontrolliert wurde. Castello di Cugnano liegt im Wald von Trifonti im Gemeindegebiet von Monterotondo und damit in einer Gegend, die seit der Antike wegen der Silber- und Kupfervorkommen kontinuierlich besiedelt wurde. Heute ist die Burg Ausgrabungsstätte und Studienobjekt der Universität von Siena und des Baskenlandes, eben aufgrund ihrer engen Beziehung zu den Bergbauaktivitäten ringsum. Von einem Mauerring umgeben

▼ Castello di Rocchette Pannocchieschi (Massa Marittima)

gab es in der Burg einige Wohnhäuser, zwei höher gelegene Herrenhäuser und einen quadratischen Wachturm.

KURIOSES

Das Bad des Königs Porsenna

Die verschiedenen Namen *Bagno del Re*, *Re Porsen*na oder *Bagniaccio* erinnern an ehemalige Thermalquellen zwischen Frassine und Monterotondo, die vermutlich schon im 8. Jh. die Langobarden anlockten.

Das Kastanienfest

Ende Oktober findet das traditionelle Kastanienfest statt, Gelegenheit die typischen Produkte wie die Kastanien aus den umliegenden Wäldern der Gegend zu probieren und zu erwerben. Aus dem Kastanienmehl werden köstliche Desserts zubereitet, die man zusammen mit anderen lokalen Leckereien verkosten kann. Straßentheater und andere Veranstaltungen sorgen dabei für Unterhaltung.

▼ Ruinen, Bagno del Re Porsenna

▼ Castello di Cugnano

FÜHRUNGEN:
Die Cooperativa la Fortezza organisiert wunderbare Ausflüge, Archeotrekking und Führungen in den schönsten Orten der toskanischen Maremma, mitten im Grün der Hügel zwischen den Bergen und dem Meer.
www.sovanaguide.it
coop_lafortezza@virgilio.it
Tel. +39 0564 616532

MONTEROTONDO MARITTIMO
Gemeindegebiet: 102,51 km²
Einwohner: 1394
Höhe: 550 m ü. d. M.
Rathaus: Via Licurgo Bardelloni, 64
www.comune.monterotondomarittimo.gr.it

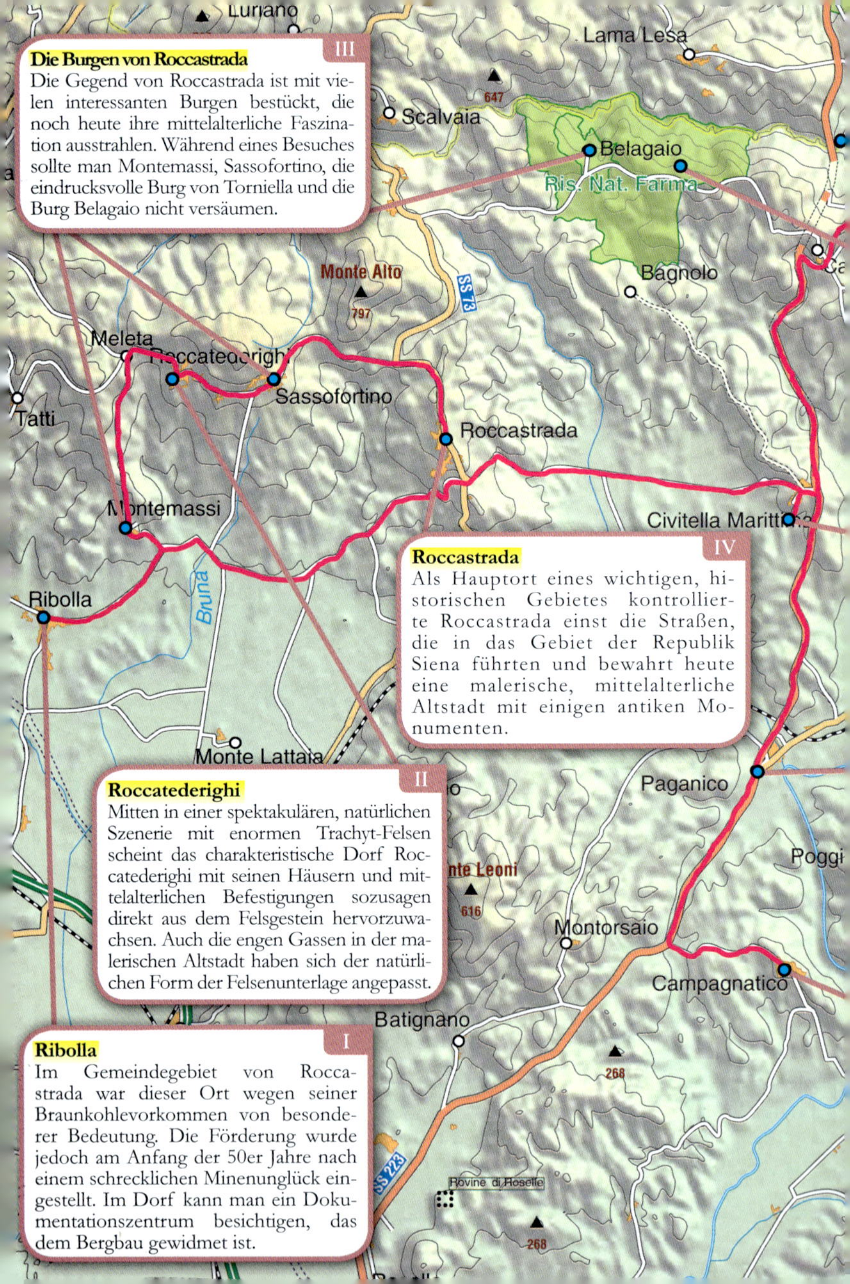

Ribolla I

Im Gemeindegebiet von Roccastrada war dieser Ort wegen seiner Braunkohlevorkommen von besonderer Bedeutung. Die Förderung wurde jedoch am Anfang der 50er Jahre nach einem schrecklichen Minenunglück eingestellt. Im Dorf kann man ein Dokumentationszentrum besichtigen, das dem Bergbau gewidmet ist.

Roccatederighi II

Mitten in einer spektakulären, natürlichen Szenerie mit enormen Trachyt-Felsen scheint das charakteristische Dorf Roccatederighi mit seinen Häusern und mittelalterlichen Befestigungen sozusagen direkt aus dem Felsgestein hervorzuwachsen. Auch die engen Gassen in der malerischen Altstadt haben sich der natürlichen Form der Felsenunterlage angepasst.

Die Burgen von Roccastrada III

Die Gegend von Roccastrada ist mit vielen interessanten Burgen bestückt, die noch heute ihre mittelalterliche Faszination ausstrahlen. Während eines Besuches sollte man Montemassi, Sassofortino, die eindrucksvolle Burg von Torniella und die Burg Belagaio nicht versäumen.

Roccastrada IV

Als Hauptort eines wichtigen, historischen Gebietes kontrollierte Roccastrada einst die Straßen, die in das Gebiet der Republik Siena führten und bewahrt heute eine malerische, mittelalterliche Altstadt mit einigen antiken Monumenten.

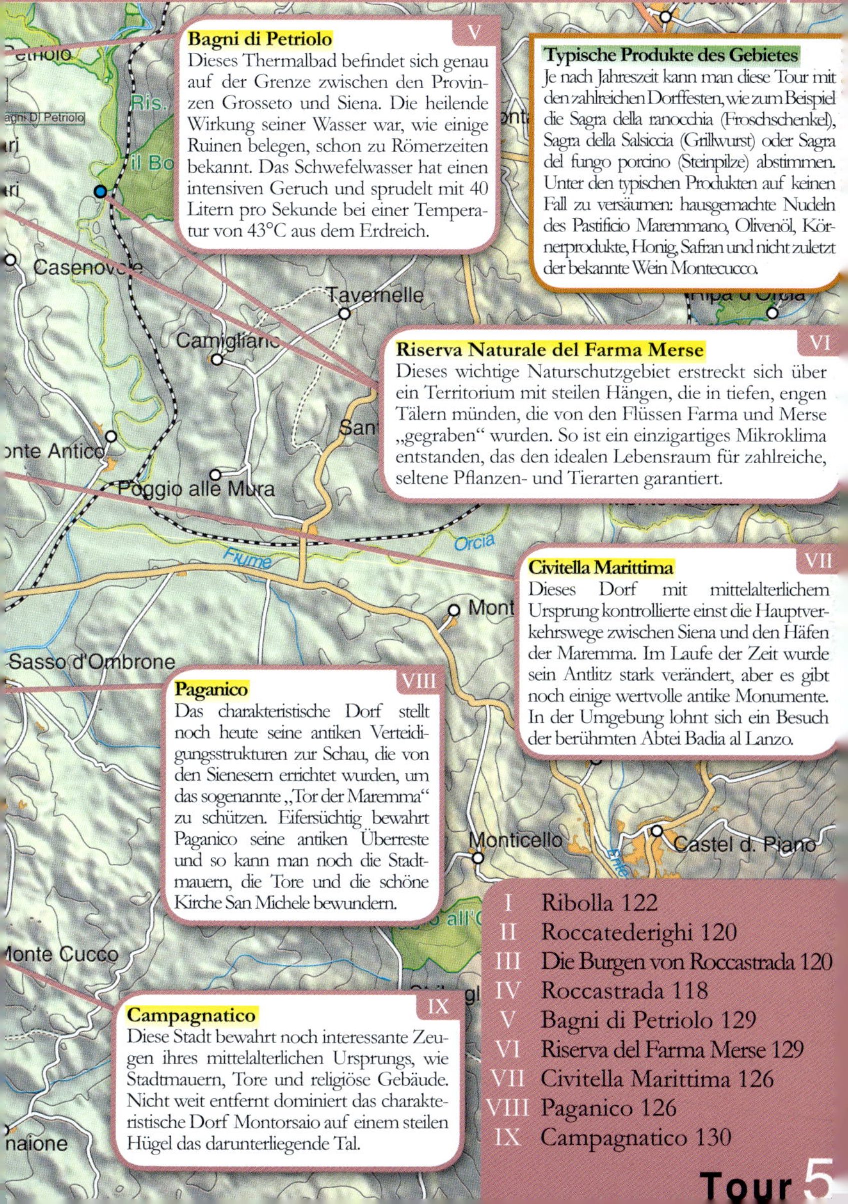

Bagni di Petriolo — V

Dieses Thermalbad befindet sich genau auf der Grenze zwischen den Provinzen Grosseto und Siena. Die heilende Wirkung seiner Wasser war, wie einige Ruinen belegen, schon zu Römerzeiten bekannt. Das Schwefelwasser hat einen intensiven Geruch und sprudelt mit 40 Litern pro Sekunde bei einer Temperatur von 43°C aus dem Erdreich.

Typische Produkte des Gebietes

Je nach Jahreszeit kann man diese Tour mit den zahlreichen Dorffesten, wie zum Beispiel die Sagra della ranocchia (Froschschenkel), Sagra della Salsiccia (Grillwurst) oder Sagra del fungo porcino (Steinpilze) abstimmen. Unter den typischen Produkten auf keinen Fall zu versäumen: hausgemachte Nudeln des Pastificio Maremmano, Olivenöl, Körnerprodukte, Honig, Safran und nicht zuletzt der bekannte Wein Montecucco.

Riserva Naturale del Farma Merse — VI

Dieses wichtige Naturschutzgebiet erstreckt sich über ein Territorium mit steilen Hängen, die in tiefen, engen Tälern münden, die von den Flüssen Farma und Merse „gegraben" wurden. So ist ein einzigartiges Mikroklima entstanden, das den idealen Lebensraum für zahlreiche, seltene Pflanzen- und Tierarten garantiert.

Civitella Marittima — VII

Dieses Dorf mit mittelalterlichem Ursprung kontrollierte einst die Hauptverkehrswege zwischen Siena und den Häfen der Maremma. Im Laufe der Zeit wurde sein Antlitz stark verändert, aber es gibt noch einige wertvolle antike Monumente. In der Umgebung lohnt sich ein Besuch der berühmten Abtei Badia al Lanzo.

Paganico — VIII

Das charakteristische Dorf stellt noch heute seine antiken Verteidigungsstrukturen zur Schau, die von den Sienesern errichtet wurden, um das sogenannte „Tor der Maremma" zu schützen. Eifersüchtig bewahrt Paganico seine antiken Überreste und so kann man noch die Stadtmauern, die Tore und die schöne Kirche San Michele bewundern.

Campagnatico — IX

Diese Stadt bewahrt noch interessante Zeugen ihres mittelalterlichen Ursprungs, wie Stadtmauern, Tore und religiöse Gebäude. Nicht weit entfernt dominiert das charakteristische Dorf Montorsaio auf einem steilen Hügel das darunterliegende Tal.

Roccastrada

DIE GESCHICHTE

Es waren seine besonders strategische Lage auf dem Hügel zwischen dem Gebiet von Grosseto und Siena und die reichen Erzvorkommen, die Roccastrada schon seit dem 12. Jh. zu einem begehrten Lehensgut der Aldobrandesker von Santa Fiora machten. So zeigt die Altstadt heute noch eine mittelalterliche Struktur aus der Periode der Burgenbildung. Das Dorf war für lange Zeit Streitobjekt zwischen den Aldobrandeskern und Siena, bis es schließlich durch diplomatisches Geschick im Jahre 1301 zum Machtbereich von Siena gehörte und nach einem Aufstand 1315 zurückerobert wurde. Der Preis für die Rebellion war die Zerstörung der Befestigungsanlagen, die jedoch von Siena wieder rekonstruiert wurden. Bis zum Anschluss an das Großherzogtum der Medici im Jahre 1559 nutzten die Sieneser die Trachyt-Brüche und die lokalen Kupfer- und Silbervorkommen, die, wie man aufgrund der Präsenz einiger antiker Höhlen annimmt, schon von den Etruskern frequentiert wurden.

SEHENSWÜRDIGKEITEN

Die Altstadt

Reste der alten Stadtmauer kann man noch in den Mauern der Häuser von Roccastrada ausmachen: Die Porta del Madonnino war in antiken Zeiten einer der Eingänge in das Dorf. Der Uhrturm aus dem 14. Jh., der nach dem letzten Krieg restauriert wurde, war ehemals der nördliche Eingang. In seiner Nähe befand sich die Zisterne für die Was-

▼ Roccastrada

serversorgung des Dorfes. Sonst gibt es neben den Gebäuden aus dem 16. und 18. Jh. nur wenige Zeugen aus der Vergangenheit. An der Gegenfassade im Inneren der ältesten Kirche San Niccolò, die sich vermutlich innerhalb der antiken Burg befand, kann man noch eine Inschrift mit dem Datum 1283 und dem Namen Brunacio erkennen, der sich auf den Baumeister bezieht, der die Kirche aus einer mittelalterlichen Kapelle konstruierte. Im 16. u. 17. Jh. und zuletzt am Anfang des 20. Jh. wurde die Kirche mehrfach modifiziert und erweitert. Ein glorreiches Beispiel der Architektur aus der Neorenaissance war das Theater Teatro dei Concordi, das heute schön restauriert ist.

▼ Roccastrada, Torre dell'Orologio

Das Weinmuseum

In einem antiken Keller, der in den Felsen auf dem Platz Piazza dell'Orologio gegraben wurde, und in anliegenden Räumen mit Panoramablick befindet sich dieses interessante Museum, das anhand von Dokumenten, Gebrauchsgegenständen und Werkzeugen die lange Tradition im Weinbau dieser Gegend illustriert. Hier befinden wir uns im Reich des Doc-Weines „Monteregio dì Massa Marittima", das die Gemeinden Massa Marittima, Monterotondo und einige Gebiete von

▲ Roccastrada, Weinmuseum

▼ Roccastrada, Portoncino

Roccastrada, Castiglione della Pescaia, Scarlino und Follonica mit einschließt. Die „farbenfrohe" Produktion bietet Rot-, Rosé- und Weißweine und den preziösen Vinsanto Occhio di Pernice.

Montemassi und Roccatederighi

In der nahen Umgebung von Roccastrada kann man einzigartige Aussichten auf die Maremma genießen und dabei den Spuren des Mittelalters folgen: Die Überreste der Burg Torniella (Ende des 11. Jh.), die im Jahre 1255 von Siena zerstört wurde; die Burgruinen von Sassoforte und das kleine Dorf Sassofortino (im 14. Jh. nach der Zerstörung der Burg von den Sienesern errichtet) und Sticciano, das Dorf der Aldobrandesker mit der bemerkenswerten Kirche Santa Mustiola (12. Jh.). Doch die spektakulärsten Ruinen bietet Montemassi, ein malerisches Dorf zu Füßen seiner Burg, die sorgfältig restauriert wurden und noch die ursprüngliche Struktur mit Hof, Zisterne, ihrem polygonalen Grundriss und dem Turm erkennen lassen. Schaut man von hier aus auf die Ebene der Maremma - für einen Augenblick – ist man ihr König... Nach einem Aufstand gegen Siena im Jahre 1328 wurde die Burg von Guidoriccio da Fogliano aus Siena zurückerobert, wie uns Simone Martini in einem berühmten Freskengemälde im Palazzo Pubblico in Siena berichtet. In der Kirche Sant'Andrea von Montemassi werden einige Reliquien des San Feriolo aufbewahrt, des römischen Soldaten, der in der Nähe den Märtyrertod fand und von der Bevölkerung sehr verehrt wird. Weiter nördlich von Montemassi entstand im 13. Jh. auf einem zerklüfteten Felsen (Trachyt-Gestein) das Dorf Roccatederighi, das seinen Namen von Tederigo, einem Familienmitglied der Burgherren

▼ Montemassi

▼ Roccatederighi

▼ Roccatederighi, Medioevo nel borgo

▲ Castello del Belagaio

Guaschi erhielt, bevor diese sich Siena unterwarfen. Das Dorf erscheint wie eine Fusion aus Felsen und Mauern, Türmen und Ruinen: menschliches Wohnen zwischen wildem Gestein. Hier behauptet sich von Trachyt-Brocken umringt auch die kleine romanische Kirche San Martino. Wer auf die Felsen klettert, muss sich schon hinsetzen, so überwältigend ist das atemberaubende Panorama.

Das Naturschutzgebiet des Farma

Das Schutzgebiet *Riserva Naturale di Popolamento Animale di Belagaio* gehört zum System der Riserve Naturali del Farma-Merse und erstreckt sich über 157 ha im Gemeindegebiet von Roccastrada. Hier kann man auf großen Weideflächen die Pferde der Maremma-Rasse beobachten, während sich in den Wäldern Wildschweine, Rehe, Wölfe, Baummarder und seltene Wildkatzen tummeln. In den Wipfeln der Buchen, Espen und Stechpalmen nisten Raubvögel (Eulen, Uhus, Waldkäuze) wie auch Buntspechte und Kleiber. Das Staatliche Forstamt, das dieses Naturschutzgebiet überwacht, befindet sich im ehemaligen feudalen Gebäude der Ardengheschi, das später zur Republik Siena gehörte und im 19. Jh. restauriert wurde.

KURIOSES

Roccatederighi: Eurofreie Zone

Am ersten Wochenende im August findet in Roccatederighi die Veranstaltung „Medioevo nel Borgo“ statt und das Dorf scheint sich „umzuziehen“ für einen Sprung ins Mittelalter: Überall sieht man wunderschöne, historische Kostüme, Hofnarren unterhalten die Besucher, Handwerker arbeiten auf offener Straße und abends beleuchten Fackeln in verwinkelten Gassen das bunte Treiben von Zauberern und Hexen. An verschiedenen Ständen kann man ungewöhnliche Waren erwerben, allerdings nur mit dem *Fiorino Rocchigiano*, den man bei einem Geldwechsler am Eingang des Dorfes eintauschen kann. Auch der gute Duft von antiken Rezepten mit lokalen Zutaten riecht nach Mittelalter … Nur wenige Tage später am 14. August „rennen“ in Roccatederighi die Esel der fünf Stadtviertel (I Nobili, Il Corso, La Torre, Il Tramonto und La Ventosa) beim Palio de’ Ciuchi um die Wette. Auch hier gibt es Prozessionen mittelalterlicher Kostüme.

San Feriolo und San Salvatore

Nicht weit von Montemassi entfernt gibt es einen Ort der Heiligenverehrung des Märtyrers San Feriolo, des römischen

Soldaten, der sich zum Christentum bekehrte und deswegen an einer Quelle der Ortschaft Caminino (hier befindet sich auch eine schöne romanische Kirche) ermordet wurde. Auf wundersame Weise färbte sich darauf das Quellwasser rot und besaß fortan heilende Wirkung. So wurde der Ort bald zu einem Pilgerort der Heilsuchenden. Im 19. Jh. wurde eine kleine Kapelle errichtet, die jedes Jahr im Juni Ziel einer Prozession ist. Verlässt man Roccastrada auf der Provinzstraße in Richtung Grosseto, trifft man nach 3 km auf die befestigte Mühle und das Kloster von San Salvatore bei Giugnano, das im 11. Jh. auf Wunsch der Aldobrandesker errichtet wurde. Direkt daneben befand sich eine

▼ Pieve San Salvatore a Giugnano

▲ Roccastrada, Palio dei Ciuchi

große Anlage für die Metallverarbeitung. Heute gibt es davon noch eine romanische Kirche mit einer schönen Krypta (Privatbesitz).

Das Unglück von Ribolla

Roccastrada gehört mit seinen Steinbrüchen (Trachyt) und den Minen von Ribolla zum *Parco Tecnologico Archeologico delle Colline Metallifere Grossetane*. Der Eingang zum Bergbaupark befindet sich am ehemaligen Kino in Ribolla, wo auch ein Studienzentrum der lokalen Bergbaugeschichte eingerichtet wurde, die im Jahre 1835 mit der Entdeckung der wertvollen Braunkohlevorkommen begann. In

▼ Ribolla, Pozzo Camorra

den letzten Jahrzehnten des 19. Jh. entstand um den Schacht Ribolla ein regelrechtes Bergbaudorf und die Braunkohleförderung erhielt kontinuierlichen Auftrieb, bis sie schließlich im Jahre 1942 eine Förderkapazität von 270.000 Tonne pro Jahr erreichte. Im Jahre 1959 endeten die Bergbauaktivitäten nach der schrecklichen Grubengasexplosion, durch die der Schacht Camorra einstürzte und 43 Bergleute unter sich begrub.

Esel und Kastanien

Eines der beliebtesten Volksfeste dieser Gegend ist unbestreitbar der *Palio dei Ciuchi* von Roccastrada, eine erfolgreiche Veranstaltung, bei der seit mehr als 40 Jahren die acht Stadtviertel des Dorfes jeweils zwei Esel mit Reitern in ein lustiges, aber „hart umkämpftes" Rennen schicken, aber nicht bevor der von einem Künstler bemalte Palio (Art Stoffwimpel) und die Karren der Viertel in Prozession durchs Dorf ziehen. Nicht weniger beliebt ist das Kastanienfest von Sassofortino, das Ende Oktober-Anfang November stattfindet und diese wunderbare Waldfrucht ehrt, die in tausend köstlichen Rezepten verwendet wird. Davon kann man sich natürlich an den vielen Ständen und in offenen Kellern, die auch lokales Handwerk anbieten, gleich selbst überzeugen.

▼ Ribolla

▼ Sassofortino, Kastanienfest

FÜHRUNGEN:
Die Cooperativa la Fortezza organisiert wunderbare Ausflüge, Archeotrekking und Führungen in den schönsten Orten der toskanischen Maremma, mitten im Grün der Hügel zwischen den Bergen und dem Meer.
www.sovanaguide.it
coop_lafortezza@virgilio.it
Tel. +39 0564 616532

ROCCASTRADA
Gemeindegebiet: 284,37 km²
Einwohner: 9540
Höhe: 475 m ü. d. M.
Rathaus: Corso Roma, 8
www.comune.roccastrada.gr.it

Civitella Paganico

DIE GESCHICHTE

Der Name dieser Gemeinde deutet sowohl auf das Dorf Civitella Marittima (mit dem Rathaus) als auch auf seine bevölkerungsreichere Fraktion, nämlich Paganico. Im Gemeindegebiet gibt es zahlreiche archäologische Ausgrabungsstätten verschiedener Epochen: aus der Altsteinzeit und aus etruskischer und römischer Zeit. Dies erscheint nicht besonders verwunderlich, wenn man bedenkt, dass es in dieser Gegend wichtige Erzvorkommen und Thermalbäder gibt (denkt man nur an das nahe Petriolo, dessen Thermen schon zur Zeit der Römer bekannt waren und sich an der Grenze der Provinzen von Siena und Grosseto befinden). Das auf einem Hügel errichtete, antike Dorf Civitella gehörte als Lehensgut zum Besitz der Familie der Ardengheschi, die unter anderem auch die sogenannte Abtei der Ardengheschi oder Badia al Lanzo gründeten. Nur einige Kilometer weiter nördlich von Civitella wurde sie an der Via del Sale erbaut, dem Weg, auf dem das kostbare Salz von Talamone und Porto Ercole nach Siena transportiert wurde. Dieses Gebiet befand sich unter der strengen Kontrolle von Siena, bis das Lehensgut der Ardengheschi im Jahre 1317 schließlich von Siena gekauft und zur Hälfte des 16. Jh. an das Großherzogtum angeschlossen wurde. Die Geschichte von Paganico dagegen spricht von einem „vermauerten Land“ in der Ebene südlich von Civitella, wo die Sieneser am Ende des 13. Jh. einen Vorposten in Richtung

▼ Civitella Marittima

Maremma und im Besonderen für die begehrten Zugänge zum Meer (Talamone) einrichten wollten. Das deutliche Interesse von Siena zeigen die Eile und der finanzielle Aufwand, mit denen Mauern und Häuser gebaut wurden und die Bevölkerung des umliegenden Landes dazu eingeladen wurde, sich hier niederzulassen. Im 14. Jh. waren die Bauarbeiten schon vollendet und das Dorf genoss einen gewissen Wohlstand, der sich auch im Wochenmarkt ausdrückte, der seit 1294 den Handel dieses zollfreien Dorfes belebte. Nach verschiedenen Überfällen (der Erste durch Castruccio Castracani) wurden die Mauern mehrmals wieder aufgerichtet oder verstärkt. Nach dem Fall Sienas im Jahre 1555 wurde Paganico von den kaiserlichen Truppen zuerst geplündert und dann zerstört, bevor auch hier das Großherzogtum die Macht übernahm. Doch Paganico war nicht völlig vergessen: Im Jahre 1602 wurde das Dorf als Markgrafschaft dem Antonio de' Medici, dem vermutlichen Sohn von Franz I. und Bianca Cappello anvertraut, der sich um die Restauration des Dorfes kümmerte und die Erhöhung des Stadttores Porta al Cassero anordnete, das bis heute erhalten geblieben ist.

▼ Paganico, Porta Senese u. Cassero

▲ Civitella Marittima

▼ Paganico, die Kirche San Michele

SEHENSWÜRDIGKEITEN

Civitella Marittima

Durch das sogenannte Stadttor „Porta Piccina“ betritt man die Altstadt, wo man die wenigen Reste der mittelalterlichen Stadtmauer erkennen kann, die zum größten Teil in die Häuser eingemauert sind. Ein Gebäude aus dem 14. Jh. mit einer externen Treppe (nahe am Tor) und weitere kleine Häuser aus dem 16. Jh. sind die wenigen Zeugen aus der Vergangenheit. Die Kirchen Santa Maria a Montibus und Santa Maria delle Grazie, die aus dem 12. Jh. stammen, wurden im 19. Jh. vollständig restauriert. Die schon erwähnte Badia Ardenghesca oder Badia al Lanzo (nach dem nahen Wasserlauf benannt) wurde nach dem Willen der Ardengheschi direkt außerhalb der Stadtmauern im Jahre 1108 errichtet. Nach dem Anschluss der Republik Siena an das Großherzogtum wurde diese Abtei und ihr Kloster einem unaufhaltsamen Verfall preisgegeben und nur die Kirche konnte sich bis in die heutigen Tage retten. Die Nebengebäude sind in Wohnhäuser umgewandelt worden. Nur die monströsen Darstellungen an den Kapitellen der Säulen, die das Eingangsportal einrahmen, zeugen noch von dem ehemaligen Glanz der Badia.

▼ Civitella, S. Maria in Montibus

Paganico

Im Gegensatz zu Civitella ist die sienesische Stadtmauer aus dem 14. Jh. noch gut erhalten, und zwar mit drei seiner ursprünglich vier Stadttoren: Die eindrucksvollste ist die Porta Senese, die nahe am Cassero liegt, der im 17. Jh. als Adelsresidenz des Antonio de'Medici umfunktioniert wurde. Im Inneren des Tores erkennt man die Balzana, das Wappen der Republik von Siena, die dieses „vermauerte Land“ am Ende

▼ Badia Ardenghesca

des 13. Jh. mit Mauern versah. Der Palazzo Pretorio aus dem 14. Jh. wurde im Laufe der Jahrhunderte mehrfach modifiziert und später von den reichen Marchesen Patrizi bewohnt, deren Wappen an vielen Gebäuden aus dem 18.-19. Jh. von Paganico zu finden sind. An der Hauptstraße Corso Fagarè befindet sich ein schönes Ziegelsteinhaus aus dem 15. Jh. mit Bogengang. Die Kirche San Michele Arcangelo in der Dorfmitte wurde am Ende des 13. Jh. von der Bruderschaft der Umiliati errichtet und war nach der Unterdrückung dieses Ordens im 16. Jh. Probst-Sitz des Dorfes. Trotz der Restaurierungsarbeiten im 20. Jh. (die Letzten im Jahre 1963) konnten im großen Kirchenschiff wertvolle Fragmente von Fresken sienesischer Meister aus dem 14. Jh. konserviert werden. Im Chorraum kann man einen Gemäldezyklus von Biagio di Goro Ghezzi (1368) bewundern (*Geburt Jesus, Verehrung der Magier*, Szenen aus der Legende des Heiligen Michael, *Die vier Evangelisten*, Heilige und Allegorien aus dem Jenseits). Unter den verschiedenen, interessanten Kunstwerken in der Kirche sind das bemalte Holz-Ziborium aus dem 15. Jh. von Bartolomeo Neroni, dem „Riccio", und eine Tafel mit *Maria und Jesuskind zwischen den Heiligen Andrea und Niccolò* (1470) zu erwähnen. Besondere Beachtung verdient das große Fresko mit dem Heiligen Christophorus, ein Werk aus dem 15. Jh., das gut über dem Eingang zu erkennen ist. Nach alter Tradition war Christophorus ein Fährschiffer und der Schutzpatron der Reisenden und Wanderer. Gerade in einem Ort für Durchreisende wie Paganico sollte dieser Heilige leicht zu identifizieren sein und wurde daher in monumentaler Größe dargestellt. In unmittelbarer Nähe von Paganico entstand im Mittelalter um eine Burg herum, die schon vor dem Jahre 1000 zitiert wurde, das anschauliche, mittelalterliche Dorf Monte Antico. Die Burg wurde mehrfach restauriert und ragt inmitten von Getreidelagern, Ställen, Scheunen und Häusern aus einem befestigten Mauerring hervor.

Pari und Casal di Pari

Die Fundstücke aus diesem Gebiet (die man sowohl in Grosseto als auch in Florenz in den jeweiligen archäologischen Museen besichtigen kann) zeigen, dass hier schon Etrusker und Römer gelebt haben. In der Geschichte von Pari spielt das mittelalterliche Lehensgut der Ardengheschi, die ca. 1200 in den Raum Siena kamen, eine zentrale Rolle. Darauf wurde das Dorf unter sienesischen

▼ Paganico, Teil der Stadtmauer

Adelshäusern „weitergereicht“ (Rinuccini, Squarcialupi, Forteguerri, Buonsignori, Malavolti), bis der Anschluss an das Großherzogtum erfolgte. Hier lohnt sich ein Besuch in der Kirche San Biagio, die in der Apsis ihren Ursprung aus dem 13. Jh. zeigt, während der Rest des Gebäudes im 19. Jh. erneuert wurde. Sehenswert sind ein schönes Weihwasserbecken aus dem Jahre 1640 und einige wertvolle Gemälde aus dem 16. u. 17. Jh. Nicht weit entfernt am gleichen Platz trifft man auf das Oratorium Santa Croce mit einem Glockengiebel aus dem Jahre 1548. Casal di Pari, wie das kleine, malerische Dorf wegen seiner Nähe zu Pari genannt wird, gehörte ebenfalls zum mittelalterlichen Besitz der Ardengheschi und wurde im 16. Jh. von der Familie De Vais, welche

▲ Casale di Pari

den sogenannten Bischofssitz erbten, restauriert. Auch wenn die Reste dieses Gebäudes in Wohnungen verwandelt wurden, ist heute noch das Wappen der De Vais zu erkennen. Die Kirche San Donato aus dem 15. Jh. wurde im 18. Jh. komplett restauriert, aber zeigt noch im seitlichen Portal, der sogenannten Porta degli Uomini ein antikes Steinfragment mit der Inschrift „S. Monachi De Ecclesis Vaecto“, also „aus der Kirche des heiligen Mönches transportiert“; hier ist vermutlich die Kirche Sant’Antonio in Val d’Aspra gemeint.

▼ Antikes Thermalbad von Petriolo

▼ Castello di Casenovole

KURIOSES

Casenovole und Monte Antico

Hier handelt es sich um zwei bedeutende Burgen in der Umgebung von Civitella, deren Ursprung in die Zeit der Ardengheschi zurückgeht. Casenovole hat trotz vieler Erneuerungen im Laufe der Jahrhunderte sein mächtiges Erscheinungsbild bewahrt. Die Burg wurde den Ardengheschi von der Familie Buonsignori aus Siena abgenommen (1318) und von Siena wegen der grausamen Taten dieser Familie im 15. Jh. wieder zurückerobert. Sehenswert sind hier das gut erhaltene Eingangstor im Nordosten und die Kirche San Giovanni Battista außerhalb ihrer Mauern. Die eindrucksvolle Burg von Monte Antico mit ihrem Mauerring und dem Herrensitz, dominiert das Ombrone-Tal und bietet ein atemberaubendes Panorama. Einst im Besitz der Buonsignori und im 15. Jh. der Tolomei ist sie heute ein elegantes Hotel.

Riserva Naturale del Fiume Merse

Dieses wichtige Naturschutzgebiet aus dem Jahre 1996 wird von den Provinzen Grosseto und Siena geleitet. *Die Riserva Naturale del Basso Merse* im Besonderen gehört neben den sienesischen Gemeinden Monticiano und Murlo auch zur Gemeinde Civitella. In dieser fast unberührten Flusslandschaft gibt es noch seltene Säugetiere wie Fischotter und Vogelarten wie den Eisvogel. An der Grenze der beiden Provinzen sprudeln die Thermalquellen von Petriolo. Hier kann man in natürlichen Becken, die in das kalte Flusswasser des Farma münden, relaxen und das 40° warme, kalk- und schwefelhaltige Wasser genießen.

▼ Castello di Monte Antico

Von Dorffest zu Dorffest

Vom Sommer bis zum Herbst bieten zahlreiche Dorffeste willkommene Gelegenheit, die typischen Gerichte und Produkte dieser Gegend zu probieren: Das Fest in Civitella Ende August heißt *Sagra dell'Alta Maremma*, während in Paganico Anfang September die originelle *Sagra della Granocchia* stattfindet (Froschschenkel in Tomatensoße sind ein lokaler Leckerbissen).

FÜHRUNGEN:
Die Cooperativa la Fortezza organisiert wunderbare Ausflüge, Archeotrekking und Führungen in den schönsten Orten der toskanischen Maremma, mitten im Grün der Hügel zwischen den Bergen und dem Meer.
www.sovanaguide.it
coop_lafortezza@virgilio.it
Tel. +39 0564 616532

CIVITELLA PAGANICO
Gemeindegebiet: 192,71 km²
Einwohner: 3175
Höhe: 329 m ü. d. M.
Rathaus: Via 1° Maggio, 6
www.civitella-paganico.it

Campagnatico

DIE GESCHICHTE

Schon vor dem Jahre 1000 gehörte Campagnatico zum Besitz der mächtigen Familie der Aldobrandesker und wurde von der Abtei Abbazia di San Salvatore auf dem Monte Amiata kontrolliert. Von der Mitte bis zum Ende des 13. Jh. erfolgte nach und nach die politische und administrative Annexion an Siena. Auch dieses Gebiet wurde schon von Etruskern und Römern frequentiert, wie, neben den nahen Ruinen von Roselle (Grosseto), auch die Reste einer römischen Villa in der Nähe von Pieve Vecchia zu Füßen des Dorfes belegen; hier liegen die Fundamente eines Gebäudes, das mit Zisternen und Becken ausgestattet war, die als Färberei oder Thermalbad genutzt wurden. Das Dorf kann sich sogar damit rühmen , eine „Rolle" in der Göttlichen Kommödie von Dante Alighieri zu spielen: Im elften Gesang des Purgatorium erinnert Dante an den mächtigen und arroganten Herren von Campagnatico, Umberto Aldobrandeschi, der im Kontrast mit Siena vermutlich von Meuchelmördern getötet wurde, oder wie andere behaupten, einen Heldentod in der Schlacht fand. Das schreckliche Ende von Umberto hat die Bevölkerung stark beeindruckt, wie von Umberto selbst im Fegefeuer berichtet wird: „„...Ich starb, wie die Sieneser wissen, wie es in Campagnatico jedwedes Kind weiß". Das Dorf wurde jedenfalls von Siena unterworfen, was für Campagnatico wirtschaftlichen Aufschwung und blühende Landwirtschaft bedeutete. Die Aufsicht unterlag mehrmals dem Hospital *Os-*

▼ Campagnatico

pedale di Santa Maria della Scala (Siena) als Gegenleistung für die von Siena vertraglich ausgehandelte Schuldenbegleichung. Diese günstige Entwicklung hatte einen plötzlichen Einbruch: 1318 säte die Pestepidemie Tod und Schrecken und Siena entschied, die *Strada del Sale* (Salz-Straße) zu bauen, eine neue Arterie, welche die Via Grossetana ersetzte, um den Salztransport von der Küste zu erleichtern. Doch diese neue Verbindung über Batignano schloss Campagnatico von den Profit bringenden Wirtschaftswegen aus und verurteilte es zur ökonomischen Regression. Nach verschiedenen Überfällen räuberischer Banden unter dem Kommando des Cappelletto und einem langsamen Aufschwung in der Renaissance, besonders durch den Einsatz der Sieneser um die Malaria einzudämmen, wurde dieser Teil der Maremma dem Großherzogtum der Medici angeschlossen und geriet aufs Neue in Vergessenheit, und das auf Kosten jeglicher Produktivität. Campagnatico sah das Licht am Ende des Tunnels erst in der Herrschaft der Lothringer, die sich um die Sanierung der Ländereien kümmerten und wirtschaftlichen Aufschwung brachten, besonders in den Jahren, in denen Leopoldo II. von Lothringen das Sagen hatte.

▼ Campagnatico

▲ Die Kirche S. Giovanni Battista

▼ Die Kirche S. Giovanni Battista, Apsis

SEHENSWÜRDIGKEITEN

Die Altstadt

Begibt man sich in die Altstadt, deren antike Stadtmauer ringsum mit einigen quadratischen Türmen teilweise noch sichtbar ist, trifft man in Via del Convento auf die Kirche Santa Maria delle Grazie aus dem Mittelalter (1188), die im Jahre 2001 nach langem Verfall restauriert wurde. Das heutige Gebäude profitiert noch von den ersten Ausbesserungsarbeiten im 16. Jh., als man die Kirche, die auf den Resten eines antiken Klosters errichtet wurde, erweiterte. Die nächste Restaurierung erfolgte im 18. Jh., während die Elemente im neoklassizistischen Stil aus dem 19 Jh. stammen. Unter den verschiedenen Kunstwerken weisen wir auf ein Weihwasserbecken (1578), einen bedeutenden Fresken-Zyklus der sienesischen Maler Cristoforo di Bindoccio und Meo di Pero, die im Jahre 1393 das *Gemälde Geschichte und Leben der Jungfrau* fertigstellten, und auf Fresken des 15. Jh. (1476), die bei jüngsten Restaurierungsarbeiten der Kapelle Madonna delle Grazie entdeckt worden sind. Aufgrund ihrer hervorragenden Machart werden Francesco di Giorgio Martini und ein anonymer Schüler für die Urheber gehalten. Das wunderbare und viel verehrte Bildnis der Vergine delle Grazie stammt von Guido Graziano, einem Künstler aus Siena, der in der zweiten Hälfte des 13. Jh. wirkte. Eine weitere, kleine, allerdings entweihte Kirche im Inneren der Stadtmauer nennt sich Sant'Antonio Abate und zeigt noch mittelalterliche Fresken der schon erwähnten Künstler Cristoforo di Bindoccio und Meo di Pero. Daneben befand sich ein Hospital für die Pilger, das vom Templerorden geleitet wur-

▼ Campagnatico

▼ Die Kirche S. Giovanni Battista

de. An den beiden Enden des Dorfes erkennt man auf der einen Seite die Ruinen und den Turm der Burg der Aldobrandesker, auf der anderen an der Stadtmauer die Kirche San Giovanni Battista aus der Mitte des 13. Jh. Die Fassade wurde mit romanischen Fragmenten ausgebessert, während der nahe Turm, heute mit Glockengiebel, noch aus dem Jahre der Befestigungsanlagen (1000) stammt. Das strenge, mittelalterliche Antlitz dieses antiken Dorfes hat sich in den malerischen Winkeln, wie in Via delle Casacce erhalten.

Montorsaio

Mitten im dichten Macchiawald und auf einem Hügel verschanzt liegt das Dorf Montorsaio. Sein Grundriss verrät den sienesischen Einfluss: zwischen dem 13. u. 14. Jh. war Montorsaio ein Vorposten der Stadt Siena, die, wie vorher auch die Familien Visconti und Salimbeni, sehr an den Erzvorkommen in dieser Gegend interessiert war. Die Häuser haben die mittelalterliche Stadtmauer zum größten Teil vereinnahmt und sind in konzentrischen Reihen um die antike Zisterne und die Resten des Cassero Senese herum angeordnet. In der Kirche Santi Cerbone e Michele befindet sich ein bemerkenswertes Gemälde mit der *Jungfrau mit Jesuskind*. Leider handelt es sich um eine Kopie, denn das Original wird im Palazzo Vescovile von Grosseto aufbewahrt. Auf den gleichen Platz schaut auch das kleine Oratorium der Bruderschaft Santa Croce, das in den 50er Jahren restauriert wurde, aber einen Altar aus dem 18. Jh. zeigt. Außerdem gibt es hier ein Holzkreuz aus dem Jahre 1629 aus dem antiken Kloster *Nave*, von dem wir später noch sprechen werden, und eine Marienverkündung aus Holz von Mariano d'Angiolo Romanelli.

KURIOSES

Der Palio dei ciuchi

Die Viertel von Campagnatico (Centro, Santa Maria, Pieve e Castello) konfrontieren sich jedes Jahr im Palio, einem Wettkampf, der auf das 15. Jh. zurückgeht, aber erst in den 50er Jahren des 20. Jh. wieder eingeführt wurde. Er findet am zweiten Sonntag im September zu Ehren der Madonna statt und wird vorher mit Prozessionen und Paraden in historischen Kostümen gefeiert. Im Palio schickt jedes Viertel zwei Esel ins Rennen, die

▼ Campagnatico, Kirche Misericordia

ohne Sattel von jungen Jockeys geritten werden. Es gilt dabei, den sogenannten *Cencio* zu erobern, den von einem bekannten Künstler bemalten *Palio*.

Ketzer und Heilige

In der nahen Umgebung von Motorsaio, zu Füßen des Monte Leoni versteckte sich das Kloster Convento della Nave, heute in Privatbesitz und zum größten Teil restauriert. Wie schon erwähnt, kann man das schöne Holzkreuz aus diesem Kloster im Oratorium der Bruderschaft Santa Croce in Montorsaio besichtigen. Über das Kloster Nave werden seit Jahrhunderten verschiedene

▼ Campagnatico, Teilansicht

▲ Campagnatico, Altstadt

Legenden erzählt, denn im 14. Jh. versteckten sich hier die Anhänger von Bruder Dolcino, die für Ketzer gehalten und deshalb verfolgt wurden. Als diese nach Montorsaio kamen, wurden sie sofort von den Einwohnern, die von dem Seligen Tommaso von Scarlino angeführt wurden, vertrieben (für einige einfach niedergemetzelt). In späteren Zeiten (18. Jh.) scheinen hier etwas zügellose Mönche gelebt zu haben, was schließlich das Ende des Klos-

▼ Campagnatico, alte Stadtmauer

ters bedeutete. Unabhängig von den Legenden gilt als sicher, dass sich in diesem Kloster der Heilige Bernhard aufhielt (noch heute erkennt man die Steineiche, unter der er gebetet hatte), während hier im 15. Jh. der Franziskaner Andrea von Grosseto als Einsiedler zwischen diesen Mauern ein heiliges Leben führte.

Portraits in der Krippe

Auf dem schönen mittelalterlichen Platz Piazza della Cisterna von Montorsaio wird jedes Jahr zu Weihnachten eine wirklich kuriose Krippe mit großen Figuren aus Terrakotta realisiert, die sowohl die traditionellen Figuren der Geburt Christi als auch bekannte Personen von Motorsaio abbilden, wie sie ihren Alltagsgeschäften nachgehen. Die Krippe wurde zum ersten Mal im Jahre 1985 vom Bildhauer Marco di Don Zeno ins Leben gerufen, der in der Altstadt auch typische Orte des umliegenden Landes gestaltet hat.

▼ Montorsaio, Krippe

▼ Der verschneite Hügel von Montorsaio

FÜHRUNGEN:
Die Cooperativa la Fortezza organisiert wunderbare Ausflüge, Archeotrekking und Führungen in den schönsten Orten der toskanischen Maremma, mitten im Grün der Hügel zwischen den Bergen und dem Meer.
www.sovanaguide.it
coop_lafortezza@virgilio.it
Tel. +39 0564 616532

CAMPAGNATICO
Gemeindegebiet: 162,13 km²
Einwohner: 2625
Höhe: 275 m ü. d. M.
Rathaus: Piazza Garibaldi, 13
www.comune.campagnatico.gr.it

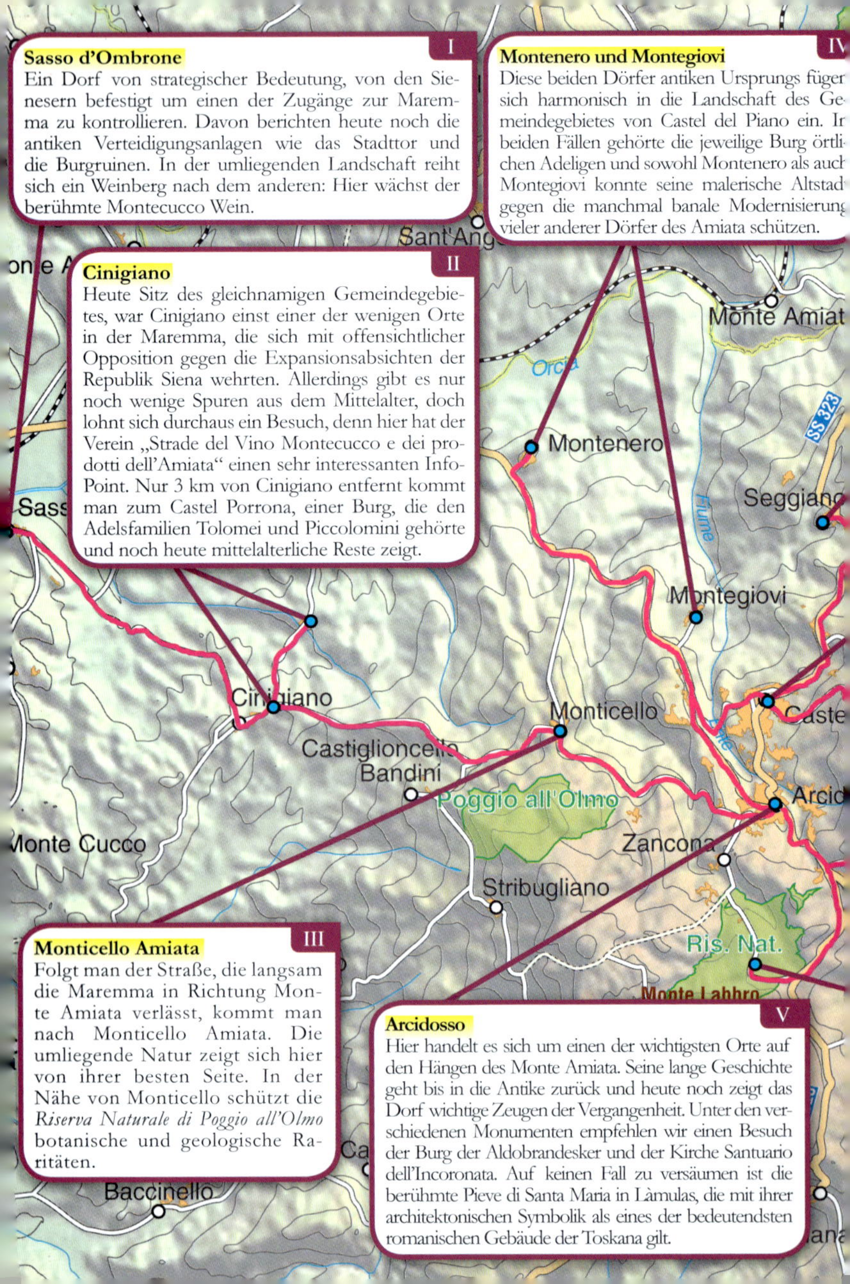

I

Sasso d'Ombrone

Ein Dorf von strategischer Bedeutung, von den Sienesern befestigt um einen der Zugänge zur Maremma zu kontrollieren. Davon berichten heute noch die antiken Verteidigungsanlagen wie das Stadttor und die Burgruinen. In der umliegenden Landschaft reiht sich ein Weinberg nach dem anderen: Hier wächst der berühmte Montecucco Wein.

II

Cinigiano

Heute Sitz des gleichnamigen Gemeindegebietes, war Cinigiano einst einer der wenigen Orte in der Maremma, die sich mit offensichtlicher Opposition gegen die Expansionsabsichten der Republik Siena wehrten. Allerdings gibt es nur noch wenige Spuren aus dem Mittelalter, doch lohnt sich durchaus ein Besuch, denn hier hat der Verein „Strade del Vino Montecucco e dei prodotti dell'Amiata" einen sehr interessanten Info-Point. Nur 3 km von Cinigiano entfernt kommt man zum Castel Porrona, einer Burg, die den Adelsfamilien Tolomei und Piccolomini gehörte und noch heute mittelalterliche Reste zeigt.

III

Monticello Amiata

Folgt man der Straße, die langsam die Maremma in Richtung Monte Amiata verlässt, kommt man nach Monticello Amiata. Die umliegende Natur zeigt sich hier von ihrer besten Seite. In der Nähe von Monticello schützt die *Riserva Naturale di Poggio all'Olmo* botanische und geologische Raritäten.

IV

Montenero und Montegiovi

Diese beiden Dörfer antiken Ursprungs füger sich harmonisch in die Landschaft des Gemeindegebietes von Castel del Piano ein. In beiden Fällen gehörte die jeweilige Burg örtlichen Adeligen und sowohl Montenero als auch Montegiovi konnte seine malerische Altstadt gegen die manchmal banale Modernisierung vieler anderer Dörfer des Amiata schützen.

V

Arcidosso

Hier handelt es sich um einen der wichtigsten Orte auf den Hängen des Monte Amiata. Seine lange Geschichte geht bis in die Antike zurück und heute noch zeigt das Dorf wichtige Zeugen der Vergangenheit. Unter den verschiedenen Monumenten empfehlen wir einen Besuch der Burg der Aldobrandesker und der Kirche Santuario dell'Incoronata. Auf keinen Fall zu versäumen ist die berühmte Pieve di Santa Maria in Làmulas, die mit ihrer architektonischen Symbolik als eines der bedeutendsten romanischen Gebäude der Toskana gilt.

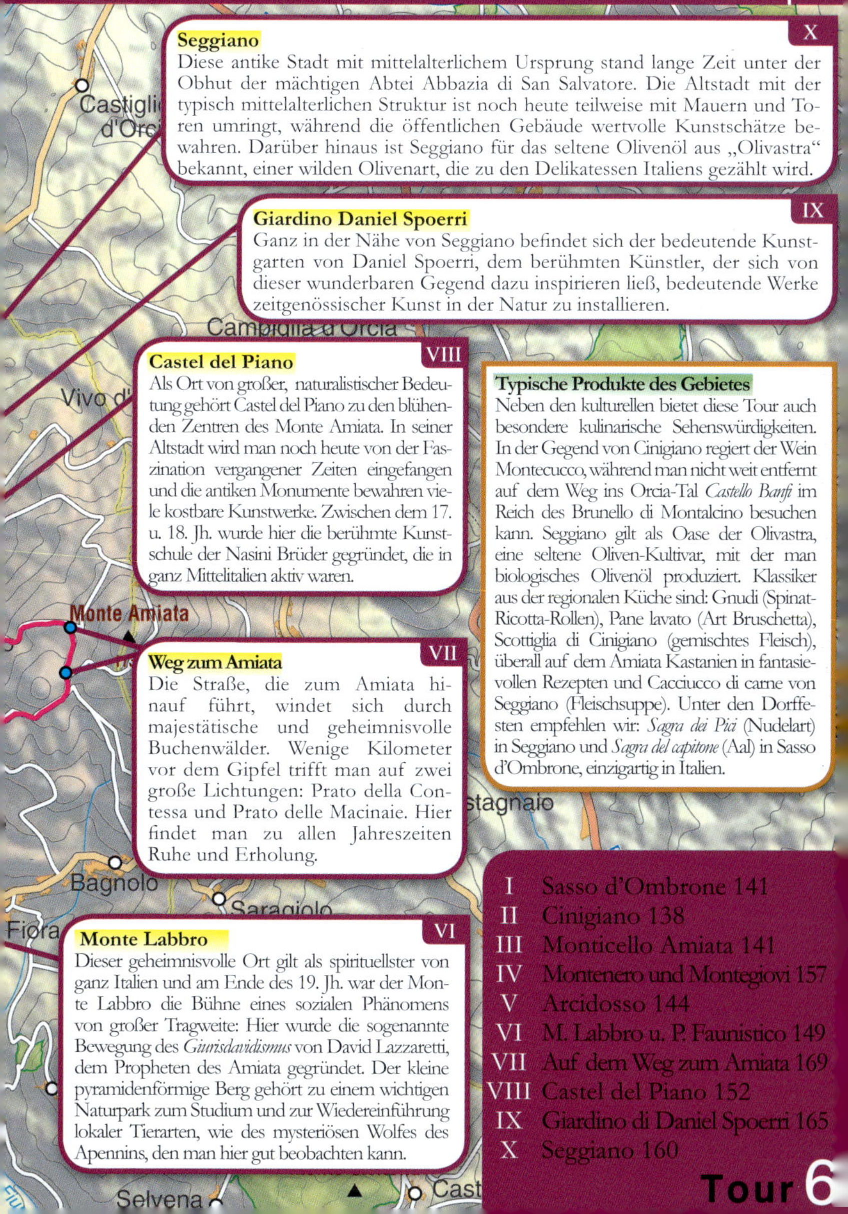

Seggiano

X

Diese antike Stadt mit mittelalterlichem Ursprung stand lange Zeit unter der Obhut der mächtigen Abtei Abbazia di San Salvatore. Die Altstadt mit der typisch mittelalterlichen Struktur ist noch heute teilweise mit Mauern und Toren umringt, während die öffentlichen Gebäude wertvolle Kunstschätze bewahren. Darüber hinaus ist Seggiano für das seltene Olivenöl aus „Olivastra" bekannt, einer wilden Olivenart, die zu den Delikatessen Italiens gezählt wird.

Giardino Daniel Spoerri

IX

Ganz in der Nähe von Seggiano befindet sich der bedeutende Kunstgarten von Daniel Spoerri, dem berühmten Künstler, der sich von dieser wunderbaren Gegend dazu inspirieren ließ, bedeutende Werke zeitgenössischer Kunst in der Natur zu installieren.

Castel del Piano

VIII

Als Ort von großer, naturalistischer Bedeutung gehört Castel del Piano zu den blühenden Zentren des Monte Amiata. In seiner Altstadt wird man noch heute von der Faszination vergangener Zeiten eingefangen und die antiken Monumente bewahren viele kostbare Kunstwerke. Zwischen dem 17. u. 18. Jh. wurde hier die berühmte Kunstschule der Nasini Brüder gegründet, die in ganz Mittelitalien aktiv waren.

Typische Produkte des Gebietes

Neben den kulturellen bietet diese Tour auch besondere kulinarische Sehenswürdigkeiten. In der Gegend von Cinigiano regiert der Wein Montecucco, während man nicht weit entfernt auf dem Weg ins Orcia-Tal *Castello Banfi* im Reich des Brunello di Montalcino besuchen kann. Seggiano gilt als Oase der Olivastra, eine seltene Oliven-Kultivar, mit der man biologisches Olivenöl produziert. Klassiker aus der regionalen Küche sind: Gnudi (Spinat-Ricotta-Rollen), Pane lavato (Art Bruschetta), Scottiglia di Cinigiano (gemischtes Fleisch), überall auf dem Amiata Kastanien in fantasievollen Rezepten und Cacciucco di carne von Seggiano (Fleischsuppe). Unter den Dorffesten empfehlen wir: *Sagra dei Pici* (Nudelart) in Seggiano und *Sagra del capitone* (Aal) in Sasso d'Ombrone, einzigartig in Italien.

Weg zum Amiata

VII

Die Straße, die zum Amiata hinauf führt, windet sich durch majestätische und geheimnisvolle Buchenwälder. Wenige Kilometer vor dem Gipfel trifft man auf zwei große Lichtungen: Prato della Contessa und Prato delle Macinaie. Hier findet man zu allen Jahreszeiten Ruhe und Erholung.

Monte Labbro

VI

Dieser geheimnisvolle Ort gilt als spirituellster von ganz Italien und am Ende des 19. Jh. war der Monte Labbro die Bühne eines sozialen Phänomens von großer Tragweite: Hier wurde die sogenannte Bewegung des *Giurisdavidismus* von David Lazzaretti, dem Propheten des Amiata gegründet. Der kleine pyramidenförmige Berg gehört zu einem wichtigen Naturpark zum Studium und zur Wiedereinführung lokaler Tierarten, wie des mysteriösen Wolfes des Apennins, den man hier gut beobachten kann.

Tour 6

Cinigiano

DIE GESCHICHTE

Die Burg von Cinigiano existierte schon am Ende des 12. Jh. und erlebte im Mittelalter eine bewegte Geschichte, die vor allem von der Arroganz der Burgherren, der Nachfahren des Bernardino da Cinigiano und Vasallen der Aldobrandesker von Santa Fiora, und deren kontinuierlichen Streitereien mit der Republik Siena geprägt war. Im Jahre 1254 wurde die Kontrolle über die Burg von den Herren von Cinigiano an Siena übergeben, ohne jedoch die Bevölkerung dieses Territoriums in Frieden zu lassen. Das ging so lange, bis Siena genug hatte und die Tyrannen im Jahre 1278 endgültig vertrieb. Doch „auf den Regen folgte die Traufe“: eine andere mächtige Familie, die Guidi di Battifolle, hatte sich des Dorfes Cinigiano bemächtigt und stand ihren Vorgängern in nichts nach, was zu einem Aufstand der Bevölkerung führte, die das Dorf erneut in die Hände von Siena trieb. Zur Hälfte des 16. Jh. war Florenz an der Reihe und schloss Cinigiano an das Großherzogtum der Medici an. Im Jahre 1766 wurde das Dorf, das bis dahin von Siena verwaltet wurde, von Grosseto verwaltet und blieb auch nach der Einheit Italiens Teil dieser Provinz.

SEHENSWÜRDIGKEITEN

Die Altstadt

Von der Vergangenheit ist in Cinigiano nur wenig geblieben: Vom ehemaligen Cassero gibt es nur noch einige Steinruinen auf der höchsten

▼ Cinigiano

Stelle des Dorfes zu sehen und die ehemalige Stadtmauer kann man anhand der Anordnung der Häuser in Via del Cassero und in Via degli Orti nur erahnen. Doch über dem Dorf wacht der antike Uhrturm, der im 19. Jh. modifiziert wurde und mit seinen Zinnen an den Turm Torre della Mangia in Siena erinnert. Es gibt zwei sehenswerte Kirchen: Die Pfarrkirche San Michele Arcangelo, die schon im 13. Jh. existierte, aber erst im Jahre 1598 zur Pieve ernannt wurde und einige Gemälde aus dem 16. u. 17. Jh. und einen originalen Reliquienschrein aus dem 17. Jh. aufbewahrt, der sich in der Apsis befindet. Die zweite, kleinere Kirche Santa Maria delle Nevi, ebenfalls aus dem 13. Jh. aber im neogotischen Stil restauriert, gab bei Restaurierungsarbeiten in den 90er Jahren einige Fresken aus dem 15. Jh. preis. Rechts vom Chorraum erkennt man ein Gemälde der Marienverehrung, das die Jungfrau abbildet, wie sie Schneeflocken in der Hand hält mit dem Jesuskind und den Heiligen Giuseppe und Giovannino. Der Name *Madonna delle Nevi*, der von vielen Kirchen in der Maremma getragen wird, bezieht sich auf ein Wunder, dass sich in Rom

▼ Cinigiano, Torre dell'Orologio

▲ Weinberge DOC Montecucco

▼ Kirche S. Maria delle Nevi, Fresko

in der Nacht vom 4. auf den 5. August im Jahre 352 n. Chr. ereignete: sowohl der reiche Patrizier Giovanni als auch der Papst Liberio träumten davon, dass die Jungfrau Maria angeordnet hätte, eine Basilika zu bauen; und zwar genau auf der Stelle, die am nächsten Morgen mit Schnee bedeckt gewesen wäre. Dies ereignete sich tatsächlich trotz der Hitze im August. Dadurch erklärt sich auch der Ursprung der Basilika Liberiana, die auch Santa Maria delle Neve genannt wird und heute noch auf dem Hügel Esquilino zu sehen ist.

Castel Porrona

Wie schon erwähnt, historische Zeugen aus der Vergangenheit gibt es in Cinigiano selbst nur wenige, doch im umliegenden Land sieht es anders aus: Da ist zum Beispiel das Castel Porrona nur drei Kilometer vom Dorf entfernt, ein eindrucksvolles, befestigtes Dorf aus dem 13. Jh., das nach den Raubzügen der Soldatenbanden aus der Gascogne und der Bretagne wieder rekonstruiert wurde. Erst unter der Kontrolle von Siena und im Besitz der Adelsfamilien der Tolomei und der Piccolomini wurde der Weiler mit einem Mauerring ausgestattet (teilweise heute noch an den Wohnhäusern zu sehen). Außerdem gab es ein einziges Eingangstor und ein Cassero, der teilweise rekonstruiert wurde, in dessen Atrium die Wappen der Tolomei und der Piccolomini und ein Epigraf, der an das Jahr des Wiederaufbaus (1504) erinnert zu sehen sind. Am zentralen Platz *Piazza Tolomei* kann man die Kirche San Donato aus dem 13. Jh. besichtigen, die in antiken Zeiten dem Kloster Sant'Antimo unterstand, mit einem schönen, romanischen Kapitell, der als Taufbecken

▼ Cinigiano, die Kirche S.Michele

▼ S.Michele, Madonna delle Grazie

▲ Castel Porrona

dient. Ein weiteres quadratisch angeordnetes Gebäude aus dem 15. Jh. hat einen Innenhof mit achteckigem Brunnen. Am Anfang des 20. Jh. wurde der Weiler (heute ein Relais) so restauriert, dass der mittelalterliche Flair nicht verloren ging.

Das Land der Burgen

Neben Porrona wird man auf dem Weg durch die Hügel und Täler des Territoriums von Cinigiano von vielen anderen Burgen und Befestigungen „kontrolliert“, die zu Verstehen geben, wie strategisch dieses Gebiet zwischen der Maremma und dem Raum Siena war. Ein runder Turm aus dem Mittelalter und ein schöner Hof aus der Renaissance sind die Reste von Castiglioncello Bandini an der Straße nach Monticello Amiata, das für lange Zeit den Piccolomini Bandini gehörte, von denen es den Namen erhielt, bevor es dem Großherzogtum angeschlossen wurde. In Richtung Paganico war Sasso d’Ombrone das befestigte Dorf, das dieses Gebiet bis zum Jahre 1254 für Siena kontrollierte; davon sind heute noch der antike Torbogen der Burg und eine mächtige Konstruktion aus Felsgestein auf dem Hügel zu sehen. Nicht weit entfernt trifft man auf Vicarello, das ebenfalls von den Sienesern im 13. Jh. als Wachposten mit einer Burg aus zwei „L“-förmig angeordneten Gebäuden, die einen Hof einschließen, errichtet wurde. Heute zieht diese Struktur als Agriturismus-Hof viele Urlauber an. Casenovole (eine mächtige Burg der Ardengheschi aus dem 13. Jh. und heute Privatbesitz) und Monte Antico (ebenfalls von den Ardengheschi und im 15. Jh. von der sienesischen Familie Tolomei umstrukturiert) sind weitere Burgen, die zum Gemeindegebiet von Civitella Paganico gehören. Und schließlich, wenn man sich nur wenige Kilometer in das Gebiet von Montalcino begibt, lohnt sich ein Besuch am Schloss Poggio alle Mura (14. Jh.) im Reich des DOCG Weines Brunello di Montalcino, der hier von dem bekannten Weingut *Castello Banfi* produziert wird. Das Schloss wurde vermutlich unter Einbeziehung schon vorhandener Türme der Langobarden errichtet und präsentiert sich heute als stolze und gut erhaltene Burg, eine der größten im Gebiet von Siena, deren Aufgabe es war, die Verkehrsverbindungen zwischen Siena, dem Monte Amiata und der Maremma zu kontrollieren. In seinem Inneren gibt es ein interessantes Glasmuseum mit einer der wichtigsten Privatsammlungen an antiken etruskischen und römischen Glasobjekten. Auf keinen Fall zu versäumen: die einzigartige, ganzjährig geöffnete Enoteca des Weingutes.

Monticello Amiata

Fährt man in Richtung Monte Amiata weiter, erreicht man zwischen Fichtenwäldern und Kastanienhainen in Panorama-Position die Burg von Monticello, die einst zur Abtei San Salvatore auf dem Monte Amiata gehörte und später von den Aldobrandeskern erobert wurde, bevor sie im 14. Jh. in die Hände von Siena fiel. Von der mittelalterlichen Zeit sind nur noch einige Spuren der Stadtmauer aus dem 13. Jh., das schöne Stadttor Porta San Francesco und zwei Türme der Stadtmauer, die allerdings modifiziert wurden, erhalten geblieben. Aber am Heimatmuseum *Casa Museo* geht kein Weg vorbei: Es handelt sich um ein ethnografisches Museum, das mit der ursprünglichen Einrichtung vom Alltag in einem Landhaus des 19. Jh. berichtet. Bei Val di Prata gab es nach der Erscheinung der Madonna della

▼ Monticello Amiata, die Kirche S.Michele

▲ Monticello Amiata

Consolazione in antiken Zeiten (vor dem 13. Jh.) eine Heiligenverehrung mit einem Bildnis aus sienesischer Schule vom Ende des 14. Jh.

KURIOSES

Rund um den Wein

In Cinigiano befindet sich die Organisation der Weinstraße *Strada del Vino Montecucco und der typischen Produkte des Amiata*, die entstand um den Weintourismus und den Han-

▼ Sanktuarium Val di Prata

del der umliegenden Gemeinden (Cinigiano,Civitella Paganico, Castel del Piano, Arcidosso, Roccalbegna, Seggiano, Castell'Azzara, Santa Fiora u. Semproniano) zu fördern. Die betreffenden Betriebe produzieren hauptsächlich die Weine der Doc Montecucco und viele andere typische Produkte wie das kaltgepresste Olivenöl von Seggiano, die Kastanien der IGP Monte Amiata, der Pecorino Toscano DOP und das Fleisch der weißen Rinder des Zentral-Apennin IGP, Honig, puren Safran aus der Maremma, Salzbrezel aus Roccalbegna und die verschiedenen Wildschweinwürste. Darüber hinausgibt es Pilze und Trüffel. Anfang September findet in Cinigiano das Weinfest mit dem önologischen Wettbewerb der Doc Montecucco statt, der von Önologen und Sommeliers des italienischen Verbandes A.I.S. organisiert wird. Hier werden die Tore der Weinkeller geöffnet und Tanzmusik, Ausstellungen, Verkaufsstände, allegorische Wagen und Prozessionen in historischen Kostümen geboten.

▼ Val di Prata, wundertätige Madonna

▼ Monticello Amiata, Casa Museo

FÜHRUNGEN:
Die Cooperativa la Fortezza organisiert wunderbare Ausflüge, Archeotrekking und Führungen in den schönsten Orten der toskanischen Maremma, mitten im Grün der Hügel zwischen den Bergen und dem Meer.
www.sovanaguide.it
coop_lafortezza@virgilio.it
Tel. +39 0564 616532

CINIGIANO
Gemeindegebiet: 161,64 km^2
Einwohner: 2778
Höhe: 324 m ü. d. M.
Rathaus: Piazzale C. Bruchi, 3
www.comune-cinigiano.com

Arcidosso

DIE GESCHICHTE

Der Name Arcidosso setzt sich aus den lateinischen Wörtern „arx“ und „dossum“ zusammen und bedeutet soviel wie „Festung auf dem Hügel“. Tatsächlich „reitet“ das Dorf auf einem Bergsattel zwischen dem Monte Amiata und dem Monte Labbro und wird von einer mächtigen, gut erhaltenen Burg beherrscht, die im Laufe der Jahrhunderte begehrter Besitz verschiedener Herren war: zunächst der nahen Abtei San Salvatore (860), dann der Adelsfamilie der Aldobrandesker, denen die halbe Maremma gehörte, gefolgt von den Grafen Sforza aus Santa Fiora, welche die Burg in den ersten Jahrzehnten des 14. Jh. gegen die expansiven Absichten von Siena verteidigten. Schließlich gelang es den Sienesern im Jahre 1331 unter dem Kommando des Söldnerhauptmanns Guidoriccio da Fogliano, nach vier Monaten Belagerung die Burg zu erobern. In den folgenden Jahrhunderten galt Arcidosso immer als „Hauptstadt“ der Amiata-Gegend. So befand sich hier im 14. Jh. der Sitz des Vikariates und nach dem Anschluss an das Großherzogtum in der Mitte des 16. Jh. wurde Arcidosso zusammen mit Castel del Piano Amtssitz des Podestà. Die beiden Dörfer trennten sich verwaltungstechnisch erst zur Zeit von Leopoldo. Zu den natürlichen Ressourcen von Arcidosso (Schafzucht, Kastanien, Holzeinschlag und Landwirtschaft) gesellte sich in der Moderne der Tourismus, besonders im Sommer, denkt man nur an die Faszination, die von diesem Dorf und der umliegenden Natur ausgeht.

▼ Arcidosso

SEHENSWÜRDIGKEITEN

Die Altstadt

Die Burg der Aldobrandesker ist das dominierende und charakterisierende Element von Arcidosso. Das Monument wurde in jüngerer Zeit sorgfältig restauriert und zeigt in seiner Mitte noch einen Großteil des ursprünglichen befestigten Gebäudes (11. Jh.). Der Hauptturm stammt aus dem 14. Jh. und wird von einem überstehenden Zinnenkranz gekrönt. Ganz links erkennt man eine Erweiterung aus dem 19. Jh. und auf der rechten Seite einen kleinen Turm aus dem 16. Jh. Nach jüngsten Forschungen scheint es schon vor den Aldobrandeskern ein Stein-Palazzo gegeben zu haben, der für den Markgrafen Ugo di Toskana errichtet wurde. Rings um die Burg schlängeln sich die verwinkelten, konzentrisch verlaufenden und engen Gassen der Altstadt. Hier geht man auf Entdeckungsreise antiker architektonischer Feinheiten der Häuser aus dem Mittelalter und der Renaissance. Die Altstadt hat drei Eingänge: Porta del Castello, die zur Rocca der Aldobrandesker führt, mit hinzugefügten Zinnen, erreichbar über eine Nebenstraße des Corso Toskana und mit den Wappen der Medici versehen; Porta di Mezzo

▼ Sanktuarium Incoronata, Gemälde von Ventura Salimbeni

▲ Arcidosso, Medici-Brunnen an der Incoronata

▼ Arcidosso, Kircheninnere San Leonardo

oder Porta dell'Orologio, am nördlichsten gelegen (neben der Kirche San Leonardo) und die jüngste, denn der Uhrturm stammt von einer Rekonstruktion aus dem 19. Jh.; und schließlich Porta Talassese im Süden, antik und schlicht, mit einem Rundbogen aus Trachytgestein und dem weiß-schwarzen Wappen (Balzana) der Republik Siena. Gegenüber vom Castello befindet sich die Kirche San Niccolò aus dem 12. Jh. Die aktuelle Konstruktion resultiert aus der Zusammenlegung (17. Jh.) der kleinen, antiken Kirche San Niccolò (heute das rechte Seitenschiff) mit der nahen Kirche Santa Croce. Das Ergebnis ist ein großräumiges Gebäude, das Mauerfragmente mit dem originalen Eingang unter einem Rundbogen zeigt. Die Fassade ist im neoromanischen Stil gehalten (20. Jh.). Im Inneren erkennt man antike Altäre aus Trachyt, die der Madonna von Loreto und dem Heiligen Antonius geweiht sind, und ein schönes Weihwasserbecken aus dem Jahre 1603 mit Engeln und Blättern, die von Pietro Amati geschnitzt wurden. Dieser bekannte Bildhauer aus Arcidosso, Stammvater einer Künstlerfamilie, die zahlreiche Zeugnisse ihres Schaffens in der Amiata-Gegend verteilte, residierte vermutlich in Via San Niccolò im heutigen Palazzo Ferrini, wo noch die Inschrift „Pietro Amati MDCXX" zu sehen ist. Nicht weit von der Porta di Mezzo entfernt erreicht man im Norden die Kirche San Leonardo im romanischen Stil, die mit Seitenkapellen und einem Chor (16.-17. Jh.) erweitert wurde. Unter den Kunstwerken im Inneren sind neben den verschiedenen Gemälden aus dem späten 16. Jh. und 17. Jh. und zwei Holzstatuen (1617) aus der Kirche Processo von Montelaterone besonders der linke Altar, der von Pietro Amati geschaffen wurde und ein Gemälde von Francesco Vanni mit

▼ Arcidosso, Fonte del Poggiolo

▼ Burg und Kirche San Niccolò

dem aufgefahrenen Heiligen Johannes (1588) zu erwähnen. Gegenüber, im Süden und außerhalb der Porta Talassese trifft man dagegen auf die romanische Kirche Sant'Andrea, deren antike Vergangenheit vor allem in der Fassade zu lesen ist. Innerhalb bleibt nur der Hauptaltar aus dem 17. Jh. mit einem schönen Holzkreuz aus Papiermaschee aus demselben Jahrhundert und eine Nische (16. Jh.) mit einem Fresko der sienesischen Schule, das die *Jungfrau zwischen Engeln und Heiligen* zeigt. Strukturelle Probleme der Kirche löste der bekannte Leonardo Xiemenes, Jesuit und Ingenieur am Hof der Lothringer und unter anderem Autor der wichtigen, großherzoglichen Trockenlegungsarbeiten in der Maremma. Neben dem antiken Dorfkern erstreckt sich der neuere Teil des Dorfes, der im 19. Jh. entstand (Corso Toskana), mit den typischen und eleganten Gebäuden dieser Zeit und dem interessanten, ornamentalen Spring-brunnen Fonte del Poggiolo (1833) aus Gusseisen und in Form eines kleinen, gotischen Tempels. Ursprünglich stammt er vom Domplatz aus Grosseto und wurde in der berühmten Eisengießerei in Follonica gefertigt, ist dann aber von der Statue des Großherzogs Leopoldo II. verdrängt worden.

Das Heiligtum der „Incoronata"
Diese bei den Leuten des Amiata sehr beliebte Kirche wurde wegen „erwiesener Gnade" errichtet nach der schrecklichen Pestepidemie im Jahre 1348 und der Madonna delle Grazie als Schutzpatronin geweiht. Am Anfang gab es nur eine kleine Kapelle mit einem Fresko der Heiligen Jungfrau, doch im Laufe der Jahrhunderte wurde diese zu einem wahren Sanktuarium erweitert: im 15 Jh. kam ein Bogengang dazu, im 16. Jh. die beiden Seitenschiffe, die Kuppel und die Kanzel und im 17. Jh. wurde die Kirche nach hinten erweitert und der Kirchhof erhielt einen schönen Brunnen mit dem Wappen der Medici. Eine mächtige Treppe aus Trachytgestein führt zum Kirchenportal. Über dem Hauptaltar, ein mit Stuck und Gold verziertes Werk aus der Barockzeit (1699) befindet sich eine *Jungfrau mit Jesuskind* aus dem 15. Jh., aus der Hand des Pellegrino di Mariano Rossini, die 1728 gekrönt wurde (dieses ovale Gemälde kommt vermutlich aus der Burg der Aldobrandesker im 17. Jh.). Rechts vom Altar erkennt man die Überreste vom Fresko der *Madonna delle Grazie*, das aus der Schule des Andrea Niccolò aus Siena stammt (15. Jh.). Außerdem gibt es eine wertvolle Tafel mit zwei bemalten Seiten von Ventura Salimbeni aus dem frühen 17. Jh.: eine zeigt das *Schneewunder* und die andere *Maria in Gloria zwischen den Heiligen Sebastian und Rocco*; und schließlich

▼ Madonna delle Grazie o. Incoronata

eine Madonna mit Jesuskind und dem Heiligen Giovannino von Nicola Nasini (1726).

Montelaterone

Von diesem malerischen, mittelalterlichen Dorf mit einer Burg aus dem 11. Jh. weiß man, dass es zunächst unter der Kontrolle der Abtei San Salvatore stand und sich dann zeitgleich mit der Errichtung der nahen Kirche Pieve di Lamula und ihres Konvents an der Straße in Richtung Grosseto kurz hinter Arcidosso vergrößerte. Nach der Besichtigung der Burgruinen von Montelaterone, die auch „Roccaccia“ genannt werden, und der Überbleibsel des antiken Mauerrings mit einigen Häusern aus dem 14. Jh. sollte man die bemerkenswerte *Pieve Santa Maria in Làmulas* besuchen. Der kuriose Name aus dem Lateinischen wurde im Laufe der Zeit in *Lamùlas* abgeleitet, und zwar in Bezug auf eine wundersame Legende: In den umliegenden Wäldern wurde in antiken Zeiten eine Holzstatue der Madonna gefunden. Um einen Streit zwischen den Dörfern zu vermeiden, wo die Statue unterzubringen sei, wurde entschieden, die Statue auf den Rücken eines Esels (mula) zu binden. Dieser wurde freigelassen und sollte nach Gottes Willen die Statue an die richtige Stelle bringen. Doch der Esel drehte sich um und kehrte in den Wald zurück und fiel an der Stelle, wo die Madonna gefunden wurde, auf die Knie. Schließlich entschloss man, dort eine Kapelle zu errichten (auf der Türschwelle der heutigen Kirche sieht man noch die Hufabdrücke des Esels). Schon im Jahre 996 hatten die Benediktiner von Papst Gregor V. die Erlaubnis erhalten, in der „cella Sanctae Mariae”

▼ Montelaterone

▼ Pieve di Santa Maria in Làmulas

von Lamula Taufen durchzuführen. So wurde die Kirche im Mittelalter zu einem wichtigen Ort des Gebets und des Handels (in der Nähe gab es einen Markt). Im Jahre 1265 wurde die Pieve bei Auseinandersetzungen zwischen Siena und den Aldobrandeskern durch einen Brand geschädigt und anschließend zum ersten mal wiederaufgebaut. Die nachfolgenden Barockelemente im Inneren wurden bei der Restaurierung im 20. Jh. eliminiert. Aber auch wenn der Glockenturm und die Fassade das Werk einer Renovierung im 19. Jh. sind, zeigt die Kirche besonders in der Apsis wichtige Strukturen und Dekorationen im vorromanischen Stil mit Relief-Figuren von Menschen und Tieren mittelalterlicher Expression aus dem lombardischen Raum (7. Jh.). Auf dem Hauptaltar zieht die Holzskulptur der Jungfrau mit Jesuskind (sienesische Schule, 15. Jh.) alle Blicke auf sich.

Das Naturschutzgebiet des Monte Labbro

Dieses eindrucksvolle und wilde Schutzgebiet befindet sich in einer trockenen Zone zwischen Arcidosso und Roccalbegna, wo sich ein Kalk-Kegel, der Monte Labbro (1193 m) erhebt. Von seinem Gipfel aus kann man eine einzigartige Aussicht genießen, die von den Hängen des Monte Amiata bis zur Insel Giglio reicht. Das hügelige Naturschutzgebiet erstreckt sich über 650 ha in einer naturalistisch interessanten Gegend mit spärlichem Baumwuchs. Hier blüht im späten Frühling die seltene Veilchenart *Viola etrusca Erben*, eine endemische Blume, welche die Wiesen des Berges weiß und viola färbt. Ansonsten gedeihen hier xerophile Pflanzen, d. h. Trockenheit liebende Pflanzen, wie Schlehdorn, Ahorn und Wacholder und eine seltene Epiphyt-Flechte. Die „Hauptattraktion" sind die Gebäude auf dem Gipfel des Monte Labbro, die an die Gründung des sogenannten Giurisdavidismo, der religiösen Bewegung von David Lazzaretti erinnernt, auf den wir später noch eingehen werden.

Der Parco Faunistico des Monte Amiata

Dieser Tierpark erstreckt sich über 200 ha im Naturschutzgebiet des Monte Labbro. Hier werden geschützte Tiere und die Botanik untersucht und diesbezüglich didaktische Veranstaltungen organisiert. Der Park realisiert ein neues Konzept auf nationaler Ebene nach dem Vorbild der deutschen Wild Parks: schmale Wege führen

▼ Parco Faunistico, Hochsitz

den Besucher durch den Tierpark, wo man auf „strategischen Anhöhen“ - natürlich mit dem nötigen Respekt und unter möglichst geräuschlosem Verhalten - die fast frei lebenden Tiere beobachten kann, die sich in sechs großen, eingezäunten Bereichen fortpflanzen. Unter den verschiedenen Säugetieren wie Steinmarder, Baummarder, Dachs, Stachelschwein, Fuchs, Wildkatze und den häufigeren Dammhirschen, Rehen, Mufflons, Wildschweinen und den Amiata-Eseln (sorcini crociati) ist vor allem der seltene Italienische Wolf (Canis lupus italicus) zu erwähnen, der sich durch seine Scheu, seine Intelligenz und sein kooperatives Handeln innerhalb des Rudels auszeichnet. Von einem Hochsitz aus kann man ihn manchmal auch mit seinen Jungen beobachten und in den verschiedenen Jahreszeiten verfolgen, wie sich die Farbe seines Fells wechselt: lang und grau im Winter, kurz und rötlich im Sommer. Unter den Vogelarten sind besonders zahlreiche Raubvögel zu nennen wie Bussard, Weihe, Turmfalke, Sperber, Wanderfalke (der besonders gerne in der nahen Umgebung von Roccalbegna in der Riserva Naturale Bosco di Rocconi nistet), Lannerfalke und der charakteristische und seltene Schlangenadler (Circaetus gallicus), der sich ausschließlich von Reptilien ernährt.

▼ Wolf zwischen Etrusker-Veilchen

KURIOSES

David Lazzaretti

Diese interessante Persönlichkeit des Amiatas wurde in Archidosso

▼ Amiata Esel

▲ Monte Labbro, Torre giurisdavidica

nahe an der Porta di Mezzo geboren. Nach einem überschwänglichen Leben und mystischen Visionen verbreitete David Lazzaretti als Prediger eine Art visionäre Religion mit sozialistischem Einschlag und zog sich schließlich im Jahre 1870 auf den Gipfel des Monte Labbro zurück. Am Anfang wurde der „Prophet des Amiata“ noch von der Kirche unterstützt, doch schon bald waren seine revolutionären Ideen unbequem und er wurde besonders wegen seiner Vorstellungen bezüglich der Güterteilung, die er schon unter seinem Gefolge (ca. 80 Familien) praktizierte, exkommuniziert. Am 18. August 1878 wurde David an der Spitze einer friedlichen Protestation von den Carabinieri angehalten. Das löste heftige Diskussionen aus, bei denen ein Schuss von den Soldaten losging und Lazzaretti tödlich verletzte. Von seinem irdischen Schicksal zeugen noch die Gebäude der giurisdavidianischen Gemeinschaft auf dem Gipfel des Monte Labbro, wie ein gedrungener Steinturm, einer Nuraghe ähnlich, die Einsiedelei und der kleine Tempel in der Grotte (über eine Schotterstraße, gefolgt von einem Fußweg in ca. 30 min. zu erreichen). In Arcidosso wurde vom Studienzentrum David Lazzaretti ein Museum eingerichtet, das mit Dokumenten, Objekten und Gemälden die faszinierende Lebensgeschichte des Propheten des Amiatas illustriert.

▼ Monte Labbro, Kapelle

FÜHRUNGEN:
Die Cooperativa la Fortezza organisiert wunderbare Ausflüge, Archeotrekking und Führungen in den schönsten Orten der toskanischen Maremma, mitten im Grün der Hügel zwischen den Bergen und dem Meer.
www.sovanaguide.it
coop_lafortezza@virgilio.it
Tel. +39 0564 616532

ARCIDOSSO
Gemeindegebiet: 93,39 km²
Einwohner: 4427
Höhe: 679 m ü. d. M.
Rathaus: Piazza Indipendenza, 30
www.comune.arcidosso.gr.it

Castel del Piano

DIE GESCHICHTE

Wie der Name schon sagt, liegt Castel del Piano (piano: Ebene), auf einer über 600 m hohen Hochebene ganz in der Nähe von Arcidosso, mit dem es den größten Teil seiner Geschichte teilte. Zwischen den Wäldern des Amiata, in denen viele Wasserquellen sprudeln, erstreckt sich das Gemeindegebiet von einigen der renommiertesten Lokalitäten und Skipisten des Monte Amiata (wie die Bergwiesen Prato delle Macinaie und Prato della Contessa knapp unter dem Gipfel des antiken Vulkans) bis zu den fruchtbaren Hügeln des Orcia-Tals im Raum Grosseto, die mit Olivenhainen und Weinbergen kultiviert sind. Noch vor dem Jahr 1000 stand das Dorf unter der Kontrolle der Benediktiner-Abtei San Salvatore und wurde sicherlich schon vor dem Jahre 1175 befestigt, denn es wurde als „Castrum Plani" zitiert. Die Familie der Aldobrandesker aus Santa Fiora machte ihre Ansprüche auch auf diesen Teil des Gebietes von Grosseto geltend, denn schon die Etrusker wussten von den Zinnoberminen (und daher auch von den Quecksilbervorkommen) und den Siena-Erde-Gruben, auf die wir später noch eingehen werden. Diese Gegend wurde bis zur Eroberung durch Siena im Jahre 1331 von den Aldobrandeskern beherrscht. Zu dieser Zeit wurde Castel del Piano von den Truppen des Guidoriccio da Fogliano besetzt (diesen Feldherren verewigte der Maler Simone Martini im berühmten Freskengemälde im

▼ Castel del Piano

Palazzo Pubblico von Siena). Unter der Republik Siena kämpfte das Dorf an der Seite der Sieneser gegen die Aldobrandesker und wurde dafür 1402 mit der Konzession eines Marktes belohnt. Diese Fiera di merci e bestiame war maßgeblich für die weitere Entwicklung des Dorfes verantwortlich (noch heute, alljährlich am Anfang September findet der Tier- und Krammarkt gleichzeitig mit dem Palio, dem historischen Pferderennen statt. Mit dem Fall von Montalcino, letzte Bastion der Sieneser, unterwarf sich auch Castel del Piano im Jahre 1559 dem Cosimo I. und teilte fortan das Schicksal des Großherzogtums der Toskana.

▼ Castel del Piano, Kirche Opera

SEHENSWÜRDIGKEITEN

Die Altstadt

Im Jahre 1462 hinterlässt Papst Pius II. Piccolomini in seinen *Commentarii* folgende schmeichelhafte Worte, die auch heute noch zutreffen: „Im Westen fällt der Amiata bis in die sienesische Maremma ab und schaut auf Castel del Piano (ein Dorf zu Füßen des Berges), welches wegen der Schönheit des Ortes, der bequemen Lage und seiner Anschaulichkeit an erster Stelle unter den anderen Dör-

▲ Castel del Piano, Piazza Garibandi

▼ Kirche Opera, Inneres

fern auf dieser Seite zu nennen ist. Es wird von klaren Quellen bewässert und ist bis zur Hälfte der Stadtmauer von einem kleinen Fluss mit ewigem Wasser umgeben…“. Der sogenannte Poggio bildet den höchsten, und charakteristischsten Teil des antiken Dorfes, dessen Häuser im Süden auf den ehemaligen Stadtmauern aus dem Mittelalter konstruiert und von den Sienesern im 15. Jh. erweitert wurden und in verschiedenen Bereichen des Dorfes noch gut erhalten sind. Der Uhrturm Torre dell'Orologio oder Porta Pianese bildet den Eingang, der vom Corso Nasini in die malerischen Gassen hinauf bis zu den Kirchen San Leonardo und SS. Sacramento führt. Es handelt sich um ein Tor in der Stadtmauer des 13. Jh. Dazu kam im 16. Jh. die Glockenzelle, das Wappen der Familie Nerucci, (1533) und etwas später das Wappen von Ferdinando III. der Medici. Die Kirche San Leonardo romanischen Ursprungs stammt aus dem 12. Jh. und wurde im Laufe der Jahrhunderte mehrfach umgebaut; zuletzt am Anfang des 20. Jh., wie uns das Portal im neugotischen Stil, die Fensterrose und die neuen Fenster aus dem Jahre 1915 verraten. Im rechten Kirchenschiff erkennt man Fragmente von Fresken aus dem 15. Jh. und ein Gemälde von Francesco Vanni mit der Geburt des Heiligen Johannes des Täufers. Sehenswert sind außerdem ein wertvoller Tabernakel aus Alabaster, der im 16. Jh. aus der Kirche SS. Sacramento kam und eine schöne Orgel der berühmten Handwerker Agati aus Pistoia aus dem Jahre 1854. Die Kirche SS. Sacramento, besser bekannt als Chiesa Piccina (kleine Kirche) befindet sich im Zentrum der Altstadt und stammt ursprünglich aus dem 13. Jh. (damals hieß sie noch

▼ Castel del Piano, Torre dell'Orologio

▼ Kirche Santa Maria delle Grazie

▲ Castel del Piano, Palazzo Nerucci

Santi Niccolò e Lucia und fungierte als Pfarrkirche, wurde aber vollständig rekonstruiert. In ihrem Inneren findet man unter verschiedenen Kunstwerken: eine *Legende des wahren Kreuzes* von Francesco Nasini und ein doppeltes Gemälde von Gioacchino Sorbelli mit der *Gloria des SS. Sacramento* auf der Vorderseite und dem *Wunder von Bolsena* auf der Rückseite (1771) und eine verehrte Holzskulptur der Madonna von Loreto. Diese Skulptur ist eine Kopie des Originals aus dem 14. Jh., die im Jahre 1634 von einigen Gläubigen auf Pilgerreise mit nach Castel del Piano gebracht wurde, und gilt interessanterweise als älter als die momentan ausgestellte in Loreto, eine Reproduktion, die 1921 nach dem Brand des Sanktuariums entstand. Nicht weit von der Kirche entfernt kommt man die Stadtmauer entlang an das Tor Amiata, auch Porta Castiglionese genannt. Hier handelt es sich um ein gut erhaltenes, doppeltes Stadttor, das einst auch eine Zugbrücke hatte. Kehrt man zur Porta dell'Orologio zurück, steht man auf der Piazza Madonna vor der großen Kirche, die der Geburt der Heiligen Jungfrau geweiht ist. Aufgrund der wachsenden Bevölkerung wurde sie bald zur Pfarrkirche. Baubeginn war das Ende des 15. Jh., doch die weiträumige Struktur wurde erst am Ende des 19. Jh. vollendet, als auch der Glockenturm errichtet und die Fassade vervollständigt wurde. Hier erkennt man noch die Wappen der Gemeinde, der Medici und der Savoia. Im Inneren gibt es zahlreiche, interessante Kunstwerke: eine *Jungfrau mit Jesuskind in Gloria zwischen den Heiligen Michele Arcangelo und San Nicola* von Bari von Francesco Nasini; zahlreiche Gemälde aus dem 18. Jh. von Giuseppe Nicola Nasini; eine Holzskulptur der Jungfrau mit Jesuskind vom Ende des 17. Jh. aus der Kirche Santa Flora in Noceto und eine weitere Madonna aus Holz, die die Zerstörung des antiken Klosters San Processo überlebte – beides antike, sakrale Gebäude aus der Umgebung, von denen so gut wie nichts erhalten geblieben ist; ein Gemälde mit dem *Heiligen Cerbonius, der den General Tommaso Cerboni nach seinem Sieg besänftigt*, ein Werk aus dem 17. Jh., das aus der Hand von Domeni-

▼ Castel del Piano, Fontana delle Storte

co, Sohn des Rutilio Manetti stammt. Ebenfalls an der Piazza Madonna liegt auch die Kirche Madonna delle Grazie (15. u. 16. Jh.) mit einer Fassade im Renaissance-Stil, die Anfang des 20. Jh. fertiggestellt wurde. Hier verehrt man ein wertvolles Gemälde der wundertätigen Madonna von Sano di Pietro aus der Gründerzeit der Kirche. Tatsächlich berichtet uns die Geschichte, dass das Gemälde im Jahre 1430 von 4 Soldaten aus Castel del Piano aus Sorano mitgenommen wurde. Die Soldaten, die mit den Sienesern gegen die Aldobrandesker kämpften, hatten sich zum Gebet in ein bekanntes Oratorium dieser Gegend zurückgezogen: Die Madonna warnte sie vor der tödlichen Gefahr eines unmittelbar bevorstehenden Angriffs auf das Oratorium und bewegte sie zur Flucht. Dabei nahmen sie das Gemälde mit und brachten es nach Castel del Piano in eine kleine Kapelle vor der *Porta Pianese*, die später zur Kirche wurde. Seitlich des Gebäudes trifft man in Via San Giovanni auf ein kurioses Kiosk aus dem Jahre 1656, das daran erinnert, wie man „Spenden sammelte für den Freikauf christlicher Sklaven". Nicht weit von Piazza Colonna und Corso

▲ Palazzo Nerucci, Kapelle

▼ Montegiovi, die Kirche San Martino

▼ Montegiovi

Nasini entfernt kommt man zur *Loggia della Mercanzia*, die zusammen mit dem nahe gelegenen, eleganten Palazzo Nerucci im Renaissance-Stil zur Hälfte des 16. Jh. von einer mächtigen Persönlichkeit der römischen Kurie, eben von Domenico Nerucci errichtet wurde. Dieser Name ist an einem Fenster des Palazzo zu lesen und an einem anderen die Jahreszahl 1582. Im Inneren des Palazzo kann man die Ausstellung *Collezione Giuseppe Vegni* besichtigen mit vielen Gemälden aus verschiedenen Epochen, unter denen ein Pastell-Porträt der nicht unbedingt schönen aber talentierten und geschätzten Malerin Rosalba Carriera (1673-1757) auffällt. Die große Loggia dagegen zeigt Zeugnisse und Wappen geschichtlicher Persönlichkeiten von Castel del Piano aus dem 16.-17. Jh. Die Hauptstraße Corso Nasini, die im Süden die Altstadt umringt und dabei dem Grundriss der Stadtmauer folgt, wurde nach einer bekannten Künstlerfamilie der Amiata-Gegend benannt, den Nasini, Maler der sienesischen Schule des 17.-18. Jh., die in Siena, Florenz, Rom und natürlich in der Amiata-Gegend (siehe die vielen Gemälde in den Kirchen des Dorfes) tätig waren: Das Haus der Familie befindet sich immer noch an der Hausnummer 43 des Corso und ist an einer Gedenktafel aus dem Jahre 1869 zu erkennen.

Montegiovi

Nicht weit von Castel del Piano liegt Montegiovi. Ein mächtiger, polygonaler Turm, ein Torbogen und die kleine Kirche Sant'Elena erinnern an den antiken Ursprung (mindestens 13. Jh.) dieses Dorfes. In seinen Gassen fallen unzählige Wappen der reichen Adelsfamilie der Salimbeni aus Siena ins Auge (mit drei gelben Rhomben auf rotem Feld), die diese Gegend beherrschte. Montegiovi hatte auch einen illustren Gast, nämlich die Heilige Katharina von Siena auf dem Weg nach Rom, wie eine Gedenktafel erinnert. Die schöne Kirche San Martino aus dem 14. Jh. bewahrt eine Rosenkranzmadonna von Francesco Nasini und das Oratorium Madonna degli Schiavi, ein Madonnagemälde aus der Schule des Simone Martini.

Montenero d'Orcia

Schon im 11. Jh. gehörte dieses antike Dorf zum Besitz der Abtei San Salvatore. Davon zeugen noch ein Teil der mittelalterlichen Stadtmauer und ein befestigter Turm. In der antiken, aber fast komplett renovierten Kirche Santa Lucia befindet sich ein Kreuz

▼ Montenero d'Orcia

aus dem 14. Jh. von Ambrogio Lorenzetti. Auf dem Platz Piazza del Pozzo gibt es außerdem eine schöne Zisterne mit dem Wappen der Medici und das Haus des gebildeten Arztes und Botanikers Pier Andrea Mattioli (1501-1578), der auch am Kaiserhof von Maximilian II. beschäftigt war. Von ihm stammen auch die bekannte Übersetzung der Werke des Dioscorides und viele Studien über Heilkräuter. Für unsere Weinfreunde ist das Weinmuseum *Museo della vite e del vino* am Dorfplatz von Montenero besonders zu empfehlen.

▼ Montenero, die Kirche S.Lucia, Madonna (Museum von Montalcino)

▲ Montenero d'Orcia, Weinmuseum

KURIOSES

Der Palio delle Contrade

Dieses Pferderennen hat seinen Ursprung im 18. Jh. zur Ehrung der Madonna delle Grazie. Von diesem Zeitpunkt an findet der Palio jedes Jahr Anfang September statt, zusammen mit dem noch älteren Markt „Fiera di Merci e bestiame" (1402); man nimmt an, dass bei dieser Veranstaltung die ersten „carriere", einfache und lustige Wettkämpfe zwischen den Händlern, stattfanden. Der erste richtige Palio geht auf den 7. Juli 1771 zurück, als Leopoldo von Lothringen die *Santissima Madonna delle Grazie* krönte. Seit dem Jahre 1968 nehmen an diesem Pferderennen am 8. September, das von einer Prozession mit historischen Kostümen eingeleitet wird, die Contrade (Viertel) *Borgo, Monumento, Poggio* und *Storte* teil.

Die Kreuze des Audibert

Diese Kreuze sind eine recht seltsame Erscheinung in dieser Gegend und mit der

Figur eines mystischen Büßers vom Anfang des 19. Jh. verbunden, des Franzosen Baldassare Audibert (oder Audiberti, da er vermutlich in Vercelli geboren wurde). Aus Reue wegen seiner Teilnahme an der grausamen Unterdrückung der Französischen Revolution und seines Mitwirkens an der Verurteilung zum Tode des Königs und von Maria Antonietta, hatte er sich bekehrt und sein Leben geändert. Auf der Rückreise von Rom machte er im Jahre 1846 auf dem Amiata Halt und wurde in Castel del Piano im Palazzo Ginanneschi aufgenommen. Zeugen seiner Predigten sind die Holzkreuze, die er in der Gegend entlang den Straßen als Mahnung und Anstoß zum Gebet verteilte: Sie waren alle auf einer Peperit-Basis montiert und mit BAP (Baldassarre Audibert Pax) und dem Datum 1846 signiert. Einige sind vor Kurzem restauriert worden.
Insgesamt befinden sich noch ungefähr 20 dieser Kreuze in der Amiata-Gegend und auch in der unmittelbaren Umgebung von Castel del Piano (Croce del Noceto, Croce della Pianetta, Croce delle Ciaccine, Croce di Federico, Croce di Colle Vergari).

„Terra di Siena"

Hier handelt es sich um eine Farbe, die mit all ihren Schattierungen bei den Künstlern besonders beliebt ist. Aber nur wenige wissen, dass sie in der Amiata-Gegend entstanden ist (vor allem bei Castel del Piano), in Ablagerungen, die sich vor ca. 150.000 Jahren in antiken Seebecken gebildet haben. Eisenhydroxid und kolloidale Kieselerde in variierenden Proportionen verleihen dieser Erde verschiedene Farbschattierungen: gelb, ocker, braun und dunkelrot. In der Vergangenheit erhielt man durch Mahlen die von den Malern so geschätzten Farben, die heute durch synthetische Produkte ersetzt worden sind.

▼ Castel del Piano, Il Palio

FÜHRUNGEN:
Die Cooperativa la Fortezza organisiert wunderbare Ausflüge, Archeotrekking und Führungen in den schönsten Orten der toskanischen Maremma, mitten im Grün der Hügel zwischen den Bergen und dem Meer.
www.sovanaguide.it
coop_lafortezza@virgilio.it
Tel. +39 0564 616532

CASTEL DEL PIANO
Gemeindegebiet: 67,79 km²
Einwohner: 4700
Höhe: 637 m ü. d. M.
Rathaus: Via G.Marconi, 9
www.comune.casteldelpiano.gr.it

Seggiano

DIE GESCHICHTE

Es gibt verschiedene Hypothesen über den Ursprung des Namens dieses anschaulichen Dorfes auf einem Hügel der Ausläufer des Amiatas: Die Gelehrten weisen auf eine Ableitung von „Sedes Jani" (vermutlich ein lokaler Tempel, der dem römischen Gott Janus geweiht war) oder von „Gens Sergia", einem antiken römischen Patriziergeschlecht, das hier eine Siedlung mit Namen „Serzanus" oder „Sergianus" gegründet hätte. Auf jeden Fall hat man trotz der Präsenz der Etrusker und der Römer in diesem Territorium die ersten Notizen von Seggiano am Anfang des 10. Jh., als die Siedlung von der Abtei San Salvatore des Amiata kontrolliert wurde. Im 13. Jh. unterstanden einige der Kirchen in dieser Gegend dem Kloster von Sant'Antimo und mittlerweile war die Absicht von Siena klar, dieses Gebiet vom Gipfel des Monte Amiata bis zu den fruchtbaren Feldern des Orcia-Tals zu kontrollieren. Die Sieneser erwarben den Cassero des befestigten Dorfes in der zweiten Hälfte des 13. Jh. und gestatteten der Gemeinschaft einen gewissen Wohlstand, indem sie ausreichende Unabhängigkeit zuließen. Unter den wichtigen Familien des 14. Jh. sind die Salimbeni und die im 15. Jh. nachfolgenden Ugurgieri Azzolini zu nennen, beides mächtige Adelshäuser aus Siena.

Nach dem Fall Sienas (1559) gehörte Seggiano zum Großherzogtum der Medici, dann zum Reich der Lothringer und schließlich zum einheitlichen Staat von Italien.

▼ Seggiano

SEHENWÜRDIGKEITEN

Die Altstadt

Nach jüngsten Untersuchungen wurde die erste befestigte Siedlung mit Namen Seggiano dort gegründet, wo sich heute die kleine Kirche Santa Maria in Villa befindet, die einst dem Heiligen Bernhard am Herzen lag und sich nahe am bekannten Kunstpark Giardino di Daniel Spoerri befindet, von dem wir später noch sprechen werden. Aber schon bald verlegte man das Dorf aus strategischen und praktischen Gründen an seinen heutigen Ort. Hier ist die Atmosphäre des Mittelalters und der Renaissance noch gut erhalten geblieben, wie auch die drei Tore, die in die Altstadt führen: *Porta del Mercato* im Norden, die *Porta degli Azzolini* (von den Ugurgieri Azzolini errichtet, um den Zugang zu den eigenen Häusern zu erleichtern und die doppelte *Porta San Gervasio*, die den Haupteingang bildete und zum Cassero führte, von dem es leider keine Spuren mehr gibt). Die Stadtmauern sind nur in Abschnitten zu erkennen, da sie zum größten Teil von den Häusern „überwachsen“ wurden, die aber immer noch ihren

▼ Kirche Corpus Domini

▲ Santa Maria in Villa, Fresko

▼ Oratorium San Rocco, Fresko

ehemaligen Verlauf andeuten. In den Gassen der Altstadt trifft man auf einige schöne Häuser der Renaissance-Zeit, die an die Herren von Seggiano erinnern: in Via Roma befindet sich der *Palazzo Ugurgieri* mit dem Wappen dieser reichen Familie, die verschiedene Immobilien des Dorfes besaß (ihnen gehörte auch der Palazzo del Diavolo am Platz Piazza San Bartolomeo). Bevor man durch die Porta del Mercato in die Altstadt kommt, lohnt es sich das Oratorium San Rocco zu besuchen. Der Heilige Rocco sollte die Bewohner vor der Pest beschützten, die den Amiata im Jahre 1486 heimsuchte. Die schlicht verputzte Fassade wird nur mit zwei eleganten Säulen geschmückt, doch im Inneren kann man eine wunderbare Freskendekoration bewundern, die von 1490 bis 1493 von Girolamo di Domenico ausgeführt wurde und von oben nach unten folgende Figuren darstellt: Gottvater zwischen den Evangelisten, eine stillende Madonna, eine Kreuzabnahme und verschiedene Heiligenfiguren unter denen der beliebte Heilige Bernhard mit dem Monogram IHS (später als Iesus Hominum Salvator interpretiert, aber wohl eher die Abkürzung in Großbuchstaben der griechischen Version des Namens Jesus) auffällt.

Es war vor allem der Heilige Bernhard, der dieses Monogram verteilte, das am Ende zu seinem Emblem wurde. Die kunstvoll bemalten Wände wurden an einigen Stellen von den Soldaten des spanischen Heeres, die im Jahre 1555 zusammen mit Söldnern durch diese Gegend zogen und im Oratorium ein Lager aufschlugen, „verschönert". Als eine Art Vorläufer der modernen Graffiti sind diese spontanen Ausdrucksformen heu-

▼ San Bernardino

▼ Seggiano, Teilansicht

▲ Seggiano im Schnee

te Gegenstand wissenschaftlicher Untersuchungen. Von der antiken Struktur der Probst-Kirche San Bartolomeo in der Altstadt ist nicht mehr viel zu sehen. Eine grobe Renovierung zur Hälfte des 19. Jh., gefolgt von Restaurierungen in den 30er Jahren, hat die ursprüngliche Form der Kirche (zuerst einschiffig, dann mit drei Schiffen versehen) grundlegend verändert. Doch im Inneren befindet sich ein bemerkenswertes Gemälde mit *der Jungfrau auf dem Thron mit Jesuskind und dem Heiligen Bartolomeo, dem Erzengel Michael und dem Evangelisten Johannes*, Werk des sienesischen Malers Bartolomeo Bulgarini vom Anfang des 14. Jh. Dieser Flügelaltar erscheint heute wegen seiner bewegten Geschichte als unvollendet: Bei Restaurierungsarbeiten wurde er versteckt und ging darauf verloren, bevor er im Jahre 1924 wiedergefunden wurde. Eine Kuriosität wird im Pfarrhaus aufbewahrt: zwei Sarg-Frontseiten, die in der zweiten Hälfte des 16. Jh. auf beiden Seiten nach einem im Raum Siena weitverbreiteten Brauch (von dem es aber nur wenige Spuren gibt) bemalt wurden. Begibt man sich weiter in die Altstadt, trifft man auf die Kirche Corpus Domini, die auch San Bernardino genannt wird, denn hier werden einige Reliquien des Heiligen aufbewahrt, die 1828 aus dem Franziskaner-Kloster Colombaio in die Kirche gebracht wurden (diese antike Einsiedelei, wo sich viele mystische Persönlichkeiten und Selige aufhielten und wo auch der Heilige Bernhard haltmachte, liegt ganz in der Nähe von Seggiano, auch wenn es nur noch wenige Ruinen gibt). Die Kirche entstand im 18. Jh. in der Nähe des ehemaligen Cassero im höchsten Bereich des Dorfes. Das einschiffige Gebäude bewahrt einige schöne Gemälde aus dem 17.-18. Jh. wie *der Heilige Sebastian, der von den frommen Frauen gepflegt wird* von Francesco Nasini, doch das wertvollste Gemälde der Kirche befindet sich heute im *Centro di Documentazione* im Rathaus von Seggiano: Es handelt sich um eine Tafel aus dem 14. Jh. der sienesischen Schule mit *der Jungfrau und dem Jesuskind* aus dem Kreis des Andrea Vanni, die

▼ Die Kirche San Bartolomeo

sich einst am rechten Altar zwischen anderen Heiligenbildern befand. In einer Urne werden einige Reliquien des Heiligen Bernhard, wie ein Fetzen seiner Tunika, ein Kelch und eine Patene, ausgestellt. Der Heilige absolvierte im Kloster Colombaio sein Noviziat, las dort auch seine erste Messe und blieb für neun Jahre als leidenschaftlicher Prediger in diesem Gebiet.

Das Sanktuarium Madonna della Carità

Seine einzigartige Kuppel aus Backstein ragt zu Füßen des Dorfes aus dem grünen Panorama jahrhundertealter Olivenbäume und Zypressen hervor. Das Gebäude besticht durch seine Dimension und seinem - im Raum Siena wohl einzigartigen - manieristischen Stil, der von Meistern aus Lugano im 16. Jh. realisiert wurde: Der Tempel wurde als ehemaliges Gelübde nach einer schrecklichen Hungersnot vom Bischof von Pienza Francesco Maria Piccolomini in Auftrag gegeben und zusammen mit den Ugurgieri und der Bevölkerung von Seggiano errichtet. Die *Vergine della Carità* genießt hier eine besondere Verehrung, weil die Jungfrau auf wundersame Weise ein frischgebackenes Brot einer armen und vor Hunger

▼ Sanktuarium Madonna della Carità

▲ Kirche S. Bartolomeo, Flügelaltar 14. Jh.

▼ Santa Maria in Villa

▲ Olivastra di Seggiano

verzweifelnden Mutter zukommen ließ. Für die Bauarbeiten (1589-1603) war Giovanni della Valle aus Lugano verantwortlich. Leider findet die externe, architektonische Schönheit und Eleganz keine entsprechende Resonanz im Inneren, da die Kirche in den 70ger Jahren geplündert wurde. Die Altare sind mehr oder weniger den Familienmitgliedern der Ugurgieri geweiht (Filippo, Girolamo, Alessandro) und präsentieren Gemälde zeitgenössischer Künstler, während über dem Hauptaltar ein Fresco der sienesischen Schule aus dem 15. Jh. mit der *Madonna della Carità* zu bewundern ist.

Castello del Potentino

Nur ca. 1,5 km von Seggiano entfernt wurde im 16. Jh. eine ehemalige Burg von der Familie Venturi in eine Villa umfunktioniert; doch gab es hier schon im 10. Jh. um die antike Burg einen kleinen Weiler mit einer einfachen Kirche. Es handelte sich um eine Art Außenposten im Grenzgebiet, welches im 13. Jh. unter die Herrschaft von Siena fiel. Von der mittelalterlichen Kirche sind heute nur Legenden geblieben, doch die herrschaftliche Villa präsentiert sich noch im Stolz eines mächtigen Palazzo aus dem 16. Jh. mit Türmen (zu besichtigen), einem schönen Renaissance -Brunnen aus Travertingestein und einer kleinen Kirche im befestigten Burghof, die dem Heiligen Antonius geweiht ist.

Der Kunstgarten von Daniel Spoerri

Spoerri ist ein schweizerischer Künstler, der aus dem Rahmen fällt. In Rumänien geboren, lebte er zunächst in Paris und landete schließlich in den 80er Jahren in der Maremma, in Seggiano. Hier hat er einen originellen Kunstpark geschaffen, der sich mit „frei lebenden" Skulpturen in kontinuierlicher Entwicklung befindet. Daniel Feinstein (sein Künstlername Spoerri stammt von seiner Mutter) interessierte sich in seiner Jugend für Tanz, Regie und Choreografie. Aber seine intellektuelle Kreativität manifestierte sich in verschiedenen künstlerischen Expressionen. So erfand er seine berühmten „tableaux-pieges" (Gemälde-Fallen), auf denen die ba-

▼ Castello del Potentino

nalsten Alltagsgegenstände auf vertikale Tafeln geklebt wurden und so durch die veränderte Perspektive Außergewöhnlichkeit erhielten. Spoerri unterschrieb zusammen mit anderen Künstlern das Manifest *Nouveau Réalisme*: „Ich mache nichts anderes, als Objekte mit Klebstoff zu bekleistern und erlaube mir nicht die geringste Kreativität". Dieser bescheidene Satz war der Auftakt einer Karriere, die seine unkonventionelle Kunst mit Fantasie und Originalität international bekannt machte (denkt man nur an seine „Détrompe-l'œil", „Eat Art" und „Pièges a parole" …).

Als nunmehr berühmter Bildhauer fing Spoerri an, die Maremma zu frequentieren, bis er sich in Seggiano niederließ

▲ Daniel Spoerri in seinem Giardino

▼ Topor, Stickende Leserin, 1997

und 1991 seinen fantastischen Skulpturengarten Il Giardino di Spoerri ins Leben rief. Hier „verlaufen" sich seine Skulpturen und die vieler befreundeter Künstler auf einem 16 ha großen Grundstück, wo Kunst und Raum dialogieren, mal versteckt, mal auf dem Podium, mal in Harmonie mit der Natur – in einem sich ständig erneuernden Wechselspiel zwischen Licht und Duft der verschiedenen Jahreszeiten. Eine Entdeckungsreise ist voller Überraschungen: ein Olivenbaum ganz aus Gold; ein feuerspuckender Drache, der den Fabeln entsprungen zu sein scheint; 160 Gänse, die von drei großen Trommlern in Richtung Seggiano ge-

▼ Spoerri, Ring der Einhörner, 1993

führt werden; sogar ein Sofa aus smaragdgrünem Gras … Folgt man den Wegen, die sich wie die Gedanken des Künstlers entwirren, kommen auch die Botaniker auf ihre Kosten: kleine Tafeln erklären die verschiedenen Pflanzen mit ihren besonderen Merkmalen (so findet man hier zwischen jahrhundertealten Olivenbäumen über 50 verschiedene spontane Orchideenarten). Momentan werden im Giardino di Daniel Spoerri, eine seit 1997 vom Kulturministerium anerkannte Vereinigung, über 80 verschiedene Skulpturen von ca. 50 verschiedenen Künstlern ausgestellt; viele sind italienischer und schweizerisch-deutscher Herkunft, wie auch Eva Aeppli, von der eine Sammlung an Bronzeskulpturen stammt. Ausgangspunkt für eine Besichtigung bildet eine kleine Häusergruppe, mit dem Atelier und Wohnhaus von Daniel Spoerri und einem Book-Shop, der auch typische Produkte anbietet.

CURIOSANDO

Die Kultivar Olivastra Seggianese

Das bekannte Olivenöl von Seggiano DOP entsteht aus dem Anbau dieser üppig wachsenden, autochthonen Olivenvarietät (Kultivar) des Monte Amiata. Der Name Olivastra, im Italienischen nicht unbedingt schmeichelhaft, bezeichnet die Art der Frucht, die zur Reife klein und verschrumpelt erscheint. Hässlich aber köstlich, denn tatsächlich ist das von dieser Frucht gepresste Öl von ausgezeichneter Qualität und feinstem Geschmack. Die Besonderheit dieser fast „wilden“ Kultivar und der Grund für ihr Vorkommen in dieser Bergzone liegt in ihrer Kälteresistenz. Dazu kommt eine außergewöhnliche Robustheit gegen Parasiten, was diese Olivenart für biologischen Anbau geradezu prädestiniert.

▼ Olivastra-Anbau

FÜHRUNGEN:
Die Cooperativa la Fortezza organisiert wunderbare Ausflüge, Archeotrekking und Führungen in den schönsten Orten der toskanischen Maremma, mitten im Grün der Hügel zwischen den Bergen und dem Meer.
www.sovanaguide.it
coop_lafortezza@virgilio.it
Tel. +39 0564 616532

SEGGIANO
Gemeindegebiet: 49,53 km²
Einwohner: 998
Höhe: 491 m ü. d. M.
Rathaus: Via Trento e Trieste, 17
www.comune.seggiano.gr.it

Monte Amiata

DER HEILIGE BERG

Ein mächtiger Kegel aus Trachytgestein ragt zwischen der Maremma, dem Orcia-Tal und dem Chiana-Tal mit 1738 m Höhe aus dem Panorama der südlichen Toskana und erinnert an den antiken, nunmehr erloschenen Vulkan, der während der intensiven Magmaaktivitäten im Pliozän entstand. Rundherum bilden verschiedene Erhebungen (wie der Monte Labbro und der Monte Civitella) eine komplexe Berggegend, reich an geologischen, botanischen und zoologischen Besonderheiten. Der „Heilige Berg" der antiken Maremma birgt in seinen Wäldern tausendjährige Geheimnisse, bewahrt „eifersüchtig" alte Traditionen und ist von einer Sakralität umgeben, die in seinen Kirchen und Klöstern noch heute den Geist zur spirituellen Meditation anregt. Die wunderbare, natürliche Umgebung verzaubert jeden, der sich aufmacht diese „grüne Insel" zu erforschen. Der Monte Amiata bietet mit seinem Mantel aus Buchenwäldern, hohen Tannen und Kastanienhainen nicht nur willkommenen Unterschlupf für zahlreiche Wildtiere, sondern auch für Feen und Drachen und im Besonderen für Heilige und Eremiten, die in versteckten Winkeln der unendlichen Wälder des Amiata wundersame Erlebnisse hatten. Hier hat jedes Dorf seine eigene Geschichte und heute noch erzählt man sich antike Legenden: wie der Graf Guido Sforza in den Wäldern von Santa Fiora einen Drachen tötete, wie der König Rachis nach einer Christusvision zwischen den Tannen die Abtei San Salvatore gründete oder wie ein Pfarrer aus Semproniano das Ungeheuer Vignacci tötete,

▼ Der Heilige Berg

indem er es mit einem Spiegel verwirrte … „Wenn mein Blick vom Gipfel des Berges über den grünen Mantel gleitet, scheint es mir, einen wunderbaren Schrein zu streicheln, der tausendjährige Erinnerungen bewahrt, in der Lava verwurzelt, die vor 300.000 Jahren vom Gipfel herunterkam. Diese Worte stammen aus dem Werk „Der verzauberte Berg" von dem bekannten Padre Ernesto Balducci, der uns verdeutlicht, wie die Vergangenheit dieser Orte den Amiata geheimnisvoll umhüllt und der Geschichte und der Schönheit seiner Dörfer Poesie verleiht.

Die Buche der Contessa

Die sowohl im Winter als auch im Sommer viel besuchte Bergwiese *Il Prato della Contessa* auf 1450 m Höhe

▼ Die Buche der Contessa

liegt eingerahmt von wunderbaren Buchen- und Tannenwäldern zwischen dem Gipfel des Monte Amiata und dem Poggio della Montagnola. Der interessante Name rührt von einer legendären Liebesgeschichte, deren Hauptdarsteller in dunkler Vergangenheit die Gräfin von Cana, Gherarda degli Aldobrandeschi und Adalberto, Gutsherr von Chiusi waren, den die Adelige während eines Turniers in Buonconvento kennenlernte. Für die reichen und mächtigen Aldobrandesker war dies natürlich keine gute Partie. Doch die Liebe der jungen Leute wuchs im Geheimen und Gherarda, die oft die Abtei San Salvatore besuchte und gern Ausritte in den Wäldern unternahm, fand diese isolierte und romantische Lichtung; und so wurde die mächtige Buche auf dem Amiata ihr geheimes Liebesnest. Die Familie beschloss jedoch, Gherarda mit dem Adeligen Orsino, dem Grafen von Pitigliano zu verheiraten, und der Unglücklichen blieb nichts anderes übrig als zu gehorchen. Sie wollte jedoch ihren Geliebten zum letzten mal treffen, und zwar auf der Lichtung, die die Bühne ihrer großen

▼ Kastanienhaine auf dem Amiata

Liebe war… Die Legende berichtet, dass Adalberto sich im Kloster San Salvatore einschließen ließ, wo er zumindest von Weitem seine Geliebte sehen konnte, die jedes Jahr im September mit Erlaubnis ihres Gemahls die Abtei besuchte. Am Ende der Geschichte hätte die adelige Frau, um nicht in Versuchung zu fallen, dem nunmehr zum Mönch gewordenen Adalberto eine wertvolle Bibel mit einem goldenen Kelch, auf dem sein Name eingraviert war, geschenkt aber unter dem Schwur, sich nie mehr wiederzusehen. Adalberto nahm darauf an einem der Kreuzzüge teil und wurde nimmermehr gesehen, während Gherarda sich ehrenvoll der Familie widmete. So erinnert der Prato della Contessa noch heute an diese romantische, aber unglückliche Liebe.

▼ Das Kreuz des Amiata

Der Ring der Quellen

Das Trachytmassiv des Amiata stützt sich auf eine wasserdichte Lehmschicht. Dort, wo die beiden Massen aufeinandertreffen, entspringt Wasser, das auf einer Höhe von 600-700 m eine Art Quellen-Ring um den antiken Vulkan gelegt hat. Im Laufe der Jahrhunderte sind an diesem Ring vier Dörfer in der Provinz Grosseto (Seggiano, Castel del Piano, Arcidosso, Santa Fiora) und zwei in der Provinz Siena (Piancastagnaio, Abbadia San Salvatore) entstanden, die in ihrer Geschichte und Tradition alle einen gemeinsamen Nenner haben. Die Quellen sprudeln reichlich mit äußerst reinem Wasser und speisen Flüsse wie Fiora, Ombrone und sogar den Tevere über den zufließenden Paglia. Der Wasserreichtum ist die Grundlage für eine üppige Vegetation, die sich mit frischen Wäldern über die Hänge des Berges ausbreitet, und zwar zunächst

▼ Herbstlicher Buchenwald

mit Kastanienwäldern (600-1000 m) und darüber (über 1000 m) mit einzigartigen Buchenwäldern von außergewöhnlicher Schönheit, in denen man auf seltene und endemische Pflanzen trifft, wie die ca. 40 verschiedenen wilden Orchideenarten. Neben den Buchen und Kastanien wächst auf dem Monte Calvo (930 m) der seltene „Pigello“, die autochthone Weißtanne, ein Relikt der großen Weißtannenwälder, die einst den Apennin bedeckten.

Das Gipfelkreuz

Nach dem Willen des Papstes Leo XIII. zum Jubiläum des 1900 wurde dieses Kreuz, Symbol der Christenheit, als neuntes unter den zwanzig Kreuzen auf den höchsten Gipfeln Italiens errichtet. Man schrieb das Jahr 1910 und es wurden 4 Tonnen Eisen und entsprechend hohe Ausgaben benötigt, um das Werk zu vollenden. Dieses 22 m hohe Gitterwerk aus Eisen wurde vom Architekten Luciano Zalaffi aus Siena errichtet und erinnert an eine Art toskanischen Tour Eiffel, dem es aber einen großen spirituellen Wert voraushat. Im Jahre 1944 zerstörten die deutschen Truppen auf dem Rückzug das Monument, das unter großen Opfern in der Nachkriegszeit wieder aufgebaut wurde. Vor nicht langer Zeit, im Jahre 1961 brachten die Pfadfinder von Grosseto auf einer beschwerlichen Pilgerreise durch die wichtigsten Dörfer der Maremma eine Marienstatue aus weißem Marmor auf den Gipfel des Monte Amiata.

Ein natürliches Fitnisscenter

Seinen Ruf als Skigebiet erhält der Amiata, ein wahres Fitnesscenter der Natur zwischen den größten Buchenwäldern Europas, in den 70er Jahren. Doch schon zur Zeit des Faschismus wurde eine provisorische Schanze aufgestellt, der in der Nachkriegszeit der erste Skilift und der berühmte „Slittone“ folgten, der die Skitouristen bis auf den Gipfel brachte. Sobald es genug Schnee gibt, funktionieren die heute acht Skilifte der Skistation des Monte Amiata, die auf ca. 10 km Pisten für alpinen Ski und Snowboard führen. (Weitere 10 km stehen zum Langlauf zur Verfügung). So wimmelt es auf den grünen Wiesen der Contessa und der Macinaie, die im Sommer der Ausgangspunkt für zahlreiche Trekking-, Mountainbike-, und Reitausflüge werden, im Winter nur so von Liebhabern des Skisports.

▼ Skipiste auf dem Amiata

Santa Fiora

I

An den Hängen des Monte Amiata gelegen verdankt Santa Fiora seinen Ursprung der mächtigen Adelsfamilie der Aldobrandesker, die nach der Aufteilung des Feudalbesitzes im Jahre 1216 hier ihre zweite Hauptstadt ausriefen, in klarer Kontraposition zu dem älteren Dorf Sovana. In der Altstadt kann man noch wertvolle Monumente bewundern und die Vergangenheit fühlen, die sich in jedem Winkel versteckt.

Die Kirche SS. Flora und Lucilla

II

Wie um einen kostbaren Schrein drängt sich das Dorf Santa Fiora schützend um die preziöse Kirche der Heiligen Flora und Lucilla. Das romanische Gebäude wurde im 16. Jh. mit einer Serie an emaillierten Terrakotta-Figuren aus der Werkstatt des Andrea della Robbia in Florenz geschmückt. Es handelt sich dabei um besonders wertvolle Werke, denn hier zeigte der reife Meister sein ganzes Können.

La Peschiera

III

Die sogenannte *Peschiera* liegt zu Füßen der mittelalterlichen Altstadt von Santa Fiora. Hier entspringt der Fluss Fiora mit mehreren Quellen, die in einem dafür geschaffenen Becken, wo einst Fische gezüchtet wurden, gesammelt werden. Heute präsentiert sich die Peschiera als natürlicher und erholsamer Park.

Selvena

IV

Nur wenige Kilometer hinter Santa Fiora erreicht man das Dorf Selvena, ehemals ein wichtiges Bergbaudorf, wo die Aldobrandesker wertvolles Silber förderten, mit dem sie ihre Münzen prägten. Das heutige Dorf ist relativ modern und bewahrt keinerlei Kunstwerke von Bedeutung, doch ganz in der Nähe trifft man auf die Ruinen der mittelalterlichen Burg Silvana, eine sehenswerte Verteidigungsanlage, die der Kontrolle des Gebietes diente.

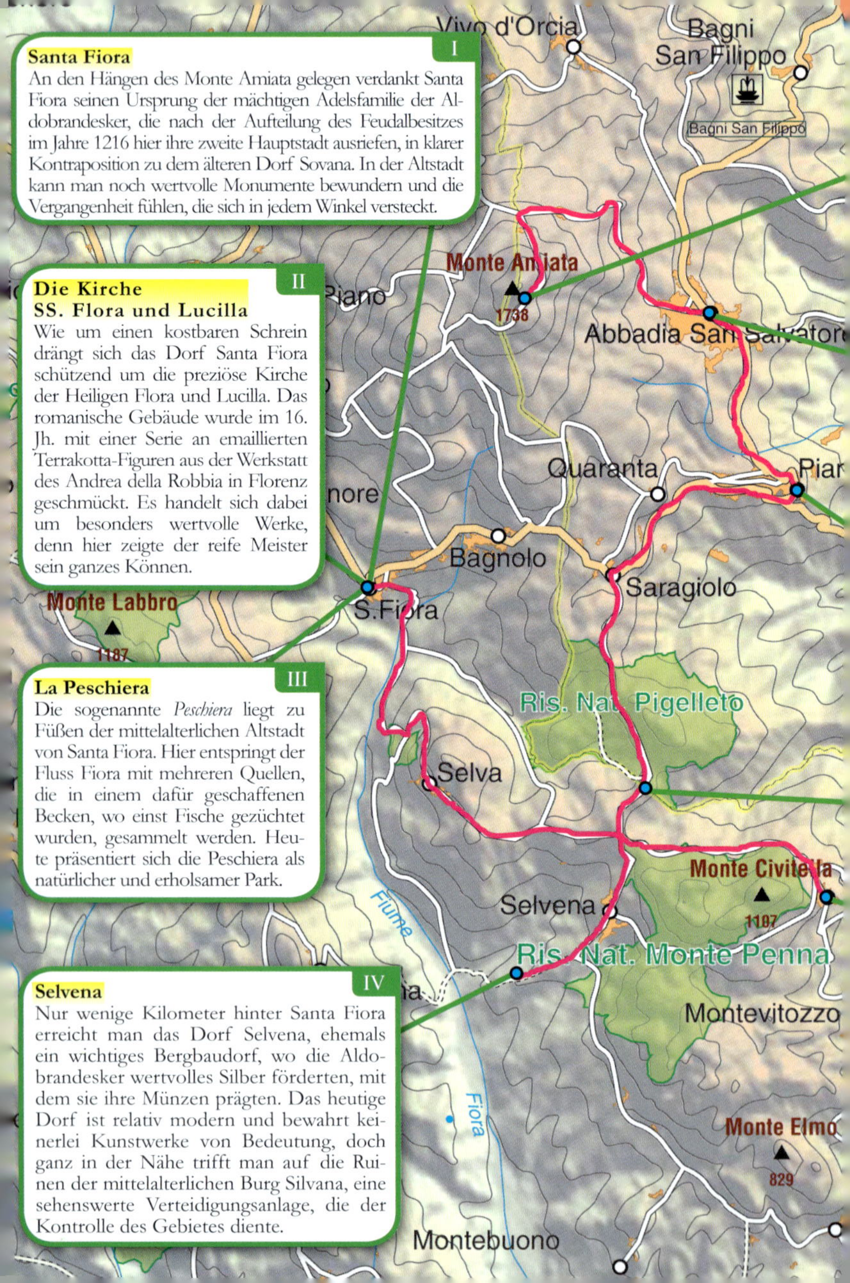

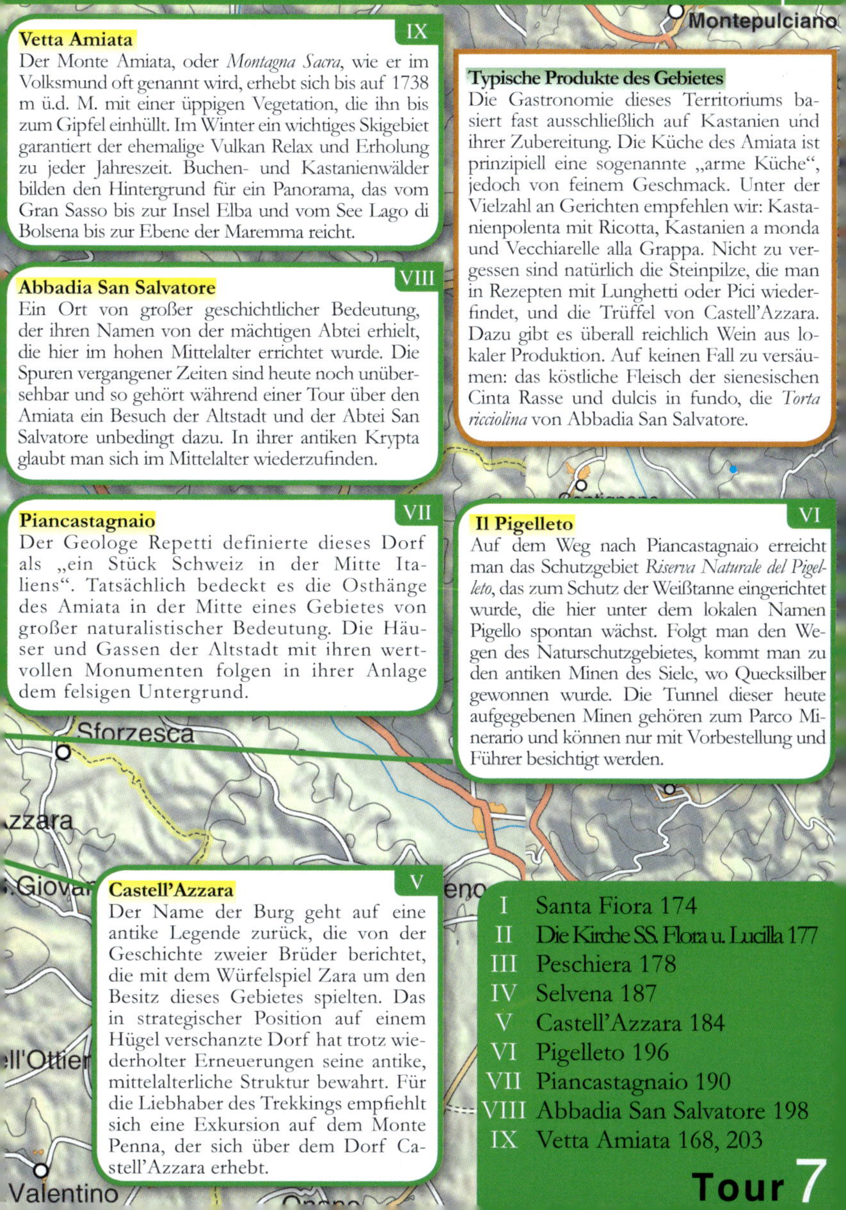

Vetta Amiata

IX

Der Monte Amiata, oder *Montagna Sacra*, wie er im Volksmund oft genannt wird, erhebt sich bis auf 1738 m ü.d. M. mit einer üppigen Vegetation, die ihn bis zum Gipfel einhüllt. Im Winter ein wichtiges Skigebiet garantiert der ehemalige Vulkan Relax und Erholung zu jeder Jahreszeit. Buchen- und Kastanienwälder bilden den Hintergrund für ein Panorama, das vom Gran Sasso bis zur Insel Elba und vom See Lago di Bolsena bis zur Ebene der Maremma reicht.

Typische Produkte des Gebietes

Die Gastronomie dieses Territoriums basiert fast ausschließlich auf Kastanien und ihrer Zubereitung. Die Küche des Amiata ist prinzipiell eine sogenannte „arme Küche", jedoch von feinem Geschmack. Unter der Vielzahl an Gerichten empfehlen wir: Kastanienpolenta mit Ricotta, Kastanien a monda und Vecchiarelle alla Grappa. Nicht zu vergessen sind natürlich die Steinpilze, die man in Rezepten mit Lunghetti oder Pici wiederfindet, und die Trüffel von Castell'Azzara. Dazu gibt es überall reichlich Wein aus lokaler Produktion. Auf keinen Fall zu versäumen: das köstliche Fleisch der sienesischen Cinta Rasse und dulcis in fundo, die *Torta ricciolina* von Abbadia San Salvatore.

Abbadia San Salvatore

VIII

Ein Ort von großer geschichtlicher Bedeutung, der ihren Namen von der mächtigen Abtei erhielt, die hier im hohen Mittelalter errichtet wurde. Die Spuren vergangener Zeiten sind heute noch unübersehbar und so gehört während einer Tour über den Amiata ein Besuch der Altstadt und der Abtei San Salvatore unbedingt dazu. In ihrer antiken Krypta glaubt man sich im Mittelalter wiederzufinden.

Piancastagnaio

VII

Der Geologe Repetti definierte dieses Dorf als „ein Stück Schweiz in der Mitte Italiens". Tatsächlich bedeckt es die Osthänge des Amiata in der Mitte eines Gebietes von großer naturalistischer Bedeutung. Die Häuser und Gassen der Altstadt mit ihren wertvollen Monumenten folgen in ihrer Anlage dem felsigen Untergrund.

Il Pigelleto

VI

Auf dem Weg nach Piancastagnaio erreicht man das Schutzgebiet *Riserva Naturale del Pigelleto*, das zum Schutz der Weißtanne eingerichtet wurde, die hier unter dem lokalen Namen Pigello spontan wächst. Folgt man den Wegen des Naturschutzgebietes, kommt man zu den antiken Minen des Siele, wo Quecksilber gewonnen wurde. Die Tunnel dieser heute aufgegebenen Minen gehören zum Parco Minerario und können nur mit Vorbestellung und Führer besichtigt werden.

Castell'Azzara

V

Der Name der Burg geht auf eine antike Legende zurück, die von der Geschichte zweier Brüder berichtet, die mit dem Würfelspiel Zara um den Besitz dieses Gebietes spielten. Das in strategischer Position auf einem Hügel verschanzte Dorf hat trotz wiederholter Erneuerungen seine antike, mittelalterliche Struktur bewahrt. Für die Liebhaber des Trekkings empfiehlt sich eine Exkursion auf dem Monte Penna, der sich über dem Dorf Castell'Azzara erhebt.

Tour 7

Santa Fiora

DIE GESCHICHTE

Schon im Jahre 890 wurde Santa Fiora zum ersten mal schriftlich erwähnt, und die Geschichte dieses Dorfes ist einerseits emblematisch für das Gebiet der Maremma, andererseits aber auch besonders originell. Bereits kurz nach dem 11. Jh. gehörte diese Gegend zum Besitz der Aldobrandesker, der mächtigen Familie, die, wie schon mehrfach erwähnt, große Gebiete der Toskana dominierte. Die ursprüngliche Siedlung wurde von den Aldobrandeskern befestigt und später (1141) „Castello di Santa Fiora" genannt. Nach der Spaltung der Familie in zwei Teile herrschten hier die Aldobrandesker von Santa Fiora im Gegensatz zu denen von Sovana-Pitigliano. Die andauernden expansionistischen Absichten der Herren von Orvieto und von Siena, mit denen man in Santa Fiora leben musste, führten schließlich in der ersten Hälfte des 14. Jh. zu einer unterwürfigen Haltung gegenüber Siena; und genau an dieser Stelle wird die emblematische Geschichte zur originellen: Im Jahre 1438 starb der letzte Graf der Aldobrandesker von Santa Fiora, Guido, Vater dreier Töchter, Cecilia, Giovanna und Gabriella. Diese wurden von den Sienesern entführt, um die Familie zu erpressen und die Herrschaft über die Nachbardörfer zu erhalten. Doch Cecilia vermählte sich mit Bosio Sforza und so wurde Santa Fiora, anstatt unter die Herrschaft von Siena zu fallen (und nach dem Jahre 1559 unter die der Medici

▼ Santa Fiora

wie die meisten der Nachbardörfer), für lange Zeit, bis 1624 zu einer Grafschaft der Sforza. In diesem Jahr erfolgte der Anschluss an das Großherzogtum Toskana und später an den einheitlichen italienischen Staat. Der Familie Sforza verblieben jedoch viele Besitztümer, wie zum Beispiel die historische „Peschiera di Santa Fiora" mit ihrem Park, der noch im 19. Jh. auf den Wunsch von Lorenzo Sforza Cesarini umgewandelt wurde. Das 20. Jh. war dagegen von der Zinnober-, sprich Quecksilberförderung geprägt, die in schwierigen Zeiten für die lokale Bevölkerung unverhoffte Arbeitsplätze bedeutete und bis in die 70er Jahre andauerte.

▼ S.Fiora, Torre und Palazzo Sforza

SEHENSWÜRDIGKEITEN

Die Altstadt

Im Herzen der Altstadt befindet sich das höchstgelegene Viertel Castello: durch die *Porta del Palazzo* kommt man auf den Dorfplatz Piazza Garibaldi, der von den wichtigsten Gebäuden umringt, und von der kompakten und soliden Erscheinung der Burg und dem Palazzo Sforza Cesarini dominiert wird. Die Burg der Aldobrandesker mit ihrem rechteckigen Turm und dem Uhrturm (im 19.

▲ S.Fiora, Peschiera

▼ Santa Fiora, Panorama

Jh. restauriert) erscheint heute mit reduzierten Proportionen, aufgrund der Restaurierung im 14. Jh. und dem im Jahre 1575 angelehnten und teilweise darüber gebauten Palazzo Sforza Cesarini mit seinem schon erwähnten Stadttor Porta del Palazzo. Dieses herrschaftliche Gebäude, heute Sitz des Rathauses, war einer der Wohnsitze der neuen Besitzer der Grafschaft, zusammen mit dem Gut von Pomonte in der Nähe von Scansano und der Villa Sforzesca von Castell Azzara. Im Inneren wurden einige Freskengemälde aus dem 16. Jh. (*Die Stunden des Tages* und *Die vier Jahreszeiten*) gefunden und in einigen Räumen das Bergbaumuseum eingerichtet. Neben dem Palazzo befindet sich das elegante Gebäude mit Garten der Familie Luciani, die ehemals die Besitztümer der Sforza verwaltete. Auf der anderen Seite schließt sich die kleine Kirche San Giuseppe aus dem 19. Jh. da an, wo sich vermutlich das ursprüngliche Stadttor befand, welches zum Cassero führte. Rings um den Platz kann man in engen Gassen spazieren gehen und künstlerische und architektonische Details, mächtige Häuser aus dem 14. Jh. und schöne Gebäude aus der Renaissance bewundern: Am Platz San Michele zeigt zum Beispiel die Frontseite eines kleinen Hauses aus dem 15. Jh. (im 19. Jh. restauriert) eine Statue aus dem 18. Jh. des Heiligen Michael, dem Schutzpatron der „Castagnatura“ (Kastanienernte). Von der Via Carolina aus geht es zum Dorfteil Borgo hinab und zunächst an der Kirche Suffragio oder Misericordia (18. Jh.) vorbei, bis man die älteste Kirche von Santa Fiora erreicht, die nach den Heiligen Flora und Lucilla benannt wurde, beide

▼ S. Fiora, Viertel Castello

▼ Kirche SS.Flora u. Lucilla, Fassade

Schutzpatroninnen des Dorfes und christliche Märtyrerinnen. Die Kirche stammt aus dem 12. Jh., doch im 15. Jh. wurde das ursprüngliche Einzelschiff mit der Kapelle Sforza erweitert, im 16. Jh. mit der Kapelle Santissimo Sacramento und schließlich kamen im Jahre 1792 die beiden Seitenschiffe dazu. Bei diesen Veränderungen ging viel von dem romanischen Stil des Gebäudes verloren. Doch die eigentliche Hauptattraktion dieser Kirche ist eine umfangreiche und wertvolle Sammlung an emaillierten Terrakotta-Szenen von Andrea della Robbia (1435-1528), die, dank des Auftrags von Guido Sforza für die Dekoration der Familienkapelle kurioserweise in der Amiata-Gegend landete. Zahlreich sind die Motive, die von Della Robbia und seiner Werkstatt produziert wurden: vom letzten Abendmahl, über die Wiederauferstehung, die Himmelfahrt, die Krönung der Jungfrau bis zur Stigmatisation der büßenden Heiligen Franz und Hieronymus. Von besonderer Schönheit: die *Maria-Himmelfahrt mit dem segnenden Gottvater darübe*r und Heiligengeschichten auf dem Sockel, der auch die Wappen der Sforza von Cotignola zeigt. Nicht weit von der Pieve kommt man durch die „Porticciola“, die auch Porta delle Scalette (kleine Treppen) genannt wird; dieses Tor bildet heute noch die Verbindung zwischen Castello und Borgo. Dieser Bereich entwickelte sich zwischen dem 14. und 15. Jh. als Ausdehnung des Castello und war einst mit Stadtmauern versehen (es gibt noch Reste in der Porta San Michele). Bald trifft man auf die Kirche Santa Chiara (das ehemalige Kapuzinerkloster), in der sich ein wundertätiges Kreuz aus dem 17. Jh.

▲ Andrea Della Robbia, Kanzel

▼ Andrea Della Robbia, Tryptichon

▼ Kirche SS. Flora u. Lucilla

befindet, das jeden 3. Mai auf einer Prozession durch das Dorf getragen wird. Nur etwas weiter erscheint die Kirche Sant'Agostino aus dem 14. Jh., die aber im 18. Jh. renoviert wurde und die eine wunderbare Maria mit Jesuskind von Jacopo della Quercia aufbewahrte, die heute im Diözesan-Museum von Pitigliano steht (je nach dem aus welcher Perspektive man die Madonna anschaut, nimmt sie verschiedene Gesichtsausdrücke an). Im Dorfteil Borgo kann man außerdem die Reste des antiken Gettos (Via Lunga) besichtigen, wo die hebräischen Flüchtlinge zur Zeit der Sforza (16.-17. Jh.) lebten. Nach der Kirche Sant'Agostino gelangt man in den Dorfteil Montecatino und zur eigentlichen Hauptattraktion von Santa Fiora, der antiken Peschiera, welche die Wasser der Fiora sammelt, die kalt und kristallklar aus den Quellen sprudeln: Das große Becken wurde zwischen dem 14. und 15. Jh. für die Forellenzucht zur Zeit der Aldobrandesker gebaut, und wurde schnell zum Mittelpunkt des landschaftlichen Projektes der Grafen Sforza: ein Park, der im Jahre 1851 von Lorenzo Sforza Cesari-

▼ S.Fiora, Madonna delle Nevi

▲ Die suggestive Peschiera

▼ Madonna delle Nevi, Fresko von Nasin

▲ Altstadt, antiker Architrav

ni mit Mauern umgeben wurde. Die charakteristischen Delfine mit geflochtenem Schwanz und Dreizack in Peperin-Gestein gehauen befinden sich über dem Becken, das ehemals als Tränke und öffentliche Wäscherei fungierte. Bemerkenswert ist, dass die Peschiera bis zum Jahre 1913, als Guido Sforza Cesarini sie an die Gemeinde von Florenz verkaufte, zum Besitz der Sforza gehörte, zusammen mit der Walkmühle und der Windmühle, was heute noch von dem florentinischen Wappen mit Lilien rings um das Monument bezeugt wird. Seit den 90er Jahren wurde die Peschiera von einer Kooperative des Amiata geleitet, bis im Jahre 1998 die Gemeinde von Santa Fiora dieses geschichtliche Gut zurückkaufen konnte. Ansonsten präsentiert der jüngste Dorfteil keine großartigen Monumente, bis auf die kleine Kirche Madonna delle Nevi in der Nähe des Forellenbeckens aus dem 17. Jh.: An der Fassade fällt ein Relief der Della Robbia mit den Heiligen Flora und Lucilla auf, und im Inneren kann man gut restaurierte Fresken mit den Heiligenfiguren des Augustus, der Monika, des Guglielmo von Malavalle und des Nicola da Tolentino in golden abschattierten Rahmen von Francesco Nasini (1640) bewundern. Die weiteren Ausschnitte von Fresken, die auf den Wänden der Kirche gefunden wurden, weisen auf eine Zusammenarbeit des jungen Francesco Nasini mit dem Atelier des bekannteren Rutilio Manetti, der die Arbeiten begonnen hatte und seinem Schüler und Freund seines Sohnes Domenico die Aufgabe überlies, es zu vollenden. Einst gab es auf dem Boden der Kirche, der heute mit Glas überzogen ist, eine Luke, die von den Bräuten genutzt wurde, um den Trauring Glück bringend in den Wassern des Fiora zu baden, der unter der Kirche fließt (bei jüngsten Ausgrabungen fand man hier Spu-

▼ Peschiera, Teilansicht

ren einer Straße aus dem 14. Jh.). Die Kirche und die Peschiera gehören heute zu einem komplexen Projekt, dem Wasser-Museum, das von Rita Levi Montalcini eingeweiht und dem hydrologischen Resourcen des Gebietes mit den Quellen des Dorfes, die zu den wichtigsten in der Toskana zählen, gewidmet wurde. Didaktisches Informationsmaterial erhält man im Park neben der Peschiera.

Die Ortsteile

Oberhalb von Santa Fiora, im Schutz des Amiata kommt man zum Ortsteil Bagnolo, der für seine handwerkliche Produktion bekannt ist, aber auch für die Legende in Bezug auf eine Glocke, die heute noch zu läuten scheint, auch wenn sie im 14. Jh. zusammen mit dem Augustinerkloster Santa Barbara unter den Fluten des Cadone unter der Erde versunken ist. In der Kirche Sant'Agostino erinnert eine Gedenktafel aus dem Jahre 1254 an die Existenz des besagten Klosters, die für das Grabmal von Ildebrandino Aldobrandeschi mit dem Wappen des Adelsgeschlechtes angefertigt wurde. Auf der Grenze zum Gemeindegebiet Arcidosso bei Bagnore sprudelt eine Quelle mit besonderem Heilwasser, dem sogenannten „Acquaforte", das mit Bikarbonat, Kalzium und Magnesium erfolgreich gegen Verdauungskrankheiten und für die Urinwege eingesetzt wird. Der kleine Ortsteil Selva dagegen ist auf 830 m Höhe von großen Kastanien- und Buchenwäldern umgeben. Doch bevor man das Dörfchen erreicht, kommt man an einem Tannenwald vorbei mit der autochthonen Weißtanne. Hier liegt auch das Kloster Santissima Trinità, das von den Aldobrandeskern im Jahre 1114 gegründet

▼ Ex Konvent SS.Trinità, Robbia-Keramik

▼ La Selva, Ex Konvent SS.Trinità

▲ Gedenktafel mit Dante-Zitat

wurde. Eine Legende erzählt uns, wie hier im Jahre 1488 der Drachen von Selva, der die Bauern dieser Gegend terrorisierte, von dem Grafen Guido Sforza getötet wurde. Den Beweis dafür kann man im Kloster bestaunen: der Kopf des „Cifero Serpente", wissenschaftlich betrachtet ein Teil eines Krokodilkopfes, doch gibt es bis heute keine plausible Erklärung für sein Erscheinen in dieser einst so „gottverlassenen" Gegend.

KURIOSES

Das Bergbaumuseum

In Santa Fiora, an der Piazza Garibaldi hat man das Museum *Museo delle Miniere di Mercurio del Monte Amiata* eingerichtet, um auch den neuen Generationen ein Bild von der historischen Entwicklung der Minen des Amiata und dem harten Leben der Bergleute zu vermitteln, die hier unter äußerst risikoreichen Bedingungen wertvolle Arbeitsplätze fanden. Über Modelle, geologische Karten, dreidimensionale Darstellungen, Geräte, Werkzeuge, Mineralien und Dokumente erhält man einen interessanten Einblick in die Geschichte des Bergbaus des Amiata: Aus den Zinnobervorkommen gewannen schon die Etrusker und die Römer die Farbe Zinnoberrot. Später wurde dann das Quecksilber extrahiert: flüssig und giftig, aber sehr wertvoll als Amalgam und wegen seines Einsatzes in Industrie und Chemie. Anfang des 20. Jh. verursachte die steigende Quecksilbernachfrage auf dem Amiata einen regelrechten Boom, sodass hier auch viele Bergleute von außerhalb ihr Glück suchten, trotz der vielen Gefahren in den Förderungsaktivitäten, die bis ca. 1970 andauerten. Auf didaktischen Tafeln werden die Förderung und der Gebrauch des Quecksilbers mit

▼ Aquädukt des Fiora

▼ Bagnore

den gesundheitlichen Auswirkungen auf die Bergleute gegenübergestellt.

Der Tod von David Lazzaretti

Wie schon im Kapitel Arcidosso erwähnt, wurde der Prophet des Amiata am 18. August des Jahres 1878 an der Spitze der Prozession, die vom Monte Labbro nach Arcidosso kam, von einem gewissen Pellegrini (Carabiniere oder Soldat) erschossen. Der schwerverletzte Lazzaretti wurde zunächst in die Ortschaft Croce di Cansacchi außerhalb des Dorfes gebracht. Aber da die Ärzte von Arcidosso eine medizinische Behandlung verweigerten, rief man den Arzt von Santa Fiora und brachte den Verletzten nach Bagnore in das Haus eines seiner Anhänger, Marsilio Lorenzoni, wo Lazzaretti schließlich

▼ Santa Chiara, wundertätiges Kreuz

▲ Santa Fiora, Prozession der Tronchi

verstarb. Sein Leichnam ruht heute auf dem Friedhof von Santa Fiora, wo er zunächst in ungeweihter Erde begraben und sogar von dem berühmten Anthropologen Cesare Lombroso in Zusammenhang mit seinen Untersuchungen in der Kriminal-Anthropologie beschaut wurde.

Der 3. Mai

Dieses Datum liegt den Einwohnern von Santa Fiora besonders am Herzen, denn nach alter Tradition werden verschiedene, wundertätige Ereignisse um ein Kreuz gefeiert, die sich im Dorf zugetragen haben. Das besag-

▼ SS.Flora u. Lucilla, Schrein (Museum Pitigliano

te Kreuz befindet sich heute in der Kirche Santa Chiara (das ehemalige Kapuziner-Kloster): Die nicht besonders gelungene Skulptur wurde von ihrem unzufriedenen Schöpfer, dem Vater von Passitea Crogi, einfach weg geworfen, doch dann geschah es, dass das Mädchen von Christus wiederholt mit lauter Stimme energisch ermahnt wurde. Nach diesem Wunder gründete Passitea als Nonne das Kapuziner-Kloster von Santa Fiora (1612). Später beschützte das Kreuz dank der Anbetung seitens der Bewohner von Santa Fiora das Dorf während eines schlimmen Erdbebens am 3. Mai. 1778. So wird das Kreuz jeden 3. Mai mit einer Prozession gefeiert, der drei Kreuze aus Baumstämmen folgen, die an die Kreuzigung auf Golgatha erinnern und von drei in Kutten gehüllten Männern getragen werden. Die religiöse Feier wird dann zum Volksfest mit einem großen Tier- und Krammarkt.

Die Fiaccolata

Die Dorffeste heidnischen Ursprungs um rituelle Feuerspiele (Feuer als Symbol der Läuterung, aber auch der Sonne, des Lichts und der Wärme in der kalten Winterszeit) sind charakteristisch für die Maremma, wie später noch auf den Seiten über Roccalbegna und Pititgliano zu lesen sein wird. Die Fiaccolata von Santa Fiora findet nach alter Tradition am 30. Dezember statt, wenn nachts in den Dorfteilen Castello, Borgo und Montecatino die Pyramiden aus Baumstämmen angezündet werden und bald zu riesigen Fackeln verbrennen: Alles hüllt sich in das festliche Licht der Feuer, Funken haucht der Wind durch die engen Gassen und Fackeln leuchten den Weg bis zum *Palazzo Sforza*: Hier gibt es süße Polenta aus Kastanienmehl und man kann die Tradition dieses Bergdorfes geradezu „schmecken". Musik, Tanz und gastronomische Stände sorgen für ein fröhliches Treiben, das bis zum nächsten Abend anhält, wenn Silvester gefeiert wird.

▼ Die Fiaccolata

FÜHRUNGEN:
Die Cooperativa la Fortezza organisiert wunderbare Ausflüge, Archeotrekking und Führungen in den schönsten Orten der toskanischen Maremma, mitten im Grün der Hügel zwischen den Bergen und dem Meer.
www.sovanaguide.it
coop_lafortezza@virgilio.it
Tel. +39 0564 616532

SANTA FIORA
Gemeindegebiet: 62,91 km²
Einwohner: 2809
Höhe: 687 m ü. d. M.
Rathaus: Piazza Garibaldi, 25
www.comune.santafiora.gr.it

Castell'Azzara

DIE GESCHICHTE

Der seltsame Name „Azzara“ erklärt sich aus einer Legende, die seit Jahrhunderten überliefert wird. Am Anfang des 13. Jh. erreichten die drei Brüder der Adelsfamilie der Aldobrandesker, Ildebrandino, Bonifacio und Guglielmo, während sie ihr Weidevieh kontrollierten, einen Hügel in besonderer Panoramaposition, von dem aus man das ganze Gebiet dominierte. Hier gab es schon einige Burgen in strategischer Lage, doch die Brüder entschieden, an den Hängen des Monte Civitella eine neue Festung zu bauen. Nur konnten sie sich nicht darüber einigen, wer die glorreiche Idee dazu gehabt hätte. So wurde beschlossen, die Frage mit einem Würfelspiel zu klären. Das Spiel nannte sich „Zara“ und schnell wurde die neue Burg „Castello a Zara“ genannt. Nach der darauffolgenden Teilung des Hauses der Aldobrandesker wurde die Burg zum Lehensgut des Zweiges von Santa Fiora. Als Bestätigung der Legende zeigt das Wappen von Castell'Azzara eine Burg mit drei Türmen, die jeweils mit einem Würfel gekrönt sind, der eine Zahl anzeigt: Der Höchste in der Mitte zeigt die siegreiche 5, die beiden anderen 3 und 4. Die Zinnobervorkommen in dieser Gegend (damals wurde aus dem Mineral noch rote Farbe gewonnen) erregten im 14. Jh. die Aufmerksamkeit von Orvieto und

▼ Castell'Azzara

Siena. Als im Jahre 1438 der letzte Spross des Familienzweiges der Aldobrandesker von Santa Fiora, der Graf Guido, starb, gelangten die Burg und weitere Güter durch die Hochzeit mit Cecilia Aldobrandeschi in den Besitz von Bosio Sforza. Die Sforza blieben die Herren bis zum Jahre 1624, als das Gebiet unter die Herrschaft des Großherzogtums der Toskana fiel; doch unterhielt die Familie Sforza bis zum 19. Jh. noch viele Privatbesitze in diesem Gebiet. Im Jahre 1915 wurde Castell'Azzara, dessen wirtschaftliche Situation sich durch die Zinnoberminen (aus Zinnober wurde in moderneren Zeiten Quecksilber gewonnen) langsam verbesserte, zur selbstständigen Gemeinde und löste sich von Santa Fiora.

▼ Die Kirche San Nicola, von innen

SEHENSWÜRDIGKEITEN

Die Altstadt

Im höher gelegenen Teil des Dorfes erkennt man noch einige Mauerteile der antiken Burg der Aldobrandesker aus dem 14. Jh., die stark modifiziert und im 19. Jh. in ein zweistöckiges Gebäude mit abgeschrägtem Sockel, der noch an den Festungscharakter erin-

▲ Die Kirche San Nicola

▼ Die Kirche San Nicola, Gemälde 17. Jh.

nert, und einem Uhrturm umfunktioniert wurde. Was die mittelalterliche Stadtmauer betrifft, wurde sie von den Häusern vereinnahmt. Ansonsten gibt es nur wenige Zeugen der Vergangenheit: die Kirche San Nicola di Bari, die im 13. Jh. erwähnt wurde, wurde im 19. Jh. neu gebaut und die Kirche Madonna del Rosario zeigt noch einige Ausschnitte der Freskendekoration aus dem 16. Jh. Außerhalb des Dorfes trifft man auf die imposante Villa Sforzesca. Am Ende des 20. Jh. gelangte die Gemeinde Castell'Azzara in den Besitz dieses monumentalen Gebäudes und bewahrte es vor dem endgültigen Verfall. Auf den Wunsch von Kardinal Alessandro Sforza wurde die Villa im Jahre 1576 errichtet und war bald die beliebteste Residenz und zentraler Verwaltungssitz der Sforza von Santa Fiora. Darüber hinaus konnte man dank der strategischen Lage von hier aus wirksam gegen die Räuberbanden vorgehen, eine Aufgabe, die dem Kardinal direkt von Papst Georg XIII., aufgetragen wurde. Im Jahre 1579 beschreibt J.A.F. Orbaan in seinem Werk *Die Reise von Georg XIII. zur Madonna della Querci*a die luxuriöse Jagdresidenz mit folgenden Worten: „Hier gibt es lange und breite Alleen und weite Weinberge, von denen große Wassermengen fließen, die für die Brunnen im Garten und für den Palast nötig sind, der über alle Maßen schön mit weiträumigen Sälen und Zimmern ausgestattet ist, die mit wertvollsten Dekorationen geschmückt wurden … Rundherum gibt es wunderbare Jagdgüter mit Hasen, Fasanen, Rebhühnern und wo heute der Palast steht, war einst alles dichter Wald". In der Nähe der hohen Villa mit solider Erscheinung und doppelter Fensterreihe steht heute noch die kleine Kirche San Gregorio Magno, die im Jahre 1856 vom Prälaten Celestino Ricci Menichetti, der gleichnamigen Adelsfamilie,

▼ Eingang Villa Sforzesca

▼ Villa Sforzesca

▲ Kirche Madonna del Rosario

welche die Villa seit der zweiten Hälfte des 18. Jh. bewohnte, restauriert wurde. Doch erst die eigentliche bauliche Restaurierung im Jahre 2000 gab der Villa nach langem Verfall und unzureichenden Restaurierungen endlich ihren alten Glanz zurück. So ist sie heute ideales Ambiente für Veranstaltungen, Ausstellungen und Konzerte.

Die Burg von Selvena

Die mächtige, stolze Erscheinung der Burg steht im Gegensatz zum Namen Selvena, ein Deminutiv des Wortes „selva" (Wald). Schon im Jahre 883 erwähnt, wird einem heute noch klar, wie uneinnehmbar die *Rocca Silvana* oder *di Selvena* gewesen sein musste und welche Pracht sie wohl im 8. Jh. ausstrahlte, als sie der Lieblingssitz des Guglielmo Aldobrandeschi war, des „Gran Tosco", wie er von Dante genannt wurde. So hielten die Aldobrandesker hinter diesen Mauern der langen Belagerung der kaiserlichen Truppen von Friedrich II. (1240-1241) stand. Das gelang nicht im Jahre 1445, als die Burg von den Söldnern des Jacopo Piccinino im Verlauf des Krieges zwischen den Sienesern und den Orsini angegriffen wurde. Im Laufe der Jahrhunderte gründete sich der Reichtum der Gegend vor allem auf die nahen Zinnobervorkommen und Selvena wurde zum Lager der geförderten Erze und zur Werkstatt für deren Verarbeitung. Das Dorf von jüngerer Konstruktion ist erst um die Zinnoberminen entstanden, doch konnte sich außerhalb die eindrucksvolle, vor kurzem restaurierte Burg diesesmal gegen die „Belagerung der Zeit" behaupten. Davon kündet schon von Weitem der hohe fünfeckige Turm.

KURIOSES

Quecksilber und Venus

Der wirtschaftliche Aufschwung, den die Zinnobervorkommen in diesem Gebiet bewirkten, wurde schon mehrfach erwähnt. Bei Ausgrabungen wurden sogar Werkzeuge für die Minenarbeit gefunden, die belegen, dass schon Etrusker und Römer dieses Mineral genau kannten und es beson-

▼ Rocca di Selvena

ders wegen seiner roten Farbe für die Malerei und Kosmetik schätzten. Die Quecksilbergewinnung aus Zinnober dagegen bildete erst im 18. u. 19. Jh. eine gewisse „Goldgrube", auch wenn es Hinweise gibt, dass, zumindest in geringen Maßen, schon am Ende des 15. Jh. Quecksilber gewonnen wurde; und zwar aus einem interessanten Grund: Als das Heer von Karl VIII. im Jahre 1494 durch Italien zog, verbreitete sich die sogenannte Krankheit „mal francese", bzw. die schlimme und damals noch unbekannte Syphilis. Heute gilt als sicher, dass diese Krankheit von den Spaniern aus Amerika nach Neapel eingeschleppt wurde, und hier die Soldaten von Karl VIII.

▼ Grotte des Monte Penna

▲ Provisino der Aldobrandesker

infizierte, die sie entsprechend „mal napolitano" nannten. Wie auch immer verbreitete sich die Syphilis unter großen Teilen der Bevölkerung und die antike Heilkunde empfahl zur Linderung der Schmerzen eine Salbe auf Quecksilberbasis (daher der Spruch: „Eine Nacht mit Venus, ein Leben lang mit Quecksilber"). Die Nachfrage für Quecksilber stieg deutlich an und die Minen des Amiata arbeiteten für den Rest des 16. Jh. Nach dem Ende der Förderungsaktivitäten erlebten die Minen eine neue Blütezeit als Ende des 18. Jh. das Quecksilber industriell genutzt wurde. Aber bei Selvena gab

▼ Selvena, Bergbauanlage

es auch Silberadern, ein wahrer Schatz für die Aldobrandesker, denn so konnten sie in Santa Fiora ihre eigenen Münzen prägen; den *Provisino aldobrandesco*, der auf der einen Seite ein Kreuz mit dem Schriftzug COMES PAL (Comes Palatinum Aldobrandinus) und auf der anderen die Heilige Flora mit einem Kreuz in der einen Hand und einer Blume mit der Schrift SCA. FLORA (Sancta Flora) in der anderen. Diese Münze wird heute noch von der Gemeindeverwaltung von Santa Fiora als begehrte Ehrenauszeichnung produziert.

Das Naturschutzgebiet des Monte Penna

Von der Provinz Grosseto verwaltet und im Jahre 1996 gegründet, erstreckt sich dieses Schutzgebiet über ca. 1000 ha und umschließt einige Erhebungen, unter denen der Monte Civitella mit 1107 m und der Monte Penna mit 1086 m die Höchsten sind. Die Karst-Formationen mit ihren Grotten bilden eine der wichtigsten Charakteristika dieses nicht nur unter geologischen, sondern auch unter landschaftlichen Gesichtspunkten interessanten Territoriums mit atemberaubenden Panoramablicken. Auf den blühenden Wiesen und in dichten Wäldern trifft man auf viele seltene Pflanzenarten: ein Paradies für Botaniker. Man findet zahlreiche Arten des Ahornbaumes, der hier in einem ausgewiesenen Biotop wächst, und hochwüchsige Arten wie Zerreiche, Laubeiche, Fichte, und sogar Lärche, während im Unterholz die Türkenbund-Lilie blüht und sich viele Pilzarten und auch Trüffel verstecken. Im Wald regieren die Wildschweine, neben Füchsen, Hasen, Dachsen und Mardern; unter den Vogelarten sind Rebhühner, Fasanen und seltene Raubvögel vertreten (Bussarde, Turmfalken, Waldkäuze). Die Grotten sind das Reich der Fledermäuse, die in wahren Kolonien besonders in der *Grotta del Sassocolato* überwintern.

▼ Weg im Naturschutzgebiet

FÜHRUNGEN:
Die Cooperativa la Fortezza organisiert wunderbare Ausflüge, Archeotrekking und Führungen in den schönsten Orten der toskanischen Maremma, mitten im Grün der Hügel zwischen den Bergen und dem Meer.
www.sovanaguide.it
coop_lafortezza@virgilio.it
Tel. +39 0564 616532

CASTELL'AZZARA:
Gemeindegebiet: 64 km^2
Einwohner: 1678
Höhe: 816 m ü. d. M.
Rathaus: Via Marconi, 2
www.comune.castellazzara.gr.it

Piancastagnaio

DIE GESCHICHTE

Piancastagnaio ist die südlichste Gemeinde in der Provinz Siena und wegen seiner Lage an den östlichen Hängen des Monte Amiata schien es uns sinnvoll, dieses Dorf zusammen mit Abbadia San Salvatore in diesem Führer mit aufzunehmen; seine Geschichte und seine Traditionen sind eng mit den Nachbardörfern der Provinz Grosseto verbunden, mit denen es sich seit Jahrhunderten die Amiata-Gegend teilt.

Einst wurde die Altstadt komplett von einer Stadtmauer umschlossen und die heute noch gut erhaltene Burg gehörte seit mindestens dem 12. Jh. den Aldobrandeskern, bevor sich die Familie Visconti di Campiglia (Val d'Orcia), Siena, Orvieto und schließlich die Nachfolger der Aldobrandesker um die Festung stritten. Im Jahre 1415 hatte die Republik Siena das Sagen, bis zum Anschluss an das Großherzogtum der Medici. Das Dorf war im Mittelalter für die Herstellung von Lanzen und Spießen bekannt (im 18. Jh. für Holzfässer, Bottiche und Eimer). Unter der Herrschaft Sienas wurde die um die Burg verlaufende Stadtmauer restauriert und verstärkt. Nach dem Anschluss an das Großherzogtum der Toskana verschenkte Ferdinando I. im Jahre 1601 das Feudalgut von Piancastagnaio an die Markgrafen Bourbon del Monte, eine Adelsfamilie aus Umbrien: Giovanni Battista Bourbon widmete sich der Errichtung einer luxuriösen Residenz am Rand des antiken

▼ Piancastagnaio

Dorfes. Dieser mächtige Palazzo war damals in der Amiata-Gegend schon eine außergewöhnliche Erscheinung. Im Jahre 1778 nach der Aufgabe der Feudalherrschaft wurde Piancastagnaio wieder von dem Großherzogtum verwaltet, das nun den Lothringern gehörte. Seit 1846 wurde in der Miniera del Siele mit dem größten Zinnobervorkommen in der ganzen Amiata-Gegend Bergbau betrieben. Dies bedeutete wirtschaftlichen Aufschwung bis zum Jahre 1922, als die meisten Minen geschlossen wurden. Das endgültige Ende der Förderungsaktivitäten brachten schließlich die 80er Jahre. Heute gilt Piancastagnaio wegen seiner wunderbaren Lage als „ein Stück Schweiz mitten in Italien, auch wegen der guten Luft, die man hier atmet und des klaren, frischen Wassers, das man hier trinkt", wie im 19. Jh. der Repetti in seinem bekannten chorografischen Wörterbuch der Toskana beschrieb.

▼ Piancastagnaio, Torre dell'Orologio

SEHENSWÜRDIGKEITEN

Die Altstadt

Ein Besuch in der Altstadt geht zwangsläufig bergab. Am Besten

▲ Porta al Castello

▼ Die Kirche S. Maria Assunta, Inneres

beginnt man an ihrem höchsten Punkt, nämlich an der Burg der Aldobrandesker. Heute dominiert sie noch mächtig mit einem kleinen Turm und einem Cassero auf einem quadratischen und abgeschrägten Sockel das umliegende Dorf. Die Burg entstand, um die Bevölkerung des Paglia-Tals vor Überfällen zu schützen. Nach den Aldobrandeskern wurde sie von Siena zwischen 1471 und 1478 restauriert und verstärkt, dagegen wurde sie unter den Bourbon del Monte als Verlies genutzt und ist heute nach einer umfangreichen Restaurierung mit Ausstellungen und Veranstaltungen auch zu besichtigen. Die ursprünglich kreisförmige Stadtmauer ist noch an einigen Stellen zu erkennen und öffnet sich in vier Stadttore, von denen sich drei im südlichen Bereich der Stadtmauer befinden und eine weiter oben in der Nähe der Burg. In der sogenannten „Porticciola" im Süden ist das weiß-schwarze Wappen (balzana) der Republik von Siena zu erkennen. Der Schutzpatron von Piancastagnaio ist der Heilige Filippo Neri, der jedes Jahr am 26. Mai gefeiert wird: Die Statue wird bei dieser Gelegenheit auf einer Prozession durch das Dorf getragen und befindet sich sonst in der Kirche San Filippo Neri aus dem 16. Jh. vor der Burg. In der Apsis kann man ein Gemälde mit der Marienerscheinung vor dem Heiligen Filippo Neri von der Nasini Familie bewundern. Auf dem Weg von der Burg zur Altstadt hinab trifft man auf die kleine Kirche Santa Maria Assunta, die sich heute noch, trotz verschiedener Renovierungen, in ihrem romanischen Antlitz zeigt (11. Jh.) und aus einem Kirchenschiff mit drei Kapellen besteht. Über eine Treppe auf der linken Seite, die auch zur Kapelle der Confraternita della Misericordia führt, gelangt man in das Innere mit verschiedenen, wertvollen Kunstwerken: In der mit Fresken dekorierten Barock-Kapelle Santissimo Sacramento erkennt man ein monolithisches Taufbecken und einen Taufbrunnen vom Ende des 15. Jh.; die Kapelle Santissima Anunziata

▼ Rocca Aldobrandesca

▲ Kloster San Bartolomeo

(Ende 16. Jh.) bewahrt eine schöne Tafel mit der Verkündigung und einen Christusleichnam aus Holz von Pasquale Leoncini (1864); darüber hinaus bemerkenswert eine Steinkanzel vom Anfang des 17. Jh. mit heraldischen Lilien der Bourbon del Monte, ein Tabernakel für das heilige Öl aus dem 15. Jh. und in der Sakristei ein Freskengemälde von Francescco Nasini, das eine *Pietà mit den Heiligen Franziskus und Rocco* darstellt (1693). Auf der Straße, die zur Porticciola führt, kommt man zum *Palazzo Bourbon del Monte,* der auch *Palazzo del Marchese* genannt wird. Dieses Gebäude wurde im Jahre 1603 vom Markgrafen Giovanni Battista unter der Leitung des Architekten Valentino Martelli erhöht, der für das imposante und elegante Aussehen des Palazzo mit seinen großzügigen Gartenanlagen sorgte. Leider befindet sich das Gebäude zurzeit in schlechtem Zustand, doch soll eine Restaurierung in naher Zukunft für den Glanz alter Zeiten sorgen. Weitere Zeugen der Vergangenheit gibt es am *Palazzo Pretorio*, der trotz Renovierungsarbeiten noch ein mittelalterliches Zwillingsfenster im Obergeschoss behalten hat, und vor dem Tor des Borgo mit der kleinen Kirche Madonna del Trivio aus dem 14. Jh. (die sich wegen der Lage an der Stelle eines ehemaligen Tabernakels an der Kreuzung verschiedener Gassen befindet). Im Inneren wurde die Rückwand mit einem Fresken-Zyklus von Nanni di Pietro aus Orvieto dekoriert. Schließlich erinnern die antiken Waschbecken in der Via Fonte Natali neben einem schönen Brunnen aus dem 17. Jh., der das Wappen der Bourbon del Monte trägt, an die Bedeutung des Wassers in der Geschichte von Piancastagnaio mit seinen zahlreichen Quellen und Brunnen (neben den geothermischen Vorkommen, deren Gas in Form von Dampf zur Stromerzeugung genutzt wird).

Das Kloster San Bartolomeo

Verlässt man das Dorf in Richtung Abbadia San Salvatore, trifft man bald auf ein antikes Kloster und die dazugehöri-

▼ Die Kirche San Francesco

ge Kirche San Francesco, die im Jahre 1278 geweiht und den Franziskaner-Mönchen anvertraut wurde; und dieses Vertrauen dauerte bis in das Jahr 1812, bis zur Unterdrückung durch Napoleon. Die Kirche besteht aus einem einzigen Schiff und ist im Inneren im 18. Jh. stark modifiziert worden: Doch auf der Rückseite der Fassade sind heute noch auf der linken Seite ein Fresko mit der Lebensgeschichte des Heiligen Bernhard von Giovanni di Pietro (ca. 1460) und rechts zeitgenössische Fresken mit dem *Heiligen Antonius von Padua und einer Madonna mit Jesuskind* zu sehen. Aber als das bedeutendste Freskengemälde gilt der *Kindermord in Betlehem* hinter dem Hauptaltar mit der erstaunlichen Ausdruckskraft eines unbekannten Künstlers aus den Marken. Das Kloster wurde ebenfalls wie die Kirche im Jahre 1278 eingeweiht und in der Renaissance mit einem Kreuzgang und einer einfarbigen Freskendekoration im Kapitellsaal erweitert, die das Leben der Jungfrau Maria darstellt. Heute ist das Kloster Privatbesitz und als Resort ausgebaut worden. Am Tag der Klosterweihe wurde ein Kastanienbaum gepflanzt, der sogenannte, „Castagnone", der bis heute die Jahrhunderte überdauert hat.

▼ Sanktuarium Madonna di S.Pietro

Das Sanktuarium Madonna di San Pietro

Außerhalb der Stadtmauer in Richtung Santa Fiora befindet sich ein weiterer bedeutender Ort religiöser Verehrung, der schon im Jahre 998 als „San Pietro in Castagneto" zitiert wurde. Das heutige Sanktuarium Madonna di San Pietro wurde im Jahre 1583 gegründet, nachdem ein Einwohner von Piancastagnaio, ein gewisser Agnolo Stracchi erlebte, wie sich die Madonna in dem Fresko über dem Kirchenportal bewegte, als wäre sie lebendig. Dieser Erscheinung folgten noch einige wundersa-

▼ Sanktuarium, Ecce Homo von i F.Nasini

me Ereignisse, sodass das Freskengemälde der Jungfrau mit Jesuskind von Martino d'Urbano aus Celia (1580) abgenommen und über dem Hauptaltar einer würdigeren Kirche platziert wurde. Die heilige Ikone erhielt im Jahre 1951 ein Diadem mit 12 goldenen Sternen und den Titel „Königin des Amiata". Aber für die Einwohner von Piancastagnaio war sie das schon immer, denn jedes Jahr wird ihr der Palio gewidmet, der die Ortsteile Castello, Borgo, Coro und Voltaia im Wettstreit sieht, wie schon seit dem 16. Jh. dokumentiert wurde. Im 17. Jh. wurde das Sanktuarium mit einer regelrechten Galerie aus Gemälden und Fresken von Francesco Nasini ausgestattet, dem Familienoberhaupt der berühmten Künstlerfamilie des Amiata: das Wunder des Heiligen Andrea Corsini, die Fresken mit Ecce Homo und dem Triumph des Heiligen Michael, die Marienverkündigung, die Kreuzigung und viele andere Darstellungen der Apokalypse, eleganter Persönlichkeiten, Höllenszenen und allegorische Figuren, die mit verschiedenen Schriften eine Art Katechese hervorrufen.

Die Minen des Siele

Wie schon erwähnt, begannen die Förderungsaktivitäten in dieser Mine im Jahre 1846. Das Erzlager befand sich entlang des Baches Siele in einem Gebiet, das heute sowohl zur Gemeinde Piancastagnaio als auch zur Gemeinde Castell'Azzara gehört. Es handelte sich um das größte Zinnobervorkommen der Amiata-Gegend und aus diesem Mineral erhielt man bis zu 38% Quecksilber, ein optimales Resultat. Eine Schlüsselrolle in der Organisation der Mine hatte der Ingenieur Vincenzo Spirek, der in den Jahren zwischen dem 18. u. 19. Jh. in der Zinnoberförderung tätig war. Sein berühmtes Tagebuch („Das Tagebuch des Ing. Vincenzo Spirek 1894-1907. Die Minen des Amiata zwischen sozialem Wandel und Modernisierung", Moroni Editore) gibt einen detaillierten Aufschluss über den historischen Kontext, in dem sich die Miniera del Siele entwickelte, die zu den produktivsten Zinnoberminen in Europa zählte und die wichtigste ihrer Art in Italien war. Im Jahre 1922 wurde die Produktion aufgegeben und die Mine wurde sich selbst überlassen, auch wenn es einen kurzen Versuch gab, der bis 1981 dauerte, die Förderungsaktivitäten wieder aufleben zu lassen. Heute gehört die Miniera del Siele zum Bergbaupark des Monte Amiata und eine Sanierung der För-

▼ Mine des Siele

derungsanlagen ergab schließlich die Möglichkeit für Besichtigungen mit Führer und Vorbestellung.

KURIOSES

Die Steineiche des Heiligen Franziskus

Nach der Besichtigung des Sanktuariums erreicht man auf der Straße in Richtung Santa Fiora, bei der Ortschaft Tre Case die Kirche des antiken Klosters Covento delle Ripe, das im Jahre 1225 gegründet wurde und 50 Jahre später nach Piancastagnaio verlegt wurde. Der Legende nach wurde das Kloster auf Wunsch des Heiligen Franziskus errichtet, der an diesem Ort unter einer Steineiche Rast machte. So wird dieser Ort heute noch verehrt und die Steineiche ist wegen ihrer Ausmaße in die Schutzliste der monumentalen, jahrhundertealten Pflanzen aufgenommen worden. Im Kloster lebten auch die Heiligen Andrea und Giovanni aus Piano. Heute bleibt davon nur noch die Kreuz-Kirche, die im Inneren ein wundersames Holzkreuz aus dem späten 15. Jh. aufbewahrt.

▼ Leccio di San Francesco

▲ Piatto delle Streghe

Der „Piatto delle Streghe"

Dieser monumentale „Teller“ aus Peperin-Gestein befand sich einst im Palazzo Bourbon del Monte in Piancastagnaio und ist heute in Via del Morellino, gleich außerhalb des Dorfes zu bewundern. Es handelt sich um das ehemalige Becken eines Brunnens im Garten des Palazzo aus dem 17. Jh., der anscheinend mit antiken Hexen-Legenden zu tun hatte: Es wird erzählt, dass auf diesem Teller die entführten Kinder nachts während der Hexenfeste gefressen wurden … so, wie es einmal einem gewissen Ferro passierte, dessen drei Töchter sich gerade noch retten konnten, weil sich die Hexen fürchterlich stritten und dann verschwanden…

Das Naturschutzgebiet des Pigelleto

Dieses Naturschutzgebiet wurde im Jahre 1996 gegründet und erstreckt sich über 862 ha zwischen den Provinzen Siena und Grosseto, zum größten Teil im Gemeindegebiet von Piancastagnaio, wo es unter anderem einige stillgelegte Minen gibt. Die botanische Bedeutung dieses Gebietes resultiert aus dem Vorkommen einer sogenannten Reliktpopulation, der Weißtanne (Abies Alba oder Abies pectinata), die im Volksmund auch Pigello genannt wird. Sie wächst hier spontan und erreicht enorme Dimensionen. Die seltene Tanne gilt als Zeuge der letzten Eiszeit vor ca. 10.000 Jahren und kommt in Europa zum Beispiel im Schwarzwald und in Italien auf den Alpen vor, während sie auf dem Apennin nur selten zu finden ist und wenn, nicht als spontane Art, sondern von den Großfürsten oder Mönchsorden (wie in Vallombrosa) gepflanzt. Doch hier im Naturschutzgebiet hat sich die autochthone Form gehalten. Im Besucherzentrum mit Übernachtungsmöglichkeiten und Werkstätten werden die Besucher und Schulklassen empfangen, die auf didaktischen Wegen die reiche Flora und Fauna des Schutzgebietes entdecken können.

▼ Riserva naturale del Pigelleto

Der „Crastatone"

Fährt man mit den Worten des Repetti über dieses Dorf fort, kann man festhalten, dass „... besonders auf der Seite von Piancastagnaio die majestätischsten Kastanienbäume des Berges - und ich würde behaupten der Toskana - wachsen". So spielt die Kastanie auch hier, wie auf dem ganzen Amiata, eine entscheidende Rolle im alltäglichen Leben und bildet in der Küche die Basis von tausend Rezepten (und auch von Sprichwörtern wie zum Beispiel: *Pan di legno e vin di nuvoli: fila avanti e pohi mugoli...* (Pan di legno meint das Brot aus Kastanienmehl und vin di nuvoli steht für das Regenwasser). Jedes Jahr Anfang November wird das Kastanienfest „Crastatone" gefeiert, Gelegenheit zwischen Tanz und Musik, Krammarkt und Ausstellungen köstliche Kastanienspezialitäten wie *Brodolose*, *Monne*, *Suggioli*, *Castagnaccio*, und *Vecchiarelle* zu probieren ... natürlich mit Wein und nicht mit Regenwasser.

FÜHRUNGEN:
Die Cooperativa la Fortezza organisiert wunderbare Ausflüge, Archeotrekking und Führungen in den schönsten Orten der toskanischen Maremma, mitten im Grün der Hügel zwischen den Bergen und dem Meer.
www.sovanaguide.it
coop_lafortezza@virgilio.it
Tel. +39 0564 616532

PIANCASTAGNAIO
Gemeindegebiet: 69,70 km²
Einwohner: 4187
Höhe: 772 m ü. d. M.
Rathaus: Viale Gramsci, 55
www.comune.piancastagnaio.si.it

Abbadia San Salvatore

DIE GESCHICHTE

Wie der Name schon andeutet, verschmelzen die Abtei und das Dorf zu einem Ganzen. Der Legende nach kam dem Langobardenkönig Rachis, dem Nachfolger von Liutprando, als er sich auf Jagd in den wunderbaren Wäldern auf den Osthängen des Amiata befand, eine merkwürdige Geschichte zu Ohren: Schweinehüter hätten über dem Tannenwald ein helles Leuchten gesehen … Bald begab er sich persönlich an diesen Ort und das Wunder wiederholte sich, doch diesmal sah der König sogar eine Christusfigur. Rachis verstand die göttliche Botschaft, bereute seine Sünden und gründete an der Stelle des Wunders ein Kloster, das dem „Salvatore", dem Erlöser der Welt geweiht wurde. Die Frau des Königs und seine Tochter wurden zu Koinobiten-Nonnen. Sicher ist, dass die Langobarden, in Voraussicht auf eine mögliche Vereinigung ihres Reiches, Klöster gründeten, mit der Absicht die Gebiete unter ihrer Kontrolle urbar zu machen und zu entwickeln. Auch die Abbazia di San Salvatore wurde unter diesem Gesichtspunkt errichtet und tatsächlich verursachte die Abtei die Entstehung der Siedlungen auf dem Monte Amiata, wodurch die Hänge des Berges bevölkert und die Gegend kolonisierte wurde. Schon im Jahre 762 wurde die neue Abtei von den Benediktinern geleitet, die im Jahre 800 vermutlich auch Karl den Großen zu Gast

▼ Abbadia San Salvatore

hatten. Das Kloster konnte dank kaiserlichem Schutz weite Besitztümer in der ganzen Maremma unter seine Kontrolle bringen, sodass in seiner Nähe bald eine befestigte Burg entstand, die sich schnell erweiterte und nach dem Jahre 1000 mit einem ersten Mauerring versehen wurde, dem 1278, als viele Menschen des Paglia-Tals hier Schutz suchten, ein Zweiter folgte. Wie in anderen Gebieten der Maremma brachte im Jahre 1347 die Stadt Siena nach langem Hin und Her mit den Aldobrandeskern und Orvieto das Dorf Abbadia unter seine Kontrolle. Nach der Kapitulation Sienas im Jahre 1559 gehörte Abbadia San Salvatore zum Großherzogtum der Toskana. Die glorreichen Zeiten, als die Abtei die Maremma dominierte, waren vorbei und Abbadia verarmte zusehends mit nur wenigen Häusern um den mittelalterlichen Weiler. Doch das änderte sich drastisch, als 1897 nach der Entdeckung reicher Zinnobervorkommen (mit deutschem Kapital) die Gesellschaft *Società Mineraria Monte Amiata* gegründet wurde. Die folgende industrielle Förderung dieses Minerals führte zu einem sofortigen Aufschwung

▲ Abbazia di San Salvatore, von innen

▼ Abbazia di San Salvatore, von außen

▼ Altstadtwinkel

mit dem Bau neuer Häuser und Straßen in der Nähe der Altstadt, die sich erweiterte und sich an die Grubenanlagen und die Siedlung der Bergbaugesellschaft anschloss. Nach dem Ende der Förderungsaktivitäten im Jahre 1977 konnte die touristische Entwicklung zumindest teilweise den Arbeitsplatzverlust absorbieren, und die Bewohner fanden neue Beschäftigung im Gastronomie- und Hotelgewerbe und auch in den Skianlagen. Die Abtei war in der Zwischenzeit seit 1939 wieder den Zisterziensern anvertraut und zu neuem Leben erweckt worden.

▼ Porta alla Badia

SEHENSWÜRDIGKEITEN

Die Altstadt

Durch die sogenannte Porta della Badia erreicht man Castellina, den ältesten Teil der Altstadt. Auf der anderen Seite des Tores liegt nicht weit entfernt das große Kloster und etwas weiter die ehemalige Mine. Die antike Stadtmauer ist leider nicht mehr zu sehen, doch die Häuser aus dem Mittelalter und der Renaissance von Castellina zeigen ein schönes Beispiel eines in sich verschlossenen, geschützten Weilers. Die Hauptstraße Via San Filippo Neri teilt die Altstadt in zwei Teile: Eine Seitenstraße führt zur ehemaligen Kirche Santa Maria ad Valetudinarium, eine andere gegenüber zum Platz Piazza Carducci mit der Kirche Santa Croce und dem ehemaligen, von einem Turm bewachten Palazzo del Podesta aus dem 15. Jh. Die im Jahre 1221 eingeweihte Kirche Santa Croce wurde im 18. Jh. durch einen Brand zerstört; Das heutige Erscheinungsbild rührt von dem Wiederaufbau aus dem Jahre 1801: An der Fassade fallen zwei zoomorphische Symbole aus dem Mittelalter auf

▼ Abbazia S.Salvatore, Kreuzgang

▲ Amiata-Bibel, Detail

und im Inneren gibt es einen schönen Taufbrunnen (1509) mit den Wappen des Dorfes und der Piccolomini. In der Nähe der Porta del Cassero muss sich einst die antike Burg befunden haben, die dem Zahn der Zeit zum Opfer gefallen ist. Hinter der antiken Porticciola, einem weiteren, mit einer Loggia versehenem Stadttor kommt man auf der Via Carlo Alberto zur kleinen Kirche San Leonardo, die mindestens seit 1296 bekannt und mit einem Glockenturm und zwei schönen mittelalterlichen Toren ausgestattet ist. Im modernen Stadtteil lohnt sich eine Besichtigung der Kirche Madonna dei Remedi (1602), die Freskengemälde aus dem 17. Jh. von Francesco und Giuseppe Nicola Nasini aufbewahrt. Begibt man sich zum Gipfel des Amiata hinauf, trifft man auf die kleine Kirche Ermeta, wo die Frau und die Tochter des Königs Rachis wie schon erwähnt als Nonnen lebten und auch bestattet wurden: Diese, seit 1296 erwähnte Kapelle erhielt im Jahre 1462 hohen Besuch, nämlich Papst Pius II. Im Inneren zeugt ein großes, schlichtes Holzkreuz aus dem 9. Jh. von der Hand eines unbekannten Einsiedlers.

Die Abtei

Außerhalb der Porta della Badia, in der Via Cavour, öffnet sich ein schönes Tor aus dem 16. Jh. auf die Via del Monastero, die zum bedeutendsten Monument des Dorfes führt: die historische Abbazia di San Salvatore oder Abbazia del Monte Amiata, die für lange Zeit als mächtigste und reichste Abtei der gesamten Toskana galt. Die umliegenden Gebäude wurden im Laufe der Jahrhunderte stark verändert, doch die Kirche mit der spektakulären Krypte bewahrt noch heute ihre antike Faszination. Die Abtei hatte ihre Blütezeit zwischen dem 9. und 12. Jh., als ihre Besitztümer vom Raum Siena bis zum Latium reichten und große Teile der Maremma einschließlich des Hafens von Talamone mit einschlossen. Es wird angenommen, dass der enorme Reichtum den Benediktinern zu Kopf gestiegen sei und dass sie die Spiritualität aus den Augen verloren hätten, sodass Papst Georg IX. 1228 entschieden hätte, die Abtei den Zisterziensermönchen anzuvertrauen. Hier starb im Jahre 1367 der Selige Giovanni Colombini und hielt sich im Jahre 1462 Papst Pius II. auf. Im

▼ Die historische Abtei

Jahre 1782 wurde die Abtei aufgelöst und die Kirche wurde zur einfachen Pfarrkirche degradiert; dabei ging das wertvolle Klosterarchiv zusammen mit der berühmten Bibelhandschrift *Codex Amiatinus* (7.-8. Jh.) verloren, die allerdings heute in der Biblioteca Laurenziana in Florenz aufbewahrt wird. Die Kirche wurde im Jahre 1035 geweiht und zeigt eine von zwei Türmen gerahmte, schlichte Spitzdachfassade. Einer der Türme wurde im 16. Jh. als Glockenturm umgebaut. Die Gesamtansicht ist das Resultat der Restaurierungsarbeiten im Jahre 1930. Das Innere wurde schon im Jahre 1590 restauriert und stellt verschiedene Werke von Francesco und Annibale Nasini aus, darunter in der rechten Kapelle des Chorraumes das Gemälde mit der Erscheinung des Erlösers vor König Rachis (Francesco Nasini 1652). Rechts vom Eingang befindet sich ein schönes, bemaltes Holzkreuz aus vermutlich burgundischer Herkunft, das der Legende nach das der königlichen Visionen sei, die Kunsthistoriker aber auf das 12. Jh. datieren. Sehr beeindruckend zeigt sich die Krypte mit ihren 32 schmalen Säulen, die als antiker Kern des Klosters angesehen wird, der ursprüngliche Ort religiöser Verehrung. Man sprach zunächst vom 8. Jh. als Gründungszeit, doch von den Legenden einmal abgesehen, scheint die Krypte auf das Jahr 1035 zurückzugehen, als der Abt Winizio die Abtei auf den Höhepunkt ihrer Pracht führte. Die Krypte wird auch „Langobardenkirche" genannt und wurde der Legende nach auf dem Ort der Erscheinung des Rachis errichtet. Ihr Grundriss hat die Form eines griechischen Kreuzes und von den vier Balken wurde einer neu gebaut. Von einem Kapitell einer der mittleren Säulen schauen die gemeißelten Köpfe der Gründer des Klosters, Rachis, seine Frau Thesia, der Adelige

▼ F.Nasini, die Legende von Ratchis

▼ Abbazia S. Salvatore, Krypte

Erfone und der königliche Verwalter mit einer Geldtruhe, die für die Baukosten notwendig war. Vom Innenhof aus, der von einem Bogengang aus dem 17. Jh. umgeben ist, kommt man zum kleinen aber kostbaren Klostermuseum, das wertvolle Werke der Abtei und der Kirche Madonna del Castagno aufbewahrt. Hier weisen wir besonders auf den Reliquienschrein mit dem Kopf des Patrons der Abtei, des heiligen Marcus Bischof von Rom, ein Meisterwerk der Goldschmiedekunst von Mariano d'Agnolo Romanelli (1381); die große Kasel des Heiligen (8.-9. Jh.); einen weiteren Reliquienschrein schottisch-irländischer Herkunft; einen Stoff der Sassaniden (8.-10. Jh.); und schließlich den schönen Fußboden aus farbigen Majolikakacheln (Siena-Viterbo, Ende des 15. Jh.), der einst die Kirche Madonna del Castagno schmückte.

Das Bergbaumuseum

Nach der Schließung der Quecksilberminen im Jahre 1977 wurde der Bereich der alten Anlagen restauriert und ein Museum über die Bergbauindustrie eingerichtet, die den wirtschaftlichen Aufschwung von Abbadia San Salvatore in modernen Zeiten begründete. Es handelt sich um ein wichtiges historisches Archiv mit vielen Dokumenten und Materialien zum Studium der Förderungstechniken, aber auch mit zahlreichen Maschinen und Werkzeugen, die von den tausend Mühen des harten Grubenlebens berichten. Man kann die alten Minen mit der Führung von ehemaligen Bergleuten an Bord eines kleinen Zuges besichtigen. Die Quecksilberproduktion der Minen von Abbadia San Salvatore stieg in der Zeit von 1900 bis 1920 von 8% auf 25% der weltweiten Förderung und im Jahre 1925 führten die Stollen über mehr als 10 Etagen in die Tiefe. Die Grube wurde während des Zweiten Weltkrieges stark beschädigt und nach einer kurzen Neubelebung Ende der siebziger Jahre geschlossen: Die gesundheitsschädlichen Auswirkungen des Quecksilbers waren nicht mehr zu leugnen.

KURIOSES

Auf dem Gipfel des Amiata

Von Abbadia San Salvatore aus kann man über einen Ausflug von 12 km Länge den Gipfel des Amiata erreichen: Der Weg führt durch eine märchenhafte Welt aus Fichten-, Kastanien- und Buchenwäldern mit einigen interessanten Monumenten, wie zum Beispiel die Kirche Madonna del Castagno, die im 16. Jh. renoviert und von den Bergleuten verehrt wurde. Sie wurde an der Fundstelle eines Tabernakels mit einem Marienbild, das

▼ Minen-Museum

man zwischen den Ästen eines Kastanienbaumes gefunden hatte, errichtet.: des weiteren die alte Mine der Società Monte Amiata und die kleine Kirche Ermeta, die oben schon erwähnt wurde. Nicht zu vergessen: die Grotte des Bogenschützen, die ihren Namen von der außergewöhnlichen Höhlenzeichnung eines Jägers mit Bogen aus der Zeit zwischen 5000 und 3000 Jahren v. Chr. erhalten hat. Mittlerweile hat sich in diesem Gebiet ein florierender Tourismus sowohl im Sommer als auch im Winter entwickelt. Im gut ausgerüsteten Skigebiet des Amiata mit 15 Skiliften kommen die Skifahrer voll auf ihre Kosten. Auf dem Gipfel (1738 m) kann man das Gipfelkreuz des Amiata bestaunen, das von Papst Leo XIII. in Auftrag gegeben wurde und Teil des päpstlichen Projektes war, aus Anlass des Heilgen Jahres 1900 auf den wichtigsten Gipfeln Italiens das Symbol der Christenheit zu platzieren. Luciano Zalaffi aus Siena entwarf diese enorme Struktur aus Eisengittern, die 1910 mit 22 m Höhe aufgestellt wurde. Während des letzten Krieges wurde das Kreuz von deutschen Truppen beschädigt, doch die Bewohner von Abbadia kümmerten sich um eine baldige Restaurierung. Im Jahre 1946 verfolgte auch Papst Pius XII. wie das Kreuz zum zweiten mal geweiht wurde. Ganz in

▼ Kirche Madonna del Castagno

▲ Kirche Madonna dell'Ermeta

▼ Grotta dell'Arciere, Detail

▲ Das Gipfelkreuz des Amiata

der Nähe schaut eine kleine Marmorstatue der Madonna auf den grünen Mantel des Amiata, die mit Andacht von Pfadfindern von Grosseto bis auf den Gipfel getragen wurde.

Das Patronatsfest

San Marco Papa, der Patron von Abbadia San Salvatore wird am 19. September gefeiert und neben der religiösen Verehrung findet ein Dorffest statt mit Feuerwerk und einem großen Markt mittelalterlicher Herkunft. Es war Kaiser Guido II., Herzog von Spoleto (892), der zum ersten mal einen Markt im Dorf zuließ, der sich alle Jahre, am dritten Samstag des September wiederholt. San Marco Papa (Papst im Jahre 336), der Beschützer der Ernte wird dagegen mit einem Triduum Sacrum, einer feierlichen Messe in der Abtei und einer Prozession durch die Dorfstraßen gefeiert.

Das Fackelfest zu Weihnachten

Zusammen mit dem Patronatsfest gilt das Fackelfest in der Weihnachtsnacht als die beliebteste Tradition von Abbadia. Das Fest rührt vermutlich von der Angewohnheit, dem Abt während der kalten Weihnachtsnächte ferner Zeiten das Warten auf die Mitternachtsmesse zu verkürzen. Das Dorf und die Fassade der Abtei werden dann von brennenden Holzstapeln erleuchtet, die für warme Luft und heiteres Feiern zwischen Straßenständen und offenen Weinkellern sorgen.

▼ Brennendes Holz vor der Abtei

FÜHRUNGEN:
Die Cooperativa la Fortezza organisiert wunderbare Ausflüge, Archeotrekking und Führungen in den schönsten Orten der toskanischen Maremma, mitten im Grün der Hügel zwischen den Bergen und dem Meer.
www.sovanaguide.it
coop_lafortezza@virgilio.it
Tel. +39 0564 616532

ABBADIA SAN SALVATORE
Gemeindegebiet: 58,92 km²
Einwohner: 6722
Höhe: 822 m ü. d. M.
Rathaus: Viale Roma, 2
www.comune.abbadiasansalvatore.si.it

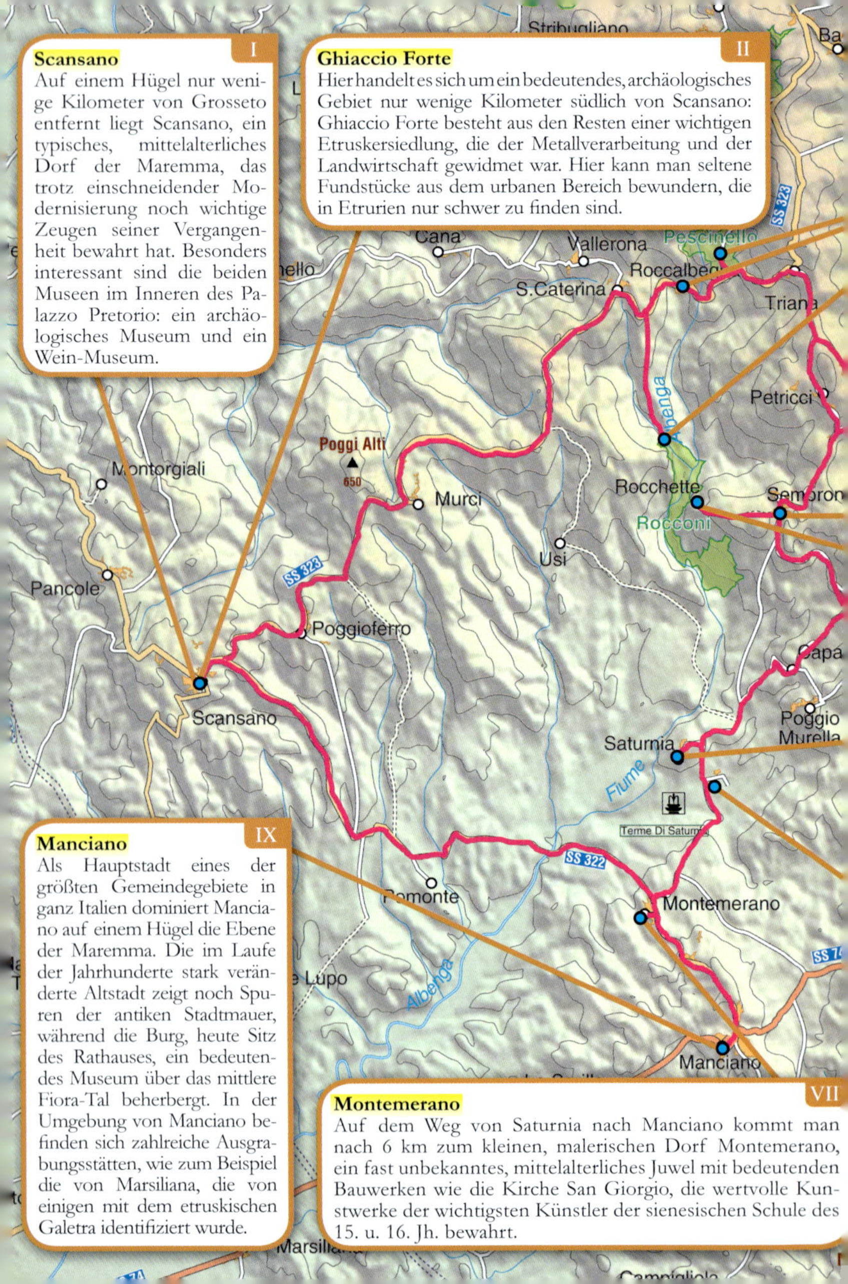

Scansano I

Auf einem Hügel nur wenige Kilometer von Grosseto entfernt liegt Scansano, ein typisches, mittelalterliches Dorf der Maremma, das trotz einschneidender Modernisierung noch wichtige Zeugen seiner Vergangenheit bewahrt hat. Besonders interessant sind die beiden Museen im Inneren des Palazzo Pretorio: ein archäologisches Museum und ein Wein-Museum.

Ghiaccio Forte II

Hier handelt es sich um ein bedeutendes, archäologisches Gebiet nur wenige Kilometer südlich von Scansano: Ghiaccio Forte besteht aus den Resten einer wichtigen Etruskersiedlung, die der Metallverarbeitung und der Landwirtschaft gewidmet war. Hier kann man seltene Fundstücke aus dem urbanen Bereich bewundern, die in Etrurien nur schwer zu finden sind.

Manciano IX

Als Hauptstadt eines der größten Gemeindegebiete in ganz Italien dominiert Manciano auf einem Hügel die Ebene der Maremma. Die im Laufe der Jahrhunderte stark veränderte Altstadt zeigt noch Spuren der antiken Stadtmauer, während die Burg, heute Sitz des Rathauses, ein bedeutendes Museum über das mittlere Fiora-Tal beherbergt. In der Umgebung von Manciano befinden sich zahlreiche Ausgrabungsstätten, wie zum Beispiel die von Marsiliana, die von einigen mit dem etruskischen Galetra identifiziert wurde.

Montemerano VII

Auf dem Weg von Saturnia nach Manciano kommt man nach 6 km zum kleinen, malerischen Dorf Montemerano, ein fast unbekanntes, mittelalterliches Juwel mit bedeutenden Bauwerken wie die Kirche San Giorgio, die wertvolle Kunstwerke der wichtigsten Künstler der sienesischen Schule des 15. u. 16. Jh. bewahrt.

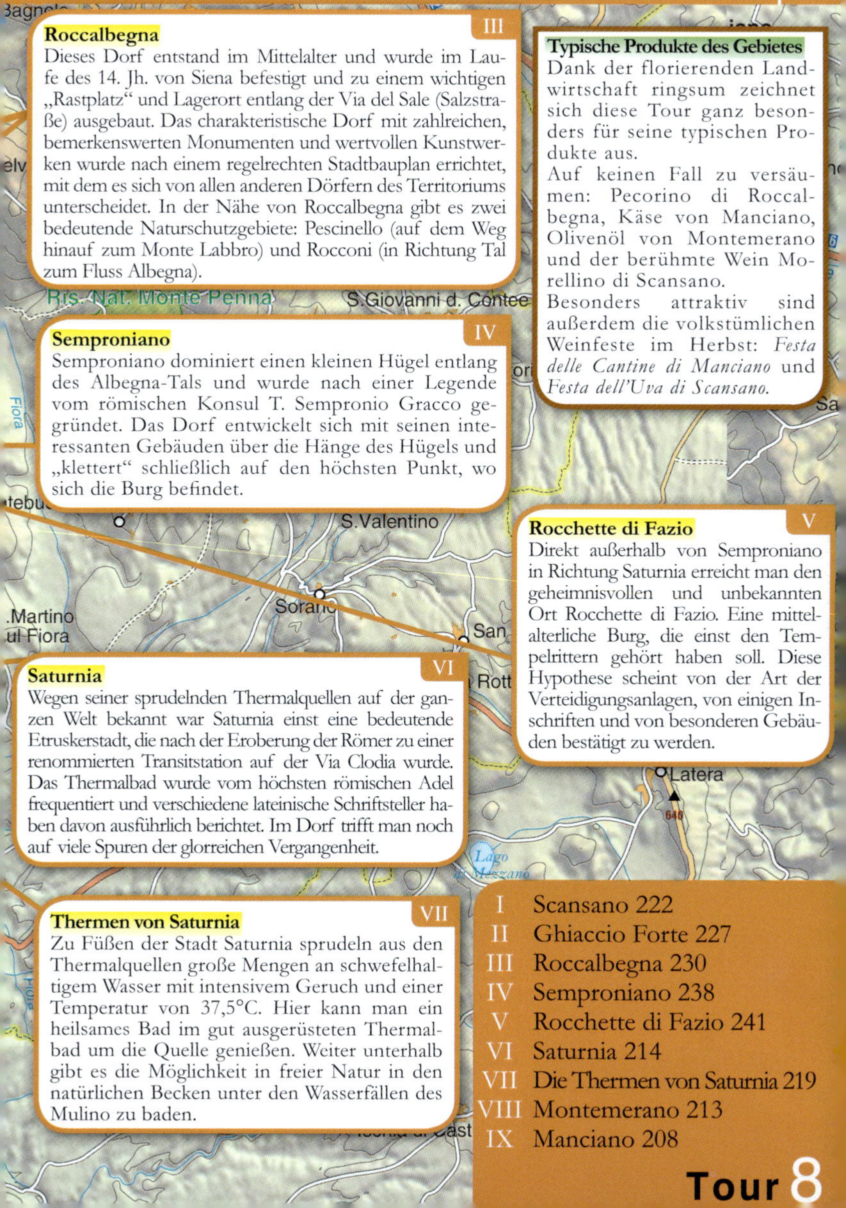

Roccalbegna

III

Dieses Dorf entstand im Mittelalter und wurde im Laufe des 14. Jh. von Siena befestigt und zu einem wichtigen „Rastplatz" und Lagerort entlang der Via del Sale (Salzstraße) ausgebaut. Das charakteristische Dorf mit zahlreichen, bemerkenswerten Monumenten und wertvollen Kunstwerken wurde nach einem regelrechten Stadtbauplan errichtet, mit dem es sich von allen anderen Dörfern des Territoriums unterscheidet. In der Nähe von Roccalbegna gibt es zwei bedeutende Naturschutzgebiete: Pescinello (auf dem Weg hinauf zum Monte Labbro) und Rocconi (in Richtung Tal zum Fluss Albegna).

Typische Produkte des Gebietes

Dank der florierenden Landwirtschaft ringsum zeichnet sich diese Tour ganz besonders für seine typischen Produkte aus.

Auf keinen Fall zu versäumen: Pecorino di Roccalbegna, Käse von Manciano, Olivenöl von Montemerano und der berühmte Wein Morellino di Scansano.

Besonders attraktiv sind außerdem die volkstümlichen Weinfeste im Herbst: *Festa delle Cantine di Manciano* und *Festa dell'Uva di Scansano.*

Semproniano

IV

Semproniano dominiert einen kleinen Hügel entlang des Albegna-Tals und wurde nach einer Legende vom römischen Konsul T. Sempronio Gracco gegründet. Das Dorf entwickelt sich mit seinen interessanten Gebäuden über die Hänge des Hügels und „klettert" schließlich auf den höchsten Punkt, wo sich die Burg befindet.

Rocchette di Fazio

V

Direkt außerhalb von Semproniano in Richtung Saturnia erreicht man den geheimnisvollen und unbekannten Ort Rocchette di Fazio. Eine mittelalterliche Burg, die einst den Tempelrittern gehört haben soll. Diese Hypothese scheint von der Art der Verteidigungsanlagen, von einigen Inschriften und von besonderen Gebäuden bestätigt zu werden.

Saturnia

VI

Wegen seiner sprudelnden Thermalquellen auf der ganzen Welt bekannt war Saturnia einst eine bedeutende Etruskerstadt, die nach der Eroberung der Römer zu einer renommierten Transitstation auf der Via Clodia wurde. Das Thermalbad wurde vom höchsten römischen Adel frequentiert und verschiedene lateinische Schriftsteller haben davon ausführlich berichtet. Im Dorf trifft man noch auf viele Spuren der glorreichen Vergangenheit.

Thermen von Saturnia

VII

Zu Füßen der Stadt Saturnia sprudeln aus den Thermalquellen große Mengen an schwefelhaltigem Wasser mit intensivem Geruch und einer Temperatur von 37,5°C. Hier kann man ein heilsames Bad im gut ausgerüsteten Thermalbad um die Quelle genießen. Weiter unterhalb gibt es die Möglichkeit in freier Natur in den natürlichen Becken unter den Wasserfällen des Mulino zu baden.

Tour 8

Manciano

DIE GESCHICHTE

Die Geschichte dieses Dorfes beginnt im 12. Jh. mit dem Bau einer Festung durch die Aldobrandesker, welche die außergewöhnliche strategische Position dieses Hügels, der über 360° die umliegende Gegend vom Fiora-Tal im Süden bis zum Tal des Albegna im Norden kontrolliert, zu schätzen wussten. Daher kommt auch der Appellativ von Manciano als „Spion der Maremma". Doch Ausgrabungen in diesen Tälern brachten wesentlich ältere „Lebenszeichen" aus prähistorischer Zeit ans Tageslicht. Diese Fundstücke, die bei Montauto, Scarceta und Montemerano entdeckt wurden, stammen aus einem Zeitraum, der vom Paläolithikum bis zum Ende der Bronzezeit reicht, und werden im lokalen Museum von Manciano ausgestellt. Von nicht geringerer Bedeutung sind die Zeugen der etruskischen Zivilisation, so scheint sich bei Marsiliana d'Albegna das antike Caletra, eine der mächtigsten Siedlungen im Gebiet von Vulci befunden zu haben. In den Thermalquellen von Saturnia haben die Menschen schon seit der Frühgeschichte, über die Zeit der Etrusker, der Römer und des Mittelalters bis in unsere Tage Erholung gesucht. Der Name des Dorfes geht vermutlich auch auf die römische Bezeichnung *Gens Mancia* zurück. Doch zurück zu den Aldobrandeskern und dem befestigten Weiler Manciano, der im 11. Jh. entstand, auch wenn die erste schriftliche Erwähnung aus dem Jahre 1188 stammt, als Papst Klemens III. den Kanonikern von Sovana die

▼ Manciano

Festung von „Manziano“ mit seinen Kirchen Sant’Andrea e Sant’Angelo übergab. Schnell wurde Manciano von Orvieto und der Republik Siena begehrt, die im Jahre 1374 sogar versuchte, das Dorf käuflich zu erwerben und schließlich im Jahre 1424 die Burg noch verstärkte. Die Burg von Manciano lag in einer derart strategischen Lage, dass man von hier aus die Grenzen zum Vatikan und zu der nahen Grafschaft der Orsini kontrollierte und schnellen Zugang zur Küste mit ihren Häfen hatte. Mit dem Niedergang der Republik Siena im Jahre 1557 gelangte dieses Gebiet unter die Kontrolle des Großherzogtums der Medici und unter die Verwaltung von Sovana. Unter den Lothringern wurde im 18. Jh. die „Provincia Inferiore Senese“ mit Grosseto als Hauptstadt eingerichtet und Manciano erhielt die Verwaltung über ein weites Gebiet, das von Roccalbegna bis Capalbio reichte. Im Zuge der Sanierungen von Leopoldo von Lothringen und den Trockenlegungsarbeiten und dem dadurch bedingten Aufschwung der Landwirtschaft begann die Bevölkerung zu wachsen und Manciano wurde zu einem der meistbevölkerten Dörfer der Maremma im Raum Grosseto. Seine hoch gelegene Position ga-

▼ Manciano, die Kirche San Leonardo

▲ Montauto

▼ Montemerano, Piazza del Castello

rantierte auch einen gewissen Schutz vor der Malaria, die dagegen in der Ebene wütete. Doch im Eifer der Errichtung des neuen Dorfes wurden die mittelalterlichen Strukturen der Burg und die antiken Stadtmauern sich selbst überlassen. Zwischen dem 19. u. 20. Jh. wurden die ersten archäologischen Entdeckungen gemacht und die Ausgrabungen im Gebiet von Saturnia und der Nekropole von Marsiliana (wo wertvoller Schmuck und die berühmten Grabbeilagen gefunden wurden) begonnen; und auch intellektuelle Kreise fingen an, sich für diese wunderbare Gegend der Maremma zu interessieren.

▼ Montemerano, S.Giorgio, Madonna della Gattaiola

SEHENSWÜRDIGKEITEN

Die Altstadt

Wie in vielen anderen Dörfern wurde der Mauerring, der an der Via Marsala noch teilweise zu erkennen ist, von den modernen Konstruktionen einverleibt. Manciano hat in moderner Zeit einen wahren Bauboom erlebt, der wenig Rücksicht auf die mittelalterlichen Strukturen genommen hat. Die Stadtmauer hat noch zwei der drei Stadttore bewahren können, die Porta Fiorella im Norden und die Porta del Borgo im Westen. Nicht weit von der Letzteren entfernt befand sich das dritte Tor, das leider zerstört wurde. Die Porta Fiorella wird von einem halbrunden Turm bewacht und trägt an ihrem Bogen das Wappen der Aldobrandesker. In Via Marsala erkennt man einen weiteren halbrunden Turm mit abgeschrägtem Sockel, während oberhalb die Burg aus dem Dorf ragt, die von den Aldobrandeskern errichtet, 1424 von den Sienesern umgebaut und darauf noch, was besonders an den Burgzinnen zu erkennen ist, mehrere Male modifiziert wurde. Heute befindet sich hier das Rathaus, wo unter anderem ein interessantes Gemälde aus dem Jahre 1872 aufbewahrt wird: *Der Eid des Ghino di Tacco* von Pietro Aldi, einem bekannten Maler von Manciano, der diesen „guten" Räuber, eine Art italienischer Robin Hood, verewigte. Auf dem rechteckigen Turm kann man ein fantastisches Panorama genießen, aber dies gilt auch von der anderen Seite aus: auf welchen Wegen auch immer man nach Manciano kommt, die Burg fällt einem zuerst ins Auge. In ihrer Nähe befindet sich das kleine, aber interessante Museum der Frühgeschichte und der Protogeschichte des Fiora-Tals, das eine eigene Betrachtung verdient. Der Uhrturm aus dem 15. Jh. am Ende der Via Roma mit der Glockenzelle und Tonsteinbögen gehörte höchstwahrscheinlich zum ehemaligen Palazzo Comunale, der im 15. Jh. von den Sienesern erbaut wurde. Die Altstadt mit ihren steilen Gassen zeigt heute noch eine besondere Faszination. Die Hauptkirche San Leonardo, die schon im Jahre 1522 erwähnt wurde, hat mit ihrer rhythmisch im Renaissancestil gestalteten Fassade trotz grober Restaurierungsarbeiten im 20. Jh. ihre harmonische Struktur aus Säulen, Lisenen, Nischen und doppeltem Tympanon nach klassizistischem Stil bewahrt. Im Inneren kann man einen antiken, achteckigen Taufbrunnen aus Travertingestein mit symbolischen Reliefdarstellungen und ein bemerkenswertes Gemälde aus dem Jahre 1894, mit *San Leonardo in Anbetung der Heiligen Familie*, ein Werk des bekannten Malers aus Manciano Paride Pascucci, neben weiteren Gemälden des Pascucci und Pietro Aldi bewundern. In den anliegenden Räumen der Kapelle befinden sich mehrere Gemälde des Oratoriums Santissima Annunziata, das außerhalb des historischen Zentrums liegt und auf das 14.-15. Jh. zurückgeht. Jüngste Restaurierungen haben hier originale Fresken der sienesischen Schule freigelegt. Unterhalb der Burg öffnet sich schließlich die große Piazza Garibaldi mit dem triumphalen Brunnen des Rosignoli (1913), der zur Eröffnung des Aquäduktes und eines weiteren Monumentes des lokalen Künstlers Pietro Aldi fertiggestellt wurde.

Das Museum für Früh- und Vorgeschichte

In Via Corsini, nicht weit von der Burg entfernt werden in diesem Museum wertvolle Fundstücke der Urgeschichte des Fiora-Tals ausgestellt, das reich an bedeutenden Ausgrabungsstätten ist, wie zum Beispiel die prähistorische Siedlung Scarceta (Bronzezeit), der ein eigener Saal

▼ Manciano, prähistorisches Museum

mit seltenen Fragmenten aus Keramik von Mykene gewidmet ist. Unter den Ausstellungsstücken findet man auch zahlreiche Werkzeuge aus der Steinzeit von Montauto-Vulci, vom Monte Amiata und von den Poderi del Buffalo (Manciano), und weiter geht es mit den Bronzestücken aus Montemerano, den Grabbeilagen der Glockengräber von Cavallin del Buffalo und von Bagnatoio und den Fundstücken der Ausgrabungen der Ortschaften Le Sparne und Poggio Buco und den Quellen des Wasserlaufes Nova. Die moderne Ausstellung zeigt mit didaktischem Verlauf die Evolution der verschiedenen Kulturen vom Paläolithikum bis zum Ende der Bronzezeit. Diejenigen, die diese Aspekte mit einer Besichtigung der verschiedenen Stätten vertiefen wollen, finden hier alle nötigen (auch multimedialen) Informationen.

▼ Marsiliana d'Albegna

Marsiliana d'Albegna

Diese in Privatbesitz befindliche Burg schaut aus wie aus dem 19. Jh., stammt aber aus dem Mittelalter und dominiert immer noch das Albegna-Tal, dort wo der Bach Elsa in den Fluss mündet und sich die geschichtliche Erinnerung in der Ebene verliert... Dieser westlich von Manciano gelegene Ort muss in der Antike eine gewisse Bedeutung wegen einer Furt oder eines Flusshafens gehabt haben. Zwischen dem Ende des 8. und des 6. Jh. v. Chr. gab es hier auch eine Etruskersiedlung, die zum Ager Caletranus gehörte oder sogar mit dem antiken Caletra identifiziert werden kann und deren Nekropolen uns Fundstücke von unschätzbarem Wert bewahrt haben. Schon bei früheren Ausgrabungen wurden diese Siedlungen bestätigt, doch war es die Nekropole von Banditella, die mit ihren über 100 Gräbern zu eklatanten Entdeckungen führte. Die reichen Grabbeilagen von Marsiliana aus der frühen Etruskerzeit wurden tatsächlich im 20. Jh. entdeckt und haben diesen Ort erst bekannt gemacht, denn mit seinem Namen wurden die Meisterwerke der etruskischen Schmiedekunst der sogenannten orientalischen Periode wie die *Fibula Corsini* (den Prinzen Corsini gehören heute noch die Burg und das dazugehörige Land: die Fibula befindet sich im archäologischen Museum von Florenz), eine seltene Ebenholztafel mit dem ältesten bekannten, etruskischen Alphabet (7. Jh. v. Chr. im archäologischen Museum von Grosseto), sowie ein Kamm aus Elfenbein und weitere Objekte von ausgezeichneter Machart verbunden.

Montemerano

Hier haben wir ein wahrhaftes Kleinod, ein malerisches Dorf auf einem anschaulichen Hügel mit Olivenhainen, reich an Geschichte und antiker Atmosphäre. Nur 5 km von Saturnia entfernt entwickelten sich rund um den Kern der Burg aus dem Frühmittelalter im 8. Jh. die verschiedenen Straßen und kleinen Plätze, die durch die verschiedenen Stadttore zu erreichen sind. Dazu gibt es drei Mauerringe aus jeweils unterschiedlicher Zeit. Von außen betrachtet erkennt man einige Türme mit abgeschrägtem Sockel, während im Inneren Mauerabschnitte die engen Seitenstraßen schließen, die von der Hauptstraße, der Via Italia abzweigen. Die Burg, von der die ersten Notizen aus dem Jahre 896 in einer Schenkungsurkunde an die Abbazia di San Salvatore des Monte Amiata stammen, gehörte seit dem 11. Jh. den Aldobrandeskern und gelangte dann, durch die Heirat von Gemma Aldobrandeschi mit Ugolino Baschi (Orvieto) im Jahre 1274 in den Besitz der Grafen Baschi. Später geriet das Dorf unter die Kontrolle von Siena, bevor es 1559 zum Großherzogtum der Medici gehörte. Durch ein antikes Stadttor mit einem Rundbogen betritt man die Via Italia und gleich wird man von den strengen Blicken der gut erhaltenen Häuser empfangen, die hier wie nirgend sonst die typische, nüchterne Atmosphäre des Mittelalters verbreiten. Auf der rechten Seite lädt ein zweites, doppeltes Tor zu einer Besichtigung der Burg ein, bzw. des Sockels des ehemaligen Cassero mit einem quadratischen Turm, der im 19. Jh. restauriert und erhöht wurde und nun das Dorf überragt. Auf der Piazza del Campanile trifft man auf einen bemerkenswerten Glockenturm, der, wegen seiner entfernten Position von der Kirche San Leonardo, die seit dem 18. Jh. als Privatgebäude genutzt wird, vermutlich einer der Wachtürme der Burg war. Die Hauptkirche im romanisch-gotischen Stil, die am Ende des 14. Jh. auf Wunsch der Grafen Baschi gebaut wurde, trägt den Na-

▼ Montemerano, die Kirche S. Giorgio

men San Giorgio und wurde, wie eine Inschrift an der rechten Fassadenseite erinnert, erst im Jahre 1430 geweiht. Sie ist der Schrein für verschiedene Kunstwerke aus der Renaissance, die zum größten Teil aus der sienesischen Schule stammen. Die Wichtigsten sind: der Altarflügel, mit der Himmelfahrt Marias, ein Werk von Lorenzo di Pietro, besser bekannt als „Il Vecchietta", von dem auch eine schöne Skulptur aus Olivenholz des Heiligen Petrus stammt; ein Freskenzyklus mit dem Sieg des Heiligen Georg über den Drachen und der Geschichte des Martyriums der Heiligen Ursula durch Attila; ein Flügelaltar von Sano di Pietro mit der Madonna mit Jesuskind zwischen den Heiligen (1458) auf dem Hauptaltar; ein bemalter Holztabernakel von Beccafumi; und schließlich ein raffiniertes Gemälde der Madonna della Gattaiola auf einer Holztafel mit der Himmelfahrt Marias (vermutlich von einem Engel begleitet, der allerdings nicht mehr zu sehen ist) von dem sogenannten Maestro di Montemerano, einem Schüler von Sano di Pietro. Ein deutlich sichtbares Loch in der unteren rechten Ecke des Gemäldes stammt der Legende nach von einem Pfarrer, der das Kunstwerk als Tür zu einem Vorratsraum nutzte, und, um die Mäuse zu bekämpfen, einen Durchgang für die Katze schuf (gatto), eben die *Gattaiola*. Links von der Kirche befindet sich das *Oratorio del Buon Consiglio* im Rokkoko-Stil mit verschiedenen Fresken und an der rechten Seite schließt sich die *Cappella dell'Immacolata* aus dem 19. Jh. an.

Saturnia

Obwohl nur ein Ortsteil der Gemeinde von Manciano, genießt Saturnia einen weitaus bedeutenderen Ruf wegen seiner Thermalquellen und des modernen Thermalbades, das die Schwefelwasser zu Füßen des Dorfes nutzt. Die Heilkraft dieser Quellen war schon in der Antike wohl bekannt, so kamen bei Restaurierungsarbeiten in den 20er Jahren Bauelemente aus römischer Zeit zum Vorschein. In der Mitte des Dorfes befindet sich das interessante „Bagno Secco" - Element der Legende vom Paladin Orlando (Roland), auf die wir später noch zurückkommen - vielleicht ein Thermalbecken aus römischer Zeit, oder einfach nur eine Wasserreserve für die Burg.

Im Mittelalter spricht man in einer päpstlichen Bulle (1188) von einem Hospiz und einer Mühle. Die übelriechenden Schwefelquellen waren im Mittelalter natürlich Teufelswerk und die brodelnden Becken Treffpunkt für Magier und Hexen und Höllentor für Satan in Person… Glaubwürdi-

▼ Saturnia, Villa Ciacci

ger sind die gesundheitsfördernden Eigenschaften dieser Quellen, die schließlich zu einer „Goldgrube" für das Dorf wurden. Saturnia bedeutet aber nicht nur Wellness, sondern ist auch ein anschauliches Dorf auf einem Travertinfelsen über einer Landschaft von besonderem Reiz, und nicht zu vergessen sind die zahlreichen Ausgrabungsstätten ringsum. Davon kann man sich im örtlichen, archäologischen Museum überzeugen, wo die Fundstücke (ca. 8. Jh. v. Chr.) aus etruskischer und römischer Zeit der *Collezione Ciacci* ausgestellt werden, von der wir später noch berichten. Tatsächlich stammt der Name des Dorfes nach Plinius vom etruskischen *Aurinia* und wurde später von den Römern Saturnia genannt, zu Ehren des mythologischen Gottes, der mit den Worten von Hesiod „als König des Goldenen Zeitalters den einfachen Menschen sublimes Leben schenkte". Während der Auseinandersetzungen zwischen Marius und Sulla wurde Saturnia nach dem Sieg des Letzteren dem Erdboden gleichgemacht, konnte sich aber unter Kaiser Augustus wieder erholen, bevor es erneut von den Barbareninvasionen der Goten und Langobarden heimgesucht wurde und vorerst aus den Geschichtsbüchern verschwand, um im Jahre 1170 wieder erwähnt zu werden, als Friedrich I. Barbarossa Saturnia den Grafen Tignosi von Tintinnano und Ripa d'Orcia vermachte. Doch schon im Jahre 1216 gehörte es zum Besitz der Aldobrandesker, die nach der Aufteilung ihres Reiches zwischen den verschiedenen Zweigen ihrer Familie, entschieden, die Thermalquellen von Saturnia trotzdem als Gemeingut aufrechtzuerhalten, um allen Be-

▼ Saturnia, Porta romana auf der Via Clodia

▼ Piazza Vittorio Veneto

wohnern der Grafschaft Gelegenheit zu geben, von den Heil bringenden Wassern zu profitieren. Es folgte die Herrschaft der Sieneser (1410), die Stadtmauern, Türme und die Burg restaurierten und das Dorf mit einer Gruppe aus der Region Romagna bevölkerten, welche die „Geschäftsführung" der Thermen erhielt. Nach der Niederlage Sienas vergab das Großherzogtum der Medici unter Cosimo I. das Dorf Saturnia an die Markgrafen Ximenes d'Aragona, die ihren Besitz im Jahre 1738 an die Panciatichi vererbten.

Doch die zunehmende Entvölkerung als Folge der sich immer mehr verbreitenden Malaria und der wirtschaftlichen Krise in diesem Gebiet brachten Saturnia an den Rand des Zusammenbruchs, sodass es unter den Lothringern seine Autonomie verlor und zunächst Ortsteil von Pereta und später von Manciano wurde. Noch im Jahre 1848 beschrieb der Schriftsteller George Dennis in seinem Werk *Städte und Nekropolen des antiken Italiens* Saturnia als „einen schäbigen Ort mit einer Kirche, etwa

▼ Terme di Saturnia, Spa&Golf Resort

zwanzig armseligen Baracken und nur einem annehmbaren Haus, das der Markgrafen Paciatichi Ximenes …". Doch mit Doktor Bernardino Ciacci kam die Wende, denn er kaufte den Palazzo Panciatichi und das zugehörige Land und interessierte sich für die Thermalquellen. Ciacci stammte aus einer wohlhabenden Familie aus Pitigliano und galt als ausgezeichneter Arzt. So richtete er sich der Malaria zum Trotz in Saturnia häuslich ein und überzeugte auch einige Familien ihm zu folgen, indem er kostenlose medizinische Betreuung garantierte. Das Dorf erholte sich zusehends, und Chiacci begann im Jahre 1882 die Thermalquellen im Tal zu sanieren und wirtschaftlich zu nutzen. Sein Werk wurde von seinem Enkel Gaspero Ciacci weitergeführt und für seine Thermalquellen erhielt Saturnia bald weltweiten Ruf.

SEHENSWÜRDIGKEITEN

Die Altstadt

Auf der höchsten Stelle des Dorfes ragt das Profil der Villa Ciacci, die 1929 auf den Resten einer mittelalterlichen Festung erbaut wurde, aus dem umliegenden Panorama. Man nimmt an, dass die Burg ihrerseits auf Ruinen der etruskischen und römischen Epoche stand. Zwei große zylindrische Türme mit abgeschrägten Sockeln (von der antiken Burg) und ein geschlossener Mauerring bilden die Kulisse dieser Villa, heute in Privatbesitz und nicht öffentlich zugänglich. Man erreicht die Villa durch die Porta Romana, dem Haupteingang des Dorfes, der Elemente aus der Renaissance und Reste der wichtigen Römerstraße Via Clodia zeigt, die augenscheinlich an der Burg vorbei und durch das Dorf führte. Außerhalb des Tores sind noch einige Fragmente des *Opus poligonalis* der noch antikeren Mauern sichtbar und auch in anderen Winklen des Dorfes sind verschiedene Fundstücke (Meilensteine, Säulen, Inschriften und Mahlsteine einer antiken Mühle) aus der Römerzeit zu erkennen, die an den Glanz vergangener Zeiten erinnern. Wie auf diesen Seiten synthetisch beschrieben, erscheint dieser Weiler wegen der vielen Zerstörungen weitaus kleiner als die antike Stadt und der

▼ Benvenuto di Giovanni, Altarbild

Ortskern befindet sich praktisch rund um den Platz Piazza Vittoria Veneto, wo sich vermutlich einst die typischen *Cardo* und *Decumanus* der römischen Urbanistik kreuzten. Hier wurden auch Reste eines römischen Thermalbeckens gefunden. Um den weiten Platz mit Meilensteinen und Fragmenten römischer Inschriften reihen sich der Palazzetto Ximenes Aragona (das einzig annehmbare Haus im Bericht des oben zitierten Dennis aus dem 19. Jh.) und der Glockenturm der Kirche Santa Maria Maddalena, die man allerdings nur von der anliegenden Piazza Diaz betreten kann. Es handelt sich um eine mittelalterliche Kirche, die im Jahre 1933 in neuromanischem Stil rekonstruiert wurde und in einer Seitenkapelle eine wunderbare Holztafel mit der Madonna mit Jesuskind bewahrt (1480), ein Werk der späten Reife von Benvenuto di Giovanni, dem Schüler des Vecchietta. Von Piazza Diaz aus kommt man auf der Via Italia zu einem kuriosen Bauwerk, dem sogenannten „Bagno Secco", ein großes, quadratisches Becken im

▼ Die Kirche S.Maria Maddalena

römischen Stil *Opus reticulatum*. Man streitet sich noch um seine Funktion, die einen sprechen von einem Sammelbecken für Regenwasser, andere wiederum von einem Thermalbecken, dass von einer Quelle gespeist worden wäre, die irgendwann versiegte: daher auch „secco“ (trocken). Die Worte des Professors Giorgio Santi am Ende des 18. Jh. bestätigen die letztere Theorie: „Es befand sich auch schon ein Bad in dieser Stadt, das heute noch existiert: auf dem Boden von diesem, hat man, wenn auch nur ganz leicht, das Thermalwasser brodeln gesehen.“ Entlang der Via Italia sind noch einige Reste der Stadtmauern und der *Porta Fiorentina* zu erkennen. Dieses Tor zeigt, wie sich die mittelalterlichen Bauelemente mit denen aus römischer Zeit überschneiden. Außer diesem östlichen und dem südlichen Stadttor zeigt uns Saturnia auch noch die Reste des nordöstlichen Eingangs, der *Porta di Fonte Buia*, die auf einer abfallenden Straße zum antiken Brunnen Fonte Buia führt, der für die Wasserversorgung der antiken Stadt lebensnotwendig war. Dieses typische Beispiel eines römischen Brunnens entlang der Konsulstraßen ist noch gut erhalten geblieben, auch wenn die Aufteilung der Becken durch die kontinuierliche Nutzung des Wassers verändert wurde.

Die Sammlung des Ciacci

Erst in jüngster Zeit in ein neues Schulgebäude an der Via Italia umgezogen, zeigt diese bedeutende Sammlung, das Bemühen der Familie Ciacci in den Jahren zwischen dem Ende des 19. Jh. und den 30er Jahren des 20. Jh., Gelehrte und Archäologen, die Untersuchungen in diesem Territorium ausführen wollten, mit allen Mitteln unterstützen. Dabei hat Riccardo Mancinelli den Wert dieser Sammlung, die später vom Staat erworben wurde, sicherlich noch deutlich gesteigert, als er zwischen dem 19. u. 20. Jh. gezielte, flächendeckende Ausgrabungen im etruskischen Gebiet von Saturnia, und überhaupt in den Tälern der Flüsse Fiora und Albegna unternahm. Hier holte er neben Gräbern bei Pitigliano

▼ Nekropole del Puntone, Grab

▼ Piazza V.Veneto, römischer Meilenstein

und Sovana die berühmte Nekropole von Poggio Buco aus dem Dunkel der Vergangenheit. Weiteres Ausstellungsmaterial erhielt Ciacci von Bauern und Gutsbesitzern der umliegenden Gegend und von den Ausgrabungen des berühmten Archäologen Ranuccio Bianchi Bandinelli in der Ortschaft Pianetti di Montemerano e Poggio Sugherello. Die ca. 600 Fundstücke stammen aus zahlreichen Ausgrabungsstätten dieses Teils der Maremma, ohne - typisch für amateurhafte Sammlungen - dass der geschichtliche Kontext genau abgeklärt wurde. Die verschiedenen Fundstücke stammen aus dem 3. – 2. Jahrtausend v. Chr. (Rinaldone-Kultur) und aus den etruskischen Ausgrabungsstätten von Saturnia (die bekannten Nekropole von Puntone und Pian di Palma), Montemerano, Sovana und Poggio Buco.

Poggio Murella

Auch dieser Ortsteil der Gemeinde Manciano spielte wegen seiner Nähe zu Saturnia und seiner Kontrollfunktion über die Via Clodia eine wichtige Rolle. Das ansonsten modern angelegte Dorf überrascht den Besucher mit einer schönen Ruine aus römischer Zeit, einem zylindrischen Verteidigungsturm mit der *Opus reticulatum* - Technik (Mauerverkleidung). Doch 2 km weiter trifft man auf die eigentliche Attraktion von Poggio Murella, und zwar auf die Reste des „Castellum aquarum“, eine jüngst restaurierte Mauerstruktur von 36 m Länge, die auf die Zeit zwischen dem 2. u. 1. Jh. v. Chr. zurückgeht und eine Zisterne mit mächtigen Mauern enthielt (um den Wasserdruck auszuhalten), die von Tonnengewölben abgedeckt wurden. Von dieser außerordentlichen Konstruktion stammt auch der Name der Ortschaft, denn „murella“ bezeichnet eine Mauerkonstruktion, die einen Wasserspeicher enthält.

CKURIOSES

Die Thermen

Abgesehen von der Geschichte und dem Einsatz der Thermalwasser von Saturnia möchten wir an dieser Stelle auf ihre Heil bringenden Eigenschaften, die schon den Römern bekannt waren, näher eingehen. Das Thermalbad zu Füßen des Dorfes mit vier Becken, Unterwasser - und Gefäßmassage in warmem und kaltem Wasser befindet sich genau über der Stelle, wo eine Quelle vulkanischen Ursprungs 37,5 C° warmes Wasser mit hoher Konzentration an Gasen und Mineralien direkt aus den Tiefen der Erde

▼ Poggio Murella, Castellum aquarum

befördert (enthält Schwefel, Karbonium, Sulfate, Bikarbonat, Alkaline und Erde). Wegen der besonderen Zusammensetzung werden dieser Thermalquelle therapeutische Eigenschaften gegen zahlreiche Krankheiten zugerechnet, wie die des Atmungsapparates und des Lymphgefäßsystems, Haut- und Hals-Nasen-Ohren-Krankheiten und Arthrosekrankheiten.

Die Wasserfälle des Mulino

Nur zwei 2 km von Saturnia entfernt in Richtung Manciano bietet dieser weiße und (besonders im Winter) dampfende, malerische Wasserfall, welcher die Thermalwasser in den tiefer verlaufenden Bach Stellato befördert, ein einzigartiges Schauspiel.

Die warmen, wegen seiner therapeutischen Eigenschaften viel besuchten, natürlichen Wasserbecken unterliegen durch die Kalkablagerungen einer kontinuierlichen Evolution.

Direkt daneben befindet sich eine der antiken Mühlen des Thermalbades.

Im Norden von Saturnia dagegen liegt in spektakulärer, landschaftlicher Lage die Ortschaft Bagno Santo, deren Name auf eine antike Thermalquelle zurückgeht, dessen Wasser einst Wunder bewirkt hätten: Das saure und salzige Wasser wurde schon im 18. Jh. von Professor Santi beschrieben.

Als die Quelle versiegte, die einst dem großen Felsblock entsprang, der das Albegna-Tal dominiert, wurde am Bagno Santo Spuren einer interessanten Siedlung vermutlich aus der Villano-

▼ Saturnia, Cascate del Mulino

▼ Saturnia, Bagno Santo

va-Zeit entdeckt, die heute noch Gegenstand wissenschaftlicher Untersuchungen ist.

Sede del Carlo und Bagno Secco

In der Nähe des Friedhofs von Saturnia, im Besonderen nahe einer Nekropole, die interessantes Material aus dem 8. Jh. v. Chr. (Villanova-Zeit) bewahrte, befindet sich eine Art natürlicher Sitz aus Felsgestein. Die Legende berichtet, dass dieser „Thron" von den Soldaten Karls des Großen in den Felsen gehauen wurde, der sich auf seinem Feldzug hier ausruhen sollte – daher der Name „Sede del Carlo". Daneben werden noch weitere Legenden erzählt, die von Karl dem Großen, seinen Paladinen und im Besonderen von Orlando (Roland) handeln (siehe *Die Hand des Orlando* im Kapitel über Sorano). In Saturnia zum Beispiel erzählt man sich, dass Orlando sich in der Nähe befand, als die Sarazenen das Dorf überfielen, sofort mit einem mächtigen Satz auf seinem Pferd Vegliantino über die Stadtmauer flog und mit *Durendal* (wundertätiges Schwert) auf die Sarazenen einschlug, was den Piraten jedoch wenig ausmachte …Eine alte Frau verriet dem Orlando auch warum: Das Geheimnis für die Unverwundbarkeit läge in dem wundertätigen Wasser einer Thermalquelle, das sogar vor tödlichen Verletzungen schützen sollte. Orlando überlegte nicht lange, stieß sein Schwert Durendal in die magische Quelle und befahl den Wassern sich in das Tal zurückzuziehen, wo sie noch heute aus dem Erdreich sprudeln. Das Thermalbecken entleerte sich und wurde seit dem „Bagno Secco" genannt. Klar, dass Orlando mit diesem Trick die Sarazenen besiegte und die Bevölkerung rettete, wie er es der Alten, als Gegenleistung für die Offenbarung des Geheimnisses versprochen hatte.

▼ Saturnia, Sede del Carlo

FÜHRUNGEN:
Die Cooperativa la Fortezza organisiert wunderbare Ausflüge, Archeotrekking und Führungen in den schönsten Orten der toskanischen Maremma, mitten im Grün der Hügel zwischen den Bergen und dem Meer.
www.sovanaguide.it
coop_lafortezza@virgilio.it
Tel. +39 0564 616532

MANCIANO
Gemeindegebiet: 372 km²
Einwohner: 7633
Höhe: 444 m ü. d. M.
Rathaus: Piazza Magenta, 1
www.comune.manciano.gr.it

Scansano

DIE GESCHICHTE

Diese Gegend war schon in der Vorgeschichte und später von Etruskern und Römern bewohnt, die hier zahlreiche Spuren hinterlassen haben: Von besonderer Bedeutung im Gemeindegebiet von Scansano sind die Ausgrabungsstätten der Etruskersiedlung von *Ghiaccio Forte* und der luxuriösen römischen Villa *Aia Nova*. Im Mittelalter taucht der Name Scansano zum ersten mal auf, der für die Einen vom etruskischen „Scansana“ stammt, für Andere auf den Heiligen Ansano, Märtyrer des 3. Jh. zurückgeht. So existierte Scansano höchstwahrscheinlich schon vor dem Jahre 1000, wurde aber schriftlich zum ersten Mal im 12. Jh. erwähnt und kam im Jahre 1274 bei der Aufteilung der Güter der Aldobrandesker unter die Fittiche des Zweiges von Santa Fiora. Die Herren der Maremma verteidigten Scansano gegen die Republik Siena, die das Dorf im Jahre 1330 belagerten und schließlich eroberten. Nach Verhandlungen erhielten die Aldobrandesker das befestigte Dorf zurück, nachdem die Sieneser die Burg allerdings bereits demoliert und die Burggräben schon aufgefüllt hatten. Im Jahre 1439 nach dem Tod des letzten Aldobrandesker von Santa Fiora, des großen Guido, vermählte sich seine Tochter Cecilia mit Bosio Sforza von Cotignola. Scansano blieb darauf im Besitz der Sforza, bis es im Jahre 1615 von Alessandro Sforza an Cosimo II. der Medici verkauft wurde, bevor es nach dem Jahre 1737 in den Besitz der Lothringer gelangte.

▼ Scansano

Das kleine Städtchen galt schon immer als bevorzugte Sommerresidenz der Bevölkerung von Grosseto. So wurde die sogenannte „Estatatura" (Art sommerlicher Auszug) durch ein Dekret der Lothringer in der Zeit von 1780 bis 1897 gesetzliche Institution. Natürlich hatte dies entsprechende Auswirkungen auf die wirtschaftliche und städtebauliche Entwicklung des Dorfes. Dieser Brauch bestand nämlich darin, die Verwaltungsbüros von Grosseto in den heißen Sommermonaten, wenn die Ausdünstungen der nahen Sümpfe die Malaria begünstigten, in die gesunde Luft von Scansano zu verlegen: So wurde Scansano im Sommer zur Hauptstadt der Maremma und bald wurden vornehme Häuser, ein Krankenhaus, ein schickes Theater und eine Grundschule gebaut, was Wohlstand und Arbeitsplätze bedeutete. Im Jahre 1816 wurde eine Anlage zur Schwefelverarbeitung eröffnet und damit die Produktpalette der lokalen Wirtschaft zusätzlich angereichert. In jüngerer Zeit sorgten die Agrarreform und die Modernisierung traditioneller Aktivitäten wie Weinbau und Olivenanbau zusammen mit dem Tourismus für neuen Schwung in der wirtschaftlichen Entwicklung des Dorfes.

▼ Die Kirche S.Giovanni Battista

▲ Die Kirche S.Giovanni Battista, Inneres

▼ Scansano, antiker Architrav

SEHENWÜRDIGKEITEN

Die Altstadt

Den Eingang zum ältesten Teil von Scansano bildet die Porta Grossetana, ein Stadttor aus dem 16. Jh., das von der Piazza Garibaldi aus über die Via Vittorio Emanuele, der Hauptstraße der kleinen Stadt in die Altstadt führt. Dabei wird man von vornehmen Häusern aus unterschiedlichen Epochen begleitet, wie dem Palazzo Vaccarecci aus der Renaissance. In einer Seitenstraße trifft man auf das antike Krankenhaus Ospedale dei Pellegrini, während sich auf der Piazza Ferrucci der mittelalterliche Cassero befunden haben muss (darauf deuten zumindest noch einige Bauelemente der nachfolgenden Gebäude). Etwas weiter kommt man zum rechteckigen Palazzo del Pretorio (15. Jh.), der die Verwaltungsbüros aus Grosseto während der „Estatatura" beherbergte und wo sich heute die beiden Museen von Scansano befinden: das archäologische Museum und das Weinmuseum. In der Nähe, in Via Romita scheinen einige Häuser mit abgeschrägten Sockeln noch im Mittelalter „verwurzelt" zu sein. Am Ende der Via Vittorio Emanuele erreicht man die Hauptkirche San Giovanni Battista, die sich trotz romanischen Ursprungs als Resultat verschiedener Restaurierungen aus dem 17. u. 18. Jh. präsentiert. Einige sienesische Gemälde aus dem 17. Jh. von gekonnter Ausführung schmücken das Innere, wo man im Querschiff auch eine Madonna del Soccorso (14. Jh.) und eine wertvolle, farbige Holzskulptur der Marienverkündigung, der sogenannten „Madonna di mezz'agosto" (sienesische Schule, 15. Jh.) bewundern kann. Doch das bedeutendste Werk in der Kirche ist eine schöne Majolika-Keramik mit der *Madonna mit Jesuskind* von Della Robbia (1490), allerdings als Kopie, denn das Original wurde gestohlen … Eine Seitengasse führt durch einen antiken Bogen außerhalb der Stadtmauer, in der sich die Rückseite der Kirche und ein mächtiger, runder Turm befinden. Das schöne Theater „Sala

▼ Porta Grossetana, Torre dell'Orologio

Castagnoli" wurde im 19. Jh. mit der Hinterlassenschaft des Notars Filippo Castagnoli nach dem Projekt von Augusto Corbi gebaut.

Das archäologische Museum

Dieses Museum befindet sich im Palazzo Pretorio (Piazza del Pretorio 4), wurde im Jahre 2001 eröffnet und zeigt hauptsächlich die Fundstücke aus den Ausgrabungsstätten der Etruskersiedlung Ghiaccio Forte (auf die wir später noch eingehen) und der römischen Villa von Aia Nova aus der ersten Hälfte des 1. Jh. n. Chr., deren in Privatbesitz befindlichen Ruinen leider nicht zu besichtigen sind. Außerdem wird an die prähistorische Zeit im Albegna Tal und den berühmten Hominiden von Baccinello (Oreopithecus Bambolii) erinnert, dessen Skelett 1958 zufällig in der Braunkohlemine von Baccinello gefunden wurde und von einem jungen, männlichen Humanoiden-Primaten aus der Zeit vor 8 Millionen Jahren stammt (die originalen Knochen werden im naturwissenschaftlichen Museum von Florenz aufbewahrt, während das Museum für Naturgeschichte von Grosseto einen Abdruck ausstellt). Schließlich werden auch die Ergebnisse der jüngsten Ausgrabungen aus der frühzeitlichen und römischen Siedlung von Civitella, des römischen Bauernhofes von Scrina di Porco und des mittelalterlichen Friedhofes von Poggioferro ausgestellt.

▼ Scansano, Palazzo Pretorio

Das Weinmuseum

Im lokalen Weinmuseum, das sich ebenfalls im Palazzo Pretorio befindet, erhält man Informationen über die antiken, landwirtschaftlichen Produktionen von Scansano. Die archäologischen Fundstücke vermitteln einen Eindruck über den Weinanbau und den Weinkonsum der vergange-

▼ Scansano, Teilansicht

nen Jahrhunderte. Im „Zyklus des Rebstocks und des Weins“ und im „Geschmackslabor“ erfährt man von der Geschichte der renommierten, lokalen Weinproduktion. Ein neues Projekt mit Namen „Vinum“ beschäftigt Archäologen, Botaniker und Anthropologen in einer Vergleichsstudie, das dem Ursprung unserer ältesten Rebsorten Sangiovese und Cannaiolo Nero auf den Grund gehen will.

Die Madonna „della Botte“

Die Geschichte dieses Marigemäldes aus dem 16. Jh. scheint geradezu auf den Erfolg des Weinbaus von Scansano in modernen Zeiten hinzuweisen, und der profane „Spitzname“ hat schon seinen konkreten Sinn. Die Darstellung der Jungfrau der „Affrichelli“, besser bekannt als *Madonna della Botte* (Weinfass) wird in der Kirche Santa Maria delle Grazie direkt außerhalb von Scansano aufbewahrt, die als bedeutender Ort der Marienverehrung gilt und im 19. Jh. über den Resten einer kleinen Kirche aus dem 17. Jh. neu gebaut wurde. Der Legende nach wurde das Gemälde aus dem 16. Jh. im Inneren eines Weinfasses gefunden, das auf wundertätige Weise bis zu der Stelle rollte, wo später die Kirche errichtet wurde. Der Name „Affrichelli“ hat ebenfalls mit Wein zu tun: Die Affrichelli waren arme Flüchtlinge, die nach der Hälfte des 16. Jh. in diesem Gebiet Zuflucht suchten und im Weinbau Beschäftigung fanden.

▼ Die Kirche S.Maria delle Grazie

▼ S.Maria delle Grazie, antiker Brunnen

Das Kloster von Petreto
Nördlich des Dorfes befand sich im Mittelalter die Burg von Petreto, die mindestens seit 1274 den Aldobrandeskern von Santa Fiora gehörte. Hier wohnten anschließend Franziskanerbrüder, welche die Burg, seit 1339 im Besitz von Siena, in eine Festung des Gebetes verwandelten, die auch der Heilige Bernhard von Siena im Jahre 1422 besucht haben soll. Im 16. Jh. wurde das Gebäude auf Wunsch des Grafen Guido Sforza zu einem Kloster mit anliegender Kirche. Das Kloster ist heute zwar in Privatbesitz, doch funktioniert die Kirche San Pietro immer noch als Pfarrkirche, die in ihrem Inneren ein Fresko der toskanischen Schule aus dem 16. Jh. mit der Geburt Jesu und über dem Hauptaltar ein weiteres Fresko des 17. Jh. mit Gottvater in Gloria zwischen den Engeln bewahrt.

Ghiaccio Forte
Dieses archäologische Gebiet im Süden von Scansano war in den 70er Jahren Gegenstand bedeutender Entdeckungen. So kamen bei Ausgrabungen die Fundamente einer bedeutenden, befestigten Etruskersiedlung aus dem 4. Jh. v. Chr. zum Vorschein, die zur Verteidigung von Vulci diente, aber wahrscheinlich im Jahre 280 v. Chr. durch einen Brand im Zuge der Angriffe der Römer, die Vulci besiegten, zerstört wurde. So wurden auch große Opidum-Mauerteile mit drei Stadttoren und Straßen mit Kopfsteinpflaster, Fundamenten von Häusern mit Vorratsräumen und Küchen, Resten eines Schmelzofens und zahlreiche, kleine Bronze- und Terrakottastatuen (Köpfe, anatomische Teile, Tiere) gefunden. Daneben berichten auch viele Keramikobjekte, Werkzeuge, Waffen und Pferdegeschirr vom Alltag der Etrusker. Die Ausgrabungsstätte gehört der Gemeinde von Scansano und ist für Besichtigungen geöffnet.

KURIOSES

Burgen und Heilige
Auf den umliegenden Hügeln nördlich von Scansano thronen stolz die gut erhaltenen Burgen Montorgiali und Montepò. Montorgiali wurde schon in einer päpstlichen Bulle des 12. Jh. an den Bischof von Grosseto erwähnt und hat heute noch seine mächtige Erscheinung, wenn auch in reduzierten Proportionen, bewahrt. Um die Burg, die sich heute in Privatbesitz befindet, entwickelte sich das Dorf, das den Grafen von Mon-

▼ Kloster von Petreto

torgialli, den Vasallen der Aldobrandesker anvertraut wurde, denen die Republik Siena im Jahre 1378 folgte. Die Dorfkirche San Biagio romanischen Ursprungs befindet sich im höheren Dorfviertel und wurde im 18. Jh. modifiziert. Der Dorfheilige ist dagegen San Giorgio (der Heilige Georg), dessen heldenhafte Tötung eines Drachens, der hier die Gegend unsicher machte, beim alljährlichen Dorffest im April mit einer Prozession in mittelalterlichen Kostümen bis zum Sanktuarium San Giorgio (18. Jh.) außerhalb des Dorfes gefeiert wird. Mit San Giorgio hat auch noch eine weitere jahrhundertealte Tradition zu tun, nämlich die Zubereitung des „Biscotto salato“, mit dem der Schutzpatron zusammen mit dem „ciambellino“ (süße Version) und natürlich einem Glas guten Rotweins gefeiert wurde.

Die Burg von Montepò ist heute im Besitz des renommierten Weingutes Biondi Santi und nicht öffentlich zugänglich. Sie wurde im 14. Jh. von Roberto Sergadi, einem Adeligen aus Siena als eine Art eingezäuntes und befestigtes Landgut errichtete. Im Laufe der Jahrhunderte wurde sie auch unter Hilfe des bekannten

▼ Castello di Montorgiali

▲ Sanktuarium San Giorgio

▼ Castello di Montepò

Militärarchitekten Baldassare Peruzzi (1530) noch erweitert. Darauf gehörte der Komplex zum Castello di Cotone, dessen Ruinen in der Nähe liegen. Heute erscheint die Burg in gut restauriertem Zustand mit einer quadratischen Stadtmauer, deren Ecken mit vier Wachtürmen besetzt sind, die sich stolz aus der sanften Landschaft der Maremma herausheben. An dieser Stelle fällt uns die legendäre Geschichte der beiden Brüder, Söhne eines antiken Feudalherren von Montepò ein, die so zerstritten waren, dass der Vater entschied, seinen Besitz in zwei Hälften aufzuteilen. Einer der beiden blieb in Montepò, während der andere Bruder mit seinem Erbteil ein neues Gut gründete und weil er auf alles, was der Bruder unternahm, mit dem Gegenteil antwortete, nannte er seinen Besitz *Pomonte*. In diesem Ortsteil von Scansano kann man noch heute die schöne Villa der Sforza aus der Renaissance bewundern. Sie wurde von Mario Sforza im Jahre 1577 errichtet, nach der Übernahme der Lothringer in einen Bauernhof umgewandelt und nach und nach von Wohnhäusern umgeben.

Der Morellino und das Weinfest

Im Jahre 1978 erhielt der rubinrote Rotwein Morellino di Scansano, der zu 85 % aus Sangiovese Trauben besteht, die Herkunftsbezeichnung Doc und wurde 2006 zur Docg befördert. Seit 1970 hat er die Gaumen der Feinschmecker erobert, doch ist seine Herkunft in den antiken Traditionen von Scansano verwurzelt. So stammt der Name von „morellino“, dem besten schwarzen Hengst einer Pferdeherde. Der Morellino passt ausgezeichnet zu den typischen Gerichten der Maremma, von Acquacotta bis zu kräftigem Wildschwein. Davon kann man sich beim alljährlichen Weinfest im September selbst überzeugen. Zum Anbaugebiet des Morellino gehören außer den Weinbergen von Scansano auch die von Magliano in Toscana, Manciano, Grosseto, Campagnatico, Roccalbegna und Semproniano.

▼ Scansano, Morellino-Keller

FÜHRUNGEN:
Die Cooperativa la Fortezza organisiert wunderbare Ausflüge, Archeotrekking und Führungen in den schönsten Orten der toskanischen Maremma, mitten im Grün der Hügel zwischen den Bergen und dem Meer.
www.sovanaguide.it
coop_lafortezza@virgilio.it
Tel. +39 0564 616532

SCANSANO
Gemeindegebiet: 273,57 km²
Einwohner: 4636
Höhe: 500 m ü. d. M.
Rathaus: Via XX Settembre, 34
www.comune.scansano.gr.it

Roccalbegna

DIE GESCHICHTEA

Das Dorf liegt eingeklemmt zwischen den zerklüfteten Karstfelsen auf der südlichen Seite des Monte Labbro. Wie der Name schon sagt, fließt zu den Füßen des Dorfes der Fluss Albegna und Roccalbegna drängt sich zwischen den steilen Felsvorsprüngen des sogenannten Sasso und der Felsenhöhe, auf dem die Rocca thront. Der hiesige Spruch: „Se il Sasso scrocca, addio alla Rocca" - soviel wie „Wenn es im Sasso kracht, dann Rocca Gute Nacht" lässt erkennen, wie eng die beiden Felsen mit ihren Befestigungen bedrohlich über dem Dorf zusammenliegen, aber so gleichzeitig natürliche Wachtürme bilden.

Zunächst unter der Kontrolle der Abbazia di San Salvatore des Amiata gehörte der Weiler schon im 12. Jh. zum Machtbereich der Aldobrandesker, die hier auch eine Festung errichten ließen als Wachposten des Territoriums mit der wichtigen Via del Sale (Salzstraße). Diese strategische Position war auch der Stadt Siena bekannt, die Roccalbegna schon im Jahre 1296 eroberten und sich um den Ausbau der Befestigungen kümmerten. Nach der Niederlage Sienas gegen die Medici und dem Anschluss an das Großherzogtum der Toskana wurde das Dorf als Lehensgut an die Sforza von Santa Fiora weitergegeben und danach den Bichi Ruspoli anvertraut. Zur Zeit der Lothringer gehörte es erneut zum Großherzogtum (1751) und erhielt den Rang einer autonomen Gemeinde.

▼ Roccalbegna

SEHENSWÜRDIGKEITEN

Die Altstadt

Die mittelalterliche Altstadt hat den Lauf der Jahrhunderte fast unversehrt überstanden. Ihre besondere Faszination resultiert aus der einzigartigen Lage in einer unbeschreiblich aufregenden Natur. Das Dorf wird von dem sogenannten Sasso dominiert, dem mächtigen Felsen, auf den es sich, wegen der einmaligen Aussicht und den Resten der antiken Burg unbedingt zu steigen lohnt. Von hier aus hat man eine gute Übersicht auf das Dorf und auf die gegenüberliegende Anhöhe mit dem Cassero und den teilweise noch erhaltenen Verteidigungsmauern und Wachtürmen. Der Cassero wurde von den Aldobrandeskern im 13. Jh. errichtet und während der Herrschaft von Siena ausgebaut und verstärkt, bis im Jahre 1404 der Abriss angeordnet wurde. Heute zeigt sich der Cassero in gut restaurierter Form und kann auch besichtigt werden. Der anliegende Garten mit Rasenflächen und verschiedenen Bäumen muss wohl zur Zeit der Sforza (XVII) ein eleganter Italienischer Garten gewesen sein, von dem

▲ Roccalbegna, SS.Pietro e Paolo

▼ SS.Pietro e Paolo, Hauptaltar

▼ Roccalbegna, Cassero

leider nichts mehr zu sehen ist. Die Sieneser kümmerten sich auch um die urbanistische Anlage des Dorfes, das sich noch heute in rechtwinkliger Ordnung hinter den Stadtmauern verbirgt. Neben dem eleganten Palazzo der Markgrafen Bichi Ruspoli (17. Jh.) mit dem adeligen Wappen heben sich unter den Häusern des Dorfes der Palazzo Comunale und der Palazzo dell'Arte della Lana (das Weberhaus, 12. Jh.) mit einem schönen Türbalken, der mit Schafen und dem Zunftwappen dekoriert ist, hervor. Auch die Hauptkirche Pietro e Paolo mit romanischem Grundriss wurde von den Sienesern im gotischen Stil überarbeitet und zeigt sich heute noch mit einer schönen Fassade, um eine Fensterrose und ein mit salomonischen Säulen, Pflanzendekorationen, zwei Menschengesichtern und einem Agnus Dei reich verziertes Portal (das Portal steht schief wegen einer Erd-Verschiebung). Aber die eigentliche Überraschung offenbart sich im Inneren mit wertvollen Kunstwerken, wie das wunderbare Triptychon aus dem Jahre 1340, ein Meisterwerk von Ambrogio Lorenzetti, das die Madonna mit Jesuskind zwischen den Heiligen Peter und Paul, den Namenspatronen der Kirche darstellt; oder wie ein bemerkenswertes Holzkreuz aus dem 14. Jh., wie ein Fresko mit der Madonna della Misericordia zwischen den Heiligen Sebastian und Fabianus (1476), wie eine Kreuzigung vom Maler des Amiata Francesco Nasini, eine Jungfrau auf dem Berg Karmel von Beccafumi und eine Standarte aus dem Jahre 1799 der Antijakobiner-Bewegung „Viva Maria“. Auf dem Weg zum Cassero trifft man auf das

▼ Luca Tommè, Kreuz 14. Jh.

▼ Roccalbegna, mittelalterliche Türme

Orartorio del Santo Crocifisso (auf einer Inschrift im Inneren des Gebäudes erkennt man das Jahr 1388), das mit der primitiven Kirche Pieve di San Giovanni identifiziert werden kann und heute eine Gemäldesammlung der sienesischen Schule aus dem 14. – 17. Jh. ausstellt. Hier befindet sich auch ein großes, auf eine Holztafel gemaltes Kreuz (ca. 1360) von Luca di Tommè, dass in Roccalbegna mit einer eigenen Prozession besonders verehrt wird, da es die schreckliche Choleraepidemie im Jahre 1855 beendete (daher auch der Name des Oratoriums).
Der Legende nach handelt es sich um dasselbe Kreuz, das zuvor in den Kerkern der Burg gefunden wurde: Man erzählt sich, dass die Gefangenen unter ihren Füßen eine leidende Stimme gehört hätten, wie „Ihr tut mir weh! Ihr tut mir weh!“ Als dann Stroh und Bretter beiseitegeschafft wurden, kam diese Holztafel mit dem wunderbaren Gemälde zum Vorschein, das hier vermutlich bei einem Überfall versteckt wurde. Und heute noch wird das Kreuz beim Dorffest am14. September auf einer feierlichen Prozession durch Roccalbegna getragen.

Castello di Triana

Auf einem Felsvorsprung von den Aldobrandeskern nach dem Jahre 1000 errichtet zeigt sich die Burg heute noch mit ihrer ganzen Faszination. Ihr einziges Tor wurde im Jahre 1933 rekonstruiert und die Kapelle im Burghof im Barockstil restauriert (18. Jh.). Seit 1388 gehörte die Burg zum Besitz der Piccolomini und wurde im 15. Jh. den Bedürfnissen des Landgutes Triana angepasst. Im Inneren gibt es einen malerischen Garten, der im Kleinen an die Hängegärten von Papst Pius II. Piccolomini in Pienza erinnert.

KURIOSES

Das Naturschutzgebiet von Rocconi und Pescinello

Die Gegend des hoch gelegenen Albegna-Tals ist von großer naturalistischer Bedeutung und daher Gegenstand wichtiger Schutzmaßnahmen. So wurde im Jahre 1991 *die Riserva naturale di Rocconi* eingerichtet, die sich mit 371 ha über das größtenteils felsige Gebiet zwischen Roccalbegna und Semproniano erstreckt. *Die Riserva di Pescinello* dagegen zieht sich über 149 ha an der linken Seite des Flusses Albegna von Roccalbegna bis zum Monte Labbro

▼ Castello di Triana

hinauf. Zerklüftete Felsen und spektakuläre Natur bieten sichere Zuflucht für viele Tier- und Pflanzenarten. Die Riserva di Rocconi ist nicht nur für ihre Felsenpflanzen und wilden Orchideen bekannt, sondern auch besonders wegen ihrer reichen Fauna mit seltenen Tagraubvögeln wie Lannerfalke und Schlangenadler, aber auch mit zahlreichen Reptilien (Griechische Landschildkröte, Vierstreifennatter, Wassernatter, Gelbgrüne Zornnatter, Echte Otter, Girondische Glattnatter). Mit etwas Glück kann man neben den gewöhnlicheren Dachsen und Mardern sogar Wildkatzen, Wölfe und Ottern, beobachten. Doch die wichtigsten Raritäten bietet die Vogelwelt mit vielen geschützten Arten wie Wiesenweihe, Zwergohreule, Rotkopfwürger, Grünspecht, Wespenbussard und vor allem dem hier nistenden Wanderfalken. In der nahen Riserva di Pescinello mit vielen Teichen und Wasserquellen (daher vermutlich der Name „Pescinello“) wächst die Vegetation üppiger und dichter mit jahrhundertealten Bäumen,

▼ Riserva di Rocconi

▲ Riserva di Rocconi, Schlangenadler

▼ Riserva naturale di Pescinello

▲ Pescinello, Apennin-Gelbbauchunke

lässt aber auch Raum für trockene Bereiche und Kalkfelsen. Die oben beschriebene Tierwelt findet sich zum größten Teil auch in diesem Gebiet wieder. Besonders zu erwähnen sind seltene Amphibien wie der Italienische Wassermolch und der Kammmolch, die seltene Apennin-Gelbbauchunke und der Dohlenkrebs, der sonst kaum noch zu finden ist.

▼ Santa Caterina, Focarazza

Das Museum der „Focarazza"

In Santa Caterina (Ortsteil von Roccalbegna) zu Füßen des Monte Labbro gibt es in einer ehemaligen Eisenschmiede ein interessantes ethnografisches Museum, mit einer Abteilung, die dem Feuer gewidmet ist, dem natürlichen Element im Zentrum tausender Aktivitäten und Hauptattraktion des antiken Festes der Focarazza, das an die Dorfpatronin der Heiligen Katharina von Alexandrien erinnert. Dieses religiöse Fest hat sich aus antiken, heidnischen Riten um das Feuer und um die Bäume entwickelt und wird jedes Jahr am 24. November gefeiert. Die Legende berichtet, dass sich vor dem Festtag ein historischer Sieg über die Sieneser ereignete und so streiten sich noch Jahrhunderte später die Ortsteile um einen Zerreichenstamm, den sogenannten „stollo". Der Baumstamm wird zunächst auf einem Hügel über dem Dorf in einen

Haufen aus trockenen Erika-Zweigen „gepflanzt“, anschließend vom Pfarrer gesegnet und abends nach der Heiligen Messe in der nahen Kapelle Santa Caterina in Brand gesteckt (der *stollo* symbolisiert den Körper der Heiligen und das Feuer ihr Martyrium). Sobald das Feuer sein geheimnisvolles Schauspiel im Dunkel der Nacht beendet hat, wird der noch glühende Stamm von „kampfbereiten“ Vertretern der jeweiligen Ortsteile „angegriffen“, die versuchen, den noch rauchenden *stollo* zu „entwurzeln“. Gewinner ist, wer ihn in das eigene Ortsviertel bringen kann; und das wird anschließend bei Salsiccia und Wein bis tief in die Nacht gefeiert.

▼ Roccalbegna

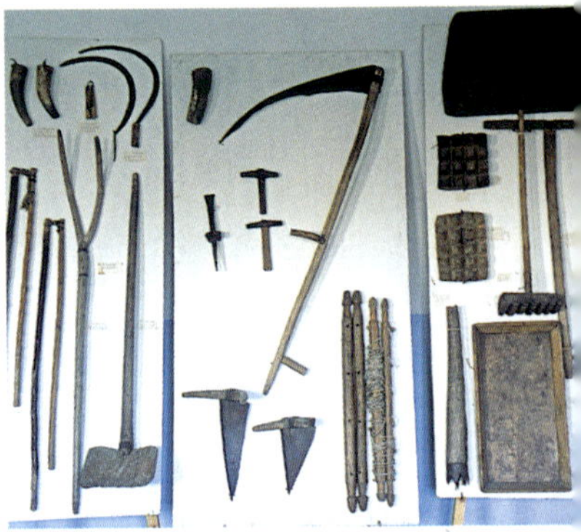

▲ Santa Caterina, ethnografisches Museum

Die „Sagra del biscotto“ und die „Blonde“

Roccalbegna feiert jedes Jahr am 15. August ein typisches Produkt dieser Gegend: Das Fest *Sagra del Biscotto* bietet Gelegenheit, die *Biscotti di mezz'agosto* (dunkle Kekse aus Anis und Rotwein) oder die *Brecciotti di Roccalbegna* (kleine Köstlichkeiten aus Olivenöl, Anis und Rotwein) und vor

▼ Cana, Kirche Madonna del Conforto

allem den *Biscotto salato* (große schleifenförmige Kekse aus grünem Anis, Weißwein, Bierhefe, Olivenöl und Salz) zu probieren. Der Letzte ist der Beliebteste, erfordert aber ein gewisses Können, denn vor dem Backen im Ofen wird er im Wasser gekocht. Am dritten Sonntag des Oktobers findet im mittelalterlichen Weiler von Cana das sogenannte Fest der *Biondina* statt; dabei werden Kastanien in der typischen, gelöcherten Pfanne „blond" gebraten. Die Veranstaltung ereignet sich mit gastronomischen Ständen auf der Piazza del Popolo zwischen typischen Häusern mit Treppenaufgängen und Loggen und dem charakteristischen Medicibrunnen aus dem 17. Jh., der von sechs Fialen, die jeweils einen Steinball tragen, umringt wird.

▼ Cana, Fest der Biondina

▼ Cana

FÜHRUNGEN:
Die Cooperativa la Fortezza organisiert wunderbare Ausflüge, Archeotrekking und Führungen in den schönsten Orten der toskanischen Maremma, mitten im Grün der Hügel zwischen den Bergen und dem Meer.
www.sovanaguide.it
coop_lafortezza@virgilio.it
Tel. +39 0564 616532

ROCCALBEGNA
Gemeindegebiet: 124,95 km²
Einwohner: 1136
Höhe: 522 m ü. d. M.
Rathaus: Piazza Giuseppe Marconi, 51
www.comune.roccalbegna.gr.it

Sempronianо

DIE GESCHICHTE

Ausgrabungen haben vor einigen Jahren in Semproniano einige Reste von Gebäuden aus der Proto-Villanovazeit (10. Jh. v. Chr.) ans Licht gebracht, die das antike Alter dieses Ortes bezeugen, der sicherlich zur Zeit der Römer bewohnt war. So stammt der Name Semproniano von einem römischen Soldaten - Sempronio - der dem Silla untergeben war und dieses Land als Belohnung erhielt.

Er errichtete hier einen *Pagus*, eine Siedlung, die jedoch erst im Mittelalter zum ersten mal erwähnt wurde. In einer päpstlichen Bulle des Jahres 1188 wird von einem *Castrum Sempronianum* gesprochen, das sich auf eine befestigte Siedlung bezog, die sich schon früh unter der Herrschaft der Aldobrandesker befand, und seit 1216 zum Familienzweig von Santa Fiora gehörte. Auf einer Höhe von 600 m wird Semproniano von einer Travertinschicht getragen und befand sich in strategischer Position in einem stark umkämpften Gebiet mit häufigen Konflikten mit den Sienesern, die hier seit dem 14. Jh. die Vorherrschaft anstrebten. Durch die andauernden Kämpfe mit den Orsini von Pitigliano (die seit der Heirat von Anastasia Aldobrandeschi mit Romano Orsini im Jahre 1293 die Herren des Dorfes waren) wurde Semproniano im 15. Jh. erheblich beschädigt. Am Ende wurden die Orsini vertrieben, und Siena blieb alleiniger Herrscher (1424). Nach der Niederlage der

▼ Semproniano

Republik Siena folgten die Medici und darauf die fortschrittlichen Lothringer. Semproniano (bis 1963 „Samprugnano") hat eine gut erhaltene Altstadt, die zwar zur Hälfte des 20. Jh. wegen Arbeitsplatzmangel zum Großteil verlassen, aber dann dank des Tourismus und der Vorliebe vieler Ausländer, die hier viele alte Häuser als zweiten Wohnsitz restaurierten, zu neuem Leben erweckt wurde.

SEHENSWÜRDIGKEITEN

Die Altstadt

Die Burg der Aldobrandesker befand sich an der höchsten Stelle im Zentrum des mittelalterlichen Weilers und ringsum verliefen kreisförmig die engen Gassen. Von der Burg des 12. Jh. sind leider nur noch einige Mauerteile mit einer schönen Schießscharte zu sehen, aber von dem umliegenden Rasen kann man ein wunderbares Panorama genießen. Neben den Burgruinen liegt die Kirche Santa Croce, die trotz vieler Veränderungen im 19. Jh. mit ihrer Fassade noch einen ursprünglichen, romanischen Eindruck hinterlässt. Im Inneren fallen ein schönes Weihwasserbecken aus

▼ Kirche Santi Vincenzo u. Anastasio

▲ Semproniano, Kirche Santa Croce

▼ Semproniano, Burgruine

dem 16. Jh. auf einem noch älteren Sockel mit Tierfuß und ein wertvolles Kreuz aus dem 12. Jh. ins Auge, das wie uns der Volksmund berichtet, nach einer Prozession durch die Straßen des Dorfes das Ende einer schrecklichen Typhusepidemie im Jahre 1882 bewirkt hätte. Im tiefer gelegenen Dorfteil kommt man zur kleinen Kirche der Heiligen Vinzenz und Anastasius (Märtyrer und Namenspatrone von Semproniano) aus romanischer Zeit mit gotischen Stilelementen, die, wie eine Inschrift im Inneren erinnert, im Jahre 1579 restauriert wurde. Die Fassade wird von einer schönen Fensterrose und einer Lünette mit der Abbildung der beiden Heiligen und dem Dorfwappen dominiert. Unter den Kunstwerken, die im Inneren aufbewahrt werden, weisen wir auf ein Weihwasserbecken aus Travertingestein (10. Jh.) und ein Taufbecken aus dem 12. Jh. neben schönen Gemälden aus dem späten 16. Jh., von denen drei von Gerolamo del Paccia stammen. Ein interessantes Gemälde vom Ende des 17. Jh. über dem Altar stellt die Madonna mit dem Heiligen Antonius und der heiligen Lucia mit einem Pfarrer dar und weist auf die Legende des Ungeheuers Mostro dei Vignacci, das ein Blutbad unter den Schafen anrichtete und die Bevölkerung in Angst und Schrecken versetzte. Doch der Pfarrer, der die Madonna, den Heiligen Antonius, den Schutzpatron der zerfleischten Haustiere und die Heilige Lucia für eine gute Sicht anbetete, lockte die Bestie mit einem Spiegel aus seiner Höhle und erschoss sie mit einer Arkebuse. Unterwegs auf den Straßen des Dorfes kommt man an historisch interessanten Gebäuden vorbei: der Palazzo Civico (Via degli Aldobran-

▼ Kirche SS.Vincenzo e Anastasio, Altarbild

▼ Die Kirche S.Croce, Kreuz

▲ Oratorium San Rocco

deschi) mit Ausschnitten von Dekorationen aus dem 13. u. 15. Jh. und ein altes Krankenhaus der Franziskaner, von dem allerdings nur noch das Wappen des Ordens über dem Portal zu sehen ist, während sich außerhalb des Dorfes ein schöner öffentlicher Brunnen mit dem Wappen der Medici aus dem 16. Jh. befindet. Außerhalb der antiken Stadtmauer, die man noch an antiken Bruchstücken in den Häusern erkennt, befindet sich das kleine Oratorium San Rocco (15. Jh.), das 1926 in ein Kriegsdenkmal umgewandelt wurde.

Rocchette di Fazio

Verlässt man Semproniano in Richtung Westen, entdeckt man steil über dem Fluss Albegna einen weiteren mächtigen Travertinfelsen, auf dem sich in strategischer Position seit der Antike ein besonders malerisches Dorf verschanzt hat: Rocchette di Fazio, das seit dem 10. Jh. zum Reich der Aldobrandesker gehörte und dann dem gleichen Schicksal von Semproniano folgte, auch wenn das Dorf „Rocchette di Semprugnano" während der Aufteilung der mächtigen Familie in die verschiedenen Zweige als eine Art Freizone „zusammenhielt". Der Grund dafür könnte im Zusammenhang mit den Tempelrittern gesehen werden. Der Name Fazio stammt von dem Grafen Bonifazio Cacciaconti, der auch Fazio genannt wurde (Sohn von Ildebrandesca Aldobrandeschi), und die Burg später erbte und anscheinend dem Orden der Tempelritter angehörte. Der Legende nach hätte Fazio sich, nachdem er zahlreiche Goldkisten erbeutet hätte, für den Rest seines Lebens in der Burg von Rocchette eingeschlossen und diese auch noch verstärkt, um seinen Schatz (oder vielleicht den der Tempelritter) zu beschützen. Tatsache ist, dass das befestigte Dorf, eines der wichtigsten in der Grafschaft der Aldobrandesker und oft Mittelpunkt hefiger Auseinandersetzungen, heute noch als malerisches Kleinod aus dem Mittelalter abseits des Touristenstroms gilt. Außerhalb des Mauerrings befindet sich das Krankenhaus San Tommè.

▼ Rocchette di Fazio

Eine Inschrift weist auf das Entstehungsdatum, ca. 1330, während verschiedene Malteserkreuze und einige epigrafische Abkürzungen an den Mauern, als *Militia Christi, Sancto Sepolcro* interpretiert werden können – ein weiterer Hinweis auf die Tempelritter. Durch das Burgtor kommt man in den mittelalterlichen Dorfkern mit einigen Mauerresten, einem Turm und Sockeln ehemaliger Türme, dem Palazzo Pretorio und dem Palazzo della Giustizia. Die Kirche Santa Christina aus dem 13. Jh., die heute entweiht und Privatbesitz ist, zeigt noch ein schönes Portal. An der höchsten Stelle des Dorfes kann man die Reste des jüngst restaurierten Cassero bewundern, oder besser gesagt der Burg, die sich bis vor wenigen Jahren noch in dem Zustand befand, in dem sie das spanische Heer nach der Verwüstung im Jahre 1536 zurückgelassen hat. Die Dorfkirche Santa Maria (16. Jh.) blickt auf den Platz Piazza Fazio Cacciaconti. Hier wird eine schöne Marienstatue aus Holz des 16. Jh. verehrt, die in einem Barockaltar eingearbeitet ist.

▼ Hospital S. Tommè, antike Tafeln

KURIOSES

Der „Olivone" von Semproniano

Dieser wunderbare Baum steht in der Ortschaft Fibbianello, nur wenige Meter vom Dorf entfernt und dürfte allen Botanikern bekannt sein; doch hat er in letzter Zeit stark gelitten. Als eine der ältesten bekannten Pflanzen mit einem Umfang von ca. 12 m schätzt man ihr Alter auf ca. 2000 Jahre. Aber eines Nachts im Jahre 1998 haben sich einige idiotische Vandalen da-

▼ Olivone vor dem „Attentat"

mit vergnügt, einen mit Kerosin getränkten Lappen in einer Einhöhlung des Stammes anzuzünden …Die lodernden Flammen wurden erst bemerkt, als es schon zu spät war und am nächsten Morgen bot sich ein trauriger Anblick, denn der Baum war völlig verkohlt. Doch hier zeigt sich die außerordentliche Überlebenskraft des Olivenbaumes: Bald haben sich neue Sprösse durch das tote Holz ans Licht gekämpft, aber die 25 m dieses stolzen Baumes sind jetzt nur noch Rauch und Dampf.

Erste Hilfe für Tiere

Bei Semproniano (Loc. La Casaccia) sind dank des WWF zwei bewundernswerte Strukturen eingerichtet worden, *Centro di Recupero Animali Selvatici* (*CRAS*) und *Centro di Recupero Animali Selvatici Esotici* (*CRASE*). Hier werden unter hohem finanziellen Aufwand verletzte, vergiftete, unterernährte, stromschlaggeschädigte - kurz bedrohte Tiere rund um die Uhr von Freiwilligen professionell aufgenommen und behandelt, wie bei einer echten Notaufnahme. Im Zentrum CRASE kümmert man sich in erster Linie um exotische Tiere, die sequestriert wurden, da sie oft illegal gehalten werden.

Geburtsort von …

In Semproniano wurden einige bekannte Persönlichkeiten geboren, wie der Missionar Ezechia Banci (19. Jh.), der Historiker Novilio Pellegrini (1888-1968) und der Bildhauer Vico Consorti (1902-1979), der unter anderem die Bronzedekoration des heiligen Portals der Basilika San Pietro in Rom gestaltet hat. Aber Semproniano gilt vor allem als Heimat des großen Schriftstellers und hermetischen Dichters Mario Luzi (1914-2005), der zwar in der Nähe von Florenz geboren wurde, aber hier bei seinen Verwandten aus Semproniano viel Zeit verbrachte.

▼ Schleiereule

FÜHRUNGEN:
Die Cooperativa la Fortezza organisiert wunderbare Ausflüge, Archeotrekking und Führungen in den schönsten Orten der toskanischen Maremma, mitten im Grün der Hügel zwischen den Bergen und dem Meer.
www.sovanaguide.it
coop_lafortezza@virgilio.it
Tel. +39 0564 616532

SEMPRONIANO
Gemeindegebiet: 81,44 km²
Einwohner: 1192
Höhe: 601 m ü. d. M.
Rathaus: Via Roma, 35/39
www.comune.semproniano.gr.it

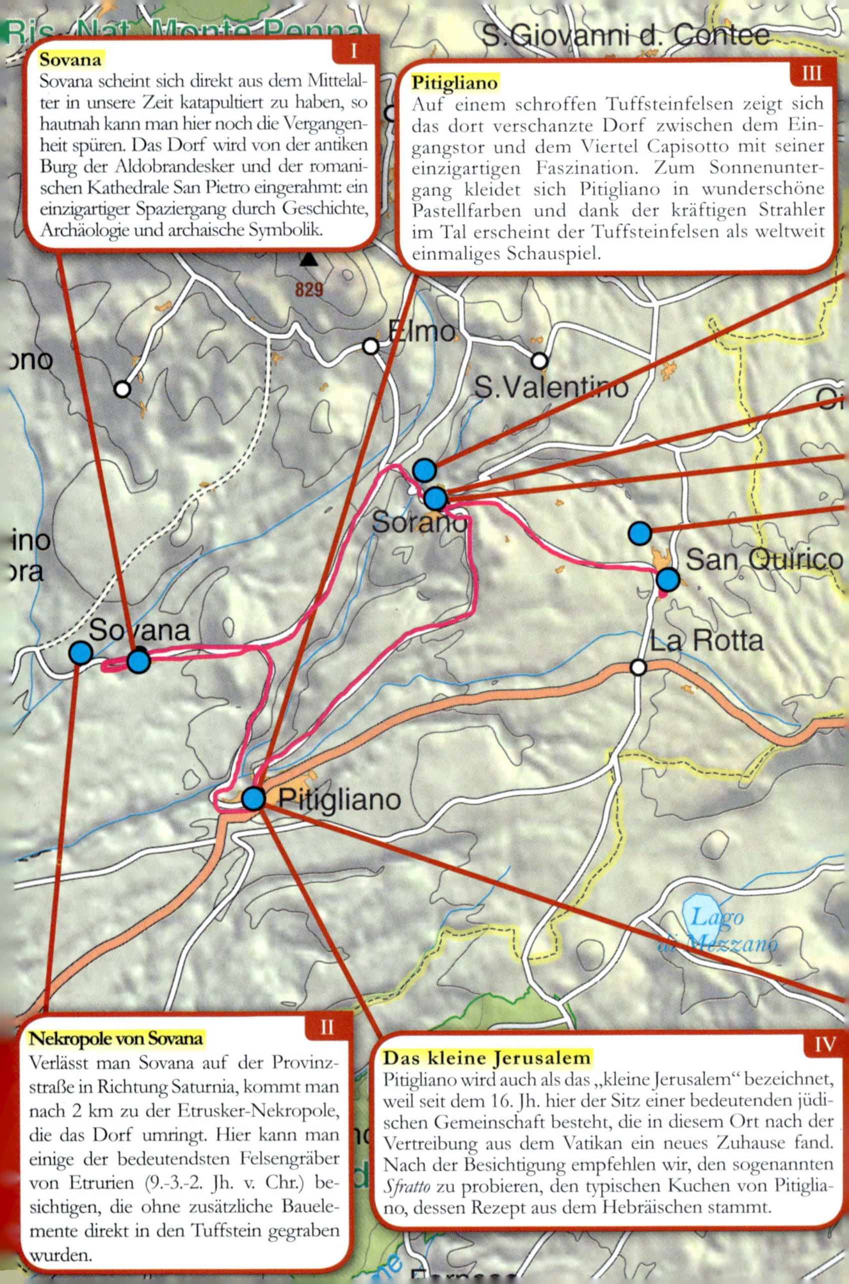

I

Sovana

Sovana scheint sich direkt aus dem Mittelalter in unsere Zeit katapultiert zu haben, so hautnah kann man hier noch die Vergangenheit spüren. Das Dorf wird von der antiken Burg der Aldobrandesker und der romanischen Kathedrale San Pietro eingerahmt: ein einzigartiger Spaziergang durch Geschichte, Archäologie und archaische Symbolik.

III

Pitigliano

Auf einem schroffen Tuffsteinfelsen zeigt sich das dort verschanzte Dorf zwischen dem Eingangstor und dem Viertel Capisotto mit seiner einzigartigen Faszination. Zum Sonnenuntergang kleidet sich Pitigliano in wunderschöne Pastellfarben und dank der kräftigen Strahler im Tal erscheint der Tuffsteinfelsen als weltweit einmaliges Schauspiel.

II

Nekropole von Sovana

Verlässt man Sovana auf der Provinzstraße in Richtung Saturnia, kommt man nach 2 km zu der Etrusker-Nekropole, die das Dorf umringt. Hier kann man einige der bedeutendsten Felsengräber von Etrurien (9.-3.-2. Jh. v. Chr.) besichtigen, die ohne zusätzliche Bauelemente direkt in den Tuffstein gegraben wurden.

IV

Das kleine Jerusalem

Pitigliano wird auch als das „kleine Jerusalem" bezeichnet, weil seit dem 16. Jh. hier der Sitz einer bedeutenden jüdischen Gemeinschaft besteht, die in diesem Ort nach der Vertreibung aus dem Vatikan ein neues Zuhause fand. Nach der Besichtigung empfehlen wir, den sogenannten *Sfratto* zu probieren, den typischen Kuchen von Pitigliano, dessen Rezept aus dem Hebräischen stammt.

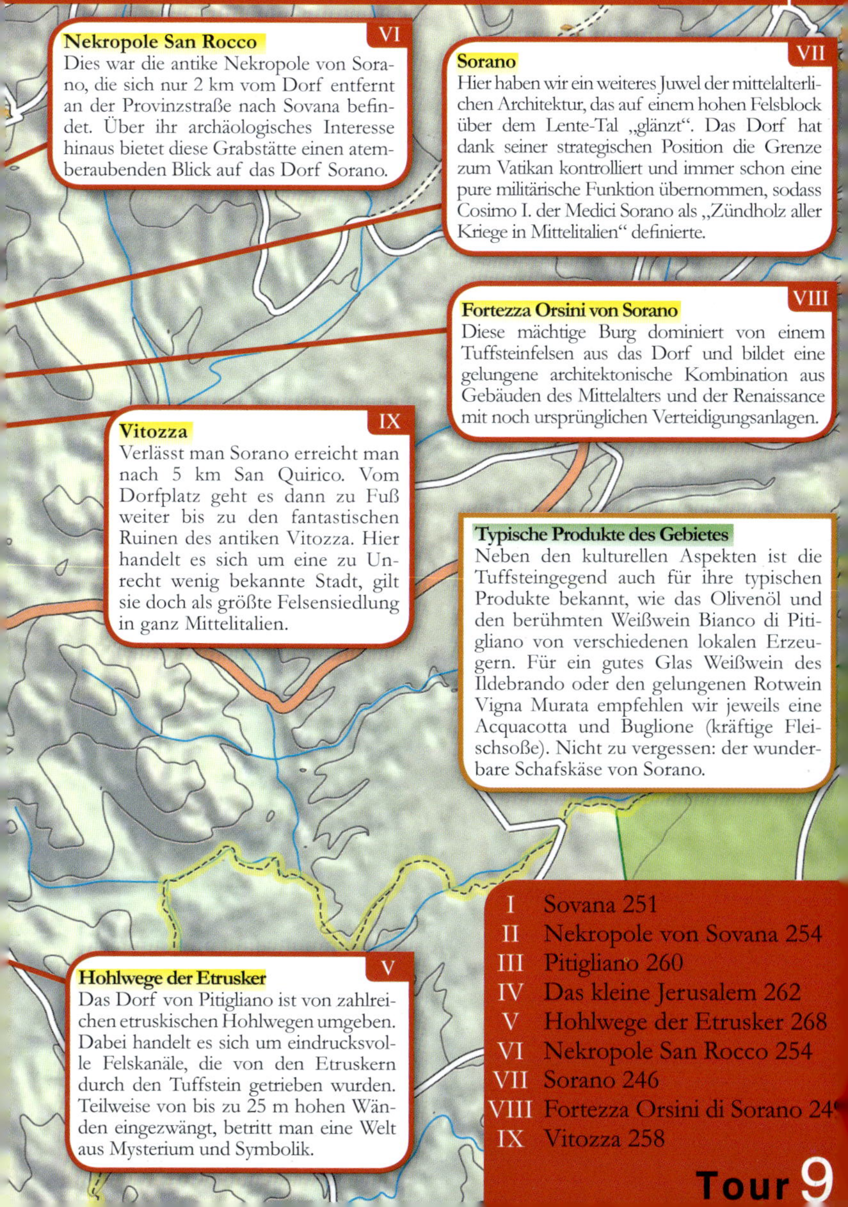

VI Nekropole San Rocco

Dies war die antike Nekropole von Sorano, die sich nur 2 km vom Dorf entfernt an der Provinzstraße nach Sovana befindet. Über ihr archäologisches Interesse hinaus bietet diese Grabstätte einen atemberaubenden Blick auf das Dorf Sorano.

VII Sorano

Hier haben wir ein weiteres Juwel der mittelalterlichen Architektur, das auf einem hohen Felsblock über dem Lente-Tal „glänzt". Das Dorf hat dank seiner strategischen Position die Grenze zum Vatikan kontrolliert und immer schon eine pure militärische Funktion übernommen, sodass Cosimo I. der Medici Sorano als „Zündholz aller Kriege in Mittelitalien" definierte.

VIII Fortezza Orsini von Sorano

Diese mächtige Burg dominiert von einem Tuffsteinfelsen aus das Dorf und bildet eine gelungene architektonische Kombination aus Gebäuden des Mittelalters und der Renaissance mit noch ursprünglichen Verteidigungsanlagen.

IX Vitozza

Verlässt man Sorano erreicht man nach 5 km San Quirico. Vom Dorfplatz geht es dann zu Fuß weiter bis zu den fantastischen Ruinen des antiken Vitozza. Hier handelt es sich um eine zu Unrecht wenig bekannte Stadt, gilt sie doch als größte Felsensiedlung in ganz Mittelitalien.

Typische Produkte des Gebietes

Neben den kulturellen Aspekten ist die Tuffsteingegend auch für ihre typischen Produkte bekannt, wie das Olivenöl und den berühmten Weißwein Bianco di Pitigliano von verschiedenen lokalen Erzeugern. Für ein gutes Glas Weißwein des Ildebrando oder den gelungenen Rotwein Vigna Murata empfehlen wir jeweils eine Acquacotta und Buglione (kräftige Fleischsoße). Nicht zu vergessen: der wunderbare Schafskäse von Sorano.

V Hohlwege der Etrusker

Das Dorf von Pitigliano ist von zahlreichen etruskischen Hohlwegen umgeben. Dabei handelt es sich um eindrucksvolle Felskanäle, die von den Etruskern durch den Tuffstein getrieben wurden. Teilweise von bis zu 25 m hohen Wänden eingezwängt, betritt man eine Welt aus Mysterium und Symbolik.

Sorano

DIE GESCHICHTE

In einer hügeligen Landschaft mit weiten Hochebenen auf Tuffsteinblöcken, die von Wasserläufen, wie dem Lente, durchschnitten werden, welche enge Täler mit steilen Wänden formten, entstand im Mittelalter die Burg von Sorano.

Im Jahre 862 gründete Kaiser Ludwig II. offiziell die Grafschaft der Aldobrandesker und erteilte der mächtigen Adelsfamilie der Aldobrandesker die Rechtssprechung über dieses Gebiet. Doch geht die Geschichte dieser Gegend noch viel weiter zurück, und zwar auf eine nahe Hochebene, in die sich die Wasserläufe Folonia und Calesine gegraben haben: Hier blühte die antike Etruskersiedlung Sovana (7.-2. Jh. v. Chr.), die außerordentliche Fundstücke von hohem künstlerischem Wert in der Nekropole zurückgelassen hat, in den bedeutenden Gräbern, die von wichtigen Persönlichkeiten in Auftrag gegeben wurden. Zur Zeit der Römer wurde der Siedlungskern *Soana* genannt und schon im 6. Jh. zur Hauptstadt einer Diozese erhoben. Diese dominante Rolle behielt sie auch in der darauffolgenden Zeit unter der Herrschaft der Langobarden. Im Jahre 1073 wurde Ildebrando di Sovana zum Papst Georg VII. geweiht, der als großer Beschützer der Famile der Aldobrandesker galt und Sovana, wo man noch heute sein Geburtshaus bewundern kann, einen besonderen Ruhm bescherte. Im 13. Jh. erlebte das Dorf dank der Aldobrandesker seine absolute Blütezeit. Sovana wurde von einer Burg bewacht und im „Stadtplan“ zweig-

▼ Sorano

ten von einer zentralen Hauptstraße viele kleine Gassen ab; heute noch zeugen seine Monumente vom einstigen Glanz des Mittelalters und der Renaissance. Die Burg der Aldobrandesker wacht über den Eingang des Dorfes, dessen Platz vom Palazzo Pretorio, den Kirchen Santa Maria und San Mamiliano dominiert wird. Neben verschiedenen Häusern des 15.-16. Jh. hebt sich der Palazzo Bourbon del Monte besonders hervor. Der Spaziergang durch die Vergangenheit wird am Ende mit der wunderbaren, romanischen Kathedrale gekrönt, die wie ein Kristall die Zeit überdauerte. Nach der glanzvollen Ära der Aldobrandesker gehörte Sovana für kurze Zeit zur Gemeinde von Orvieto und anschließend zur Grafschaft von Pitigliano und damit zum Besitz der Orsini. Es folgte eine langsame, aber kontinuierliche Deklassierung zugunsten anderer befestigter Dörfer (wie das nahe Sorano), die besser gegen die kontinuierlichen Agressionen geschützt waren. Seit 1410 unter der Herrschaft Sienas gelangte Sovana 1560 unter die Fittiche des Großherzogtums der Medici, bis am Ende die Macht vergangener Zeiten endgültig verloren war und sich das Dorf immer mehr entvölkerte.

Sorano dagegen wurde zum ersten

▼ Sovana, Kirche S. Maria

▲ Die suggestive Piazza von Sovana

▼ Sovana, Kathedrale S. Pietro

mal im 9. Jh. erwähnt und seit 1172 gibt es Notizen von der Burg der Aldobrandesker, deren Familie im Jahre 1312 ausstarb. Ihr letzter Sproß, Anastasia, hatte im Jahre 1293 Romano di Gentile Orsini geheiratet und brachte ihm als Mitgift das Feudalgut „ins Haus". So bauten die Orsini als Herrscher von Sorano die Burg zu ihrem Hauptbollwerk gegen die ständigen, aber zwecklosen Angriffe der Sieneser (1416-1454) aus. Nach dem Anschluss an das Großherzogtum der Toskana im Jahre 1608 wurde Sorano zur Hauptstadt dieses Gebietes. Im 19. Jh. entvölkerte sich das Dorf und der urbanistiche Zustand verschlechterte sich zusehends, nicht zuletzt wegen der Erosion des Tuffsteinblocks, die in moderner Zeit wichtige Konsolidierungsmaßnahmen nötig machte. Umfangreiche Restaurierungsarbeiten in den letzten Jahren konnten der historischen Altstadt wieder ein würdevolles Antlitz verschaffen, das an den Glanz vergangener Tage erinnert.

▼ Sorano

▼ Sorano, Masso Leopoldino

SEHENSWÜRDIGKEITEN

Sorano

Wer das auf einem unzugänglichen Tuffsteinfelsen steil über den umliegenden Tälern verschantzte Dorf Sorano betritt, der wird vom Anblick der mächtigen, antiken Burg, die auf den Resten einer Etruskersiedlung und nachfogenden römischen Bauwerken entstand, geradezu „erschlagen". Wie schon erwähnt, gehen erste Berichte über diese Befestigungsanlage auf das Jahr 1172 zurück. Die sogenannte *Fortezza superiore*, die von den Aldobrandeskern gebaut wurde und Anfang des 14. Jh. in die Hände der Orsini fiel, wurde zusätzlich verstärkt, um den Angriffen der Republik von Siena standzuhalten; was auch gut gelang, denn die Sieneser schafften es nicht, die Burg einzunehmen. Cosimo I. der Medici taufte diese Festung als das „Zündholz aller Kriege in Italien". Eine wichtige Umstrukturierung erfolgte im Jahre 1552 durch das Werk des Militärarchitekten Anton Maria Lari, der zwei neue Bastionen und einen zentralen Zwinger schuf. Heute präsentiert sich die Fortezza Orsini, über deren Eingang das Wappen von Niccolò IV. Orsini triumphiert, nach einer langen Restaurierung und Konsolidierung in seiner ganzen, antiken Pracht und lädt mit seinen Strukturen, den Burgzinnen, den Kellergewölben, der antiken Säle, der Getreidespeicher und der Ölmühle zur Besichtigung ein. Hier befindet sich auch das Museum für Mittelalter und Renaissance mit vielen Fundstücken aus den sogenannten „butti" (mittelalterliche Gruben unter den Häusern, die als eine Art Müllkippe funktionierten). In dem achteckigen Turm, heute ein Mu-

▼ Sorano, Nordansicht

▼ Die Kirche S. Niccolò

seum, hat sich Graf Niccolò IV. Orsini anscheinend mit jungen Damen vergnügt. Darauf deuten die Freskendekoration, mytologische Szenen und eine interessante vierhändige Partitur für ein Madrigal. In der Nähe der östlichen Bastion erkennt man schließlich, unter wuchernder Vegetation, die Reste des Terassengartens aus dem 16. Jh., der mit großen Tuffsteinskulpturen dekoriert war: Stühle, Brunnen und Monsterfiguren in eindrucksvoller Harmonie zwischen Kunst und Natur. Zu Füßen der Burg hat sich die Altstadt nach jahrundertelangem Verfall langsam wieder erholt. Ein großer Felsvorsprung trägt den Namen Masso Leopoldino, weil man annahm, dass der Großherzog Leopold von Lothringen diesen befestigt hätte (doch die Absenkung und die Terassenbildung waren nötig wegen der Einsturzgefahr des Felsblockes). Das schöne Tor aus Travertingestein Porta dei Merli öffnet sich zum unteren Dorfteil und wird von den Wappen des Niccolò IV. Orsini und Cosimo I. geschmückt. Entlang den wichtigsten Straßen der Altstadt kommt man an einfachen, aber eleganten Häusern vorbei bis zum Platz mit der antiken Pfarrkirche San Niccolò da Bari, die im 18. u. 19. Jh. im neoklassizistischen Stil restauriert wurde. Hier gibt es einen schönen Taufbrunnen, ein Kreuz und einige Gemälde aus dem 17. Jh. von guter Ausführung. Links von der Pfarrkirche befindet sich der Palazzo Comitale, der ursprüngliche Sitz der Orsini, welcher im Laufe der Zeit stark verändert wurde,

▼ Sorano, Fortezza Orsini

aber noch einige bemerkenswerte Details zeigt, wie das schöne Portal aus der Renaissancezeit. Weiterhin interessant sind Gebäude wie der Cortilone (ein großer Getreidespeicher, den Niccolò IV. Orsini im Jahre 1554 errichten ließ) und die hochaufragenden Steinhäuser im Dorfteil *Vicolo dell'Archetto della Rocca Vecchia*, ein besonders malerisches Viertel, das wegen Einsturzgefahr schon verlassen, aber inzwischen restauriert wurde.

Sovana

In diesem Dorf wird der Wanderer vor allem in der Nebensaison von einer besonders fazinierenden Atmosphäre empfangen. Die gut erhaltenen und harmonisch aneinandergereihten Monumente und Häuser scheinen die Zeit angehalten zu haben und bieten Kunst und Geschichte zum „Anfassen". Über dem Dorfeingang regiert noch die Burg der Aldobrandesker mit ansehnlichen Ruinen. Sie wurde um das Jahr 1000 errichtet und bewachte früher den einzigen Eingang zum Dorf, die heute nicht mehr sichtbare *Porta della Rocca* (das antike Portal wurde 1954 abmontiert). Von der schlichten Konstruktion gibt es nur noch einige Spuren zu sehen, während die Bauteile aus dem 13. u. 14. Jh. und die Restrukturierung von Cosimo I. der Medici noch gut zu erkennen sind. Von der Burg aus kommt man über die Via di Mezzo zur Piazza del Pretorio, wo sich auf der linken Seite direkt neben dem Palazzo Bourbon dal Monte, der sich den Glockenturm „einverleibt" hat, die Kirche San Mamiliano befindet, die als älteste Kirche des Dorfes auf den Ruinen eines Thermalbades aus römischer Zeit errichtet wurde. Das Gebäude ist heute Sitz des archäologischen Museums von Sovana, stammt aus frühchristlicher Zeit und präsentiert

▼ Sovana, Rocca Aldobrandesca.

▼ Sovana

sich mit einem Einzelschiff ohne Absis. Der Heilige Mamiliano wirkte im 5. Jh. als einer der ersten Evangelisierer in der Toskana und gründete verschiedene Klöster. Heute bleibt

▼ Die Kirche S.Maria, Ziborium

er als Schutzpatron von Sovana und der Insel Giglio in Erinnerung. In der Kirche von Sovana wurden einst auch seine Reliquien aufbewahrt, die später in die nahe Kathedrale verlegt wurden. Bei den Ausgrabungen im Zusammenhang der Restaurierungsarbeiten an der kleinen Kirche kam im Jahre 2004 ein wahrer Schatz von fast 500 Goldmünzen, die im 5. – 6. Jh. n. Chr. in Konstantinopel, Rom, Mailand und Ravenna geprägt wurden, zum Vorschein. Ein Fest für die Fachleute der Münzkunde, denn die seltenen Geldstücke zeigen noch Abbildungen römischer Imperatoren. Neben der Kirche San Mamiliano und dem Palazzo Bourbon dal Monte (16. u. 17. Jh.) befindet sich die Kirche Santa Maria, ein Musterbeispiel romanischen Stils des 12. – 13. Jh. Ihr Prunkstück im strengen Inneren mit drei Schiffen bildet neben den verschiedenen Fundstücken römischer und mittelalterlicher Kunst und den Fresken des 15. u. 16. Jh., die teilweise von Andrea di Niccolò der sienesischen Schule stammen, ein wunderbarer Ziborium aus vorromanischer Zeit (8.-9. Jh.). Vermutlich gehörte er ursprünglich zur antiken

▼ Sovana, Palazzo Pretorio

Kathedrale und wurde hierher verlegt, als sie im 13. Jh. umstrukturiert wurde. Es handelt sich um eine Edikula mit achteckigem, pyramidenförmigem Giebel über vier Säulen, die über Segmentbögen mit Dekorationen aus Rebstockranken, Tauben und Pfauen verbunden sind: wunderbare Basreliefe, die in Harmonie mit der Baldachinstruktur ein einzigartiges Monument bilden, das von dem antiken Glanz Sovanas berichtet. Direkt gegenüber der Kirche befindet sich der Palazzo Pretorio aus dem 13. Jh., der von den Sienesern im 15. Jh. umstrukturiert wurde. In seiner Fassade haben die Gerichtskapitäne und Kommissare, die hier zwischen dem 15. u. 17. Jh. wohnten, ihre Wappen hinterlassen. Im Palazzo ist eine Rekonstruktion des Grabes Ildebranda ausgestellt, während der Großteil der Fundstücke aus den umliegenden Nekropolen heute im neuen Museum San Mamiliano gezeigt werden. In den Sälen werden Austellungen organisiert und hier befinden sich auch die Büros des Archäologie-Parks „Città del Tufo". Neben dem Palazzo öffnet sich die Loggia del Capitano, mit dem Wappen der Medici von Cosimo I. (1570). Die Via del Duomo verläuft parallel zur Via di Sotto am interessanten, schlanken Palazzo dell'Archivio vorbei, der von einem Glockengiebel (12.-13. Jh.) gekrönt wird. Auf der Via del Duomo trifft man auf bemerkenswerte Wohnhäuser, wie das Geburtshaus von Ildebrando di Sovana (geboren um das Jahr 1020 und 1073 unter dem Namen Gregor VII. zum Papst geweiht), bevor man am Ende des Dorfes die isoliert liegende Kathedrale San Pietro erreicht.

▼ Kathedrale von Sovana

Der Dom von Sovana

Dieses bedeutende Monument entstand am Ende des 11. Jh. und wurde, wie schon erwähnt, im 13. u. 14. Jh. renoviert. Man ist sich nicht ganz einig über die ungewöhnliche Position des Eingangs, der sich für einige an seinem ursprünglichen Platz befindet, für andere jedoch durch die Anlehnung der Bischofsresidenz an die schlichte Fassade begründet ist. Die reiche Dekoration des Portals zeigt eine wertvolle, künstlerische Kombination aus schmalen Säulen, Löwenköpfen, menschlichen Figuren, klassischen, romanischen Pflanzenmotiven und Fundstücken aus älteren Zeiten. Letztere wurden auch im aus drei Schiffen bestehenden Inneren des Doms eingemauert. Unter der Apsis öffnet sich eine schlichte Krypte „in das 8. Jahrhundert". Unter den schönen Kapitellen des Doms verdient das der zweiten Säule auf der linken Seite besondere Aufmerksamkeit: Hier erkennt man in der komplexen Dekoration den doppelten Einfluss, unter dem das gesamte Innere gestaltet wurde, nämlich den eindeutigen sienesischen Stil und den nordischen Geschmack lombardischer Meister. Ein beeindruckender Sarkophag aus dem 15. Jh. bewahrte die Reliquien des San Mamiliano, bevor sie in einer Urne in der Krypte ausgestellt wurden.

▼ Kathedrale San Pietro, Portal

Die Nekropole der Etrusker

Ein Besuch in dem Gebiet von Sorano führt zwangsläufig auch zur Nekropole der Etrusker, denn sie zeigt uns den antiken Ursprung einer Gegend, die heute von den Dörfern Sorano und Sovana charakterisiert wird.

Die in den Tuffstein gegrabene Nekropole verläuft in einem Gebiet, das heute unter dem Schutz des archäologischen Parks „Città del Tufo" steht, um die zahlreichen Ausgrabungsstätten zu „koordinieren"; und zwar nicht nur die der Etrusker, sondern auch diejenigen aus römischer und mittelalterlicher Zeit. Ein faszinierendes Mosaik aus Gräbern, beeindruckenden *Vie Cave* (Hohlwege), den mittelalterlichen Felsensiedlungen von Vitozza (mit über 200 Kolumbarien und Grotten, die vom Mittelalter bis zum 18. Jh. bewohnt wurden) und von San Rocco (heute noch mit ungeklärten Geheimnissen), und weiter aus den

▼ Frontgiebel des Grabes Sirena

Festungen und Burgen, den Ruinen, die von der Zeit über dieses Land gesät wurden …Die monumentalen Gräber liegen in der Nähe von Sovana, verborgen in der dichten mediterranen Vegetation, dort, wo sich auch die engen, spektakulären Vie Cave winden, die von den Etruskern in den Tuffstein getrieben wurden. Aber auch in nachfolgenden Epochen wurden diese Hohlwege als praktische Verkehrsverbindungen in einem aufgrund der deutlichen Höhenunterschiede schwer zugänglichen Gebiet genutzt (hier weisen wir im Besonderen auf den zyklopischen Hohlweg Cavone hin, über den sich Moos und Farne gezogen haben und wo auch eine Art Tabernakel gefunden wurde. Die steil aufragenden Wände des Hohlwegs San Sebastiano dagegen erreichen eine Höhe von fast 20 Metern. Die Gräber gehen auf einen Zeitraum zurück, der vom 8.-7. Jh. bis zum 3.-2. Jh. v. Chr. reicht. Aus dem letzteren Zeitabschnitt stammen die wertvollsten und bekanntesten Grabstätten: *Grotta Pola di Poggio Prisca* mit acht Säulen an der Frontseite (3. Jh. v. Chr.), *Tomba del Tifone di Poggio Stanziale* (4. Jh. v. Chr.), das berühmte Grab *Ildebranda di Poggio Felceto* (3.-2. Jh. v. Chr., nach dem illustren Bürger von Sovana, Papst Gregor VII. benannt). Das Letztere zeigt eine bedeutende, tempelförmige Anlage, die mit Säulen und

▼ Das Grab Tifone, Detail

reichen, vielfarbigen Stuckdekorationen versehen war. Vor einigen Jahren fand man bei Poggio Prisca das Grab *Tomba dei Demoni alati* (2. Jh. v. Chr.) mit einer einzigartigen Skulptur-Dekoration; dabei handelt es sich um ein Edikula-Grab, das in einen großen Tuffsteinblock gehauen wurde. In der zentralen Nische erkennt man die Darstellung des Verstorbenen, der von zwei beflügelten, weiblichen Dämonen eingerahmt wird. Auf dem Frontgiebel dagegen vervollständigt ein weiterer Dämon, ebenfalls beflügelt, die Komposition aus Skulpturen, die auch einen Löwen mit einschließt. Nur wenige 100 m weiter in Richtung der Via Cava San Sebastiano trifft man auf einige Halbwürfel-Gräber und das bekannte Grab *Tomba della Sirena* mit Edikula und Frontgiebel (3.-2. Jh. v. Chr.). Auch hier erkennt man, wie der Verstorbene zwischen Dämonen und mythologischen Figuren dargestellt wird.

▼ Das Grab Demoni alati, Detail

▼ Sovana, das Grab Ildebranda

▲ Sovana, Felsenwohnung
▼ Sovana, Via Cava di San Sebastiano

KURIOSES

Eine antike Quelle

Nur wenige Kilometer von Sorano entfernt (loc. Filetta) entspringt in der Nähe der Kirche Pieve di Santa Maria all'Aquila eine antike Thermalquelle mit 37° warmem Wasser, die vermutlich schon den Etruskern bekannt war. Später im Jahre 1300 wurde in ihrer Nähe die Kirche Santa Maria all'Aquila errichtet. Die heilende Wirkung des warmen Wassers war schon lange der lokalen Bevölkerung bekannt, doch erst im Jahre 2005 wurde dies vom Gesundheitsministerium erkannt und die Genehmigung für die Eröffnung der Residenz „Terme di Sorano“ erteilt, die sich harmonisch in die wunderbare Landschaft fügt. Auch die mittelalterliche Kirche wurde restauriert und wacht wieder wie in der Antike über die Heilquellen.

▼ Die Thermen von Sorano

Vitozza

Wie schon erwähnt, befindet sich im archäologischen Park "Città del Tufo" auch die Ausgrabungsstätte von Vitozza, die allein schon einen Besuch wert ist. Die Ruinen der Mauern und Häuser, der Kirchen und einer Festung zeigen, welche Bedeutung diese einzigartige Felsensiedlung in der Zeit zwischen dem 12. u. 18. Jh. gehabt haben muß; und noch während des 2. Weltkrieges diente sie als Unterschlupf für die Bewohner von San Quirico. Bei einem Spaziergang im umliegenden Macchiawald trifft man heute noch auf in den Tuffstein gegrabene Wohnungen, Ställe, Brunnen und Zisternen, die den kontinuierlichen Gebrauch zu Wohnungszwecken bezeugen. Es gibt außerdem verschiedene Grotten, die mit den sogenannten *Colombari* ausgestattet sind (Nischen, die für einige zur Urnenbestattung dienten, aber in der Antike wahrscheinlich eher für die Taubenzucht genutzt wurden), und Gebäude und Befesigungsanlagen, die ausschließlich aus Tuffstein konstruiert wurden, ein Baumaterial, das leicht zu bearbeiten ist. Die fazinierende Felsensiedlung mit ca. 200 Grotten wird in ihrer Art in Italien nur von den berühmten *Sassi di Matera* übertroffen. Für erfahrene Wanderer empfehlen wir außerdem eine Exkursion durch ein wunderbares, unwegsames Gelände zur Quelle des Flusses Lente.

▼ Vitozza, Felsenwohnung

▲ Vitozza, Felsenwohnung im Tuffstein

▼ Die Hand von Orlando

Die Hand von Orlando

Kurz bevor man die kleine Stadt Sorano an der Ortschaft Pian della Madonna betritt, erkennt man am Straßenrand einen interessanten Felsen, der im oberen Teil längliche Furchen zeigt. Der Legende nach erinnert er an ein Ereignis zu Zeiten von Karl dem Großen: Der Paladin Orlando, der zunächst nach einer anfänglichen Niederlage nicht am Angriff auf Sovana teilnehmen sollte und deshalb wütend auf den König war, wurde am Ende doch noch zu den Waffen gerufen. Aber aus Angst nicht mehr genügend Kraft zu besitzten, zog er sich bei Pian della Madonna zum Gebet zurück und stützte sich dabei an einen Felsen, in dem die Abdrücke seiner Hände zurückblieben: So stark waren seine Hände, die sich im Gebet in den Felsen krallten. Durch diese sichtbare Probe beruhigt machte sich Orlando auf den Weg in die Schlacht.

FÜHRUNGEN:
Die Cooperativa la Fortezza organisiert wunderbare Ausflüge, Archeotrekking und Führungen in den schönsten Orten der toskanischen Maremma, mitten im Grün der Hügel zwischen den Bergen und dem Meer.
www.sovanaguide.it
coop_lafortezza@virgilio.it
Tel. +39 0564 616532

SORANO
Gemeindegebiet: 174,60 km^2
Einwohner: 3671
Höhe: 379 m ü. d. M.
Comune: Piazza del Municipio, 15
www.comune.sorano.gr.it

Pitigliano

DIE GESCHICHTE

Fast scheint es so, als hätte hier die Natur schon vor den Menschen „Hand angelegt" und einen spektakulären Tuffsteinfelsen, steil und unerreichbar über den Flusstälern des Lente, des Prochio und des Meleta errichtet. Eine natürliche Festung, aus der wie in einem Märchen Häuser und Paläste „wachsen". Dieser atemberaubende Anblick verschlägt einem bei der Anfahrt auch die Sprache, bevor sich die Straße zum Haupttor der Stadt hinaufwindet, über dem das Wappen der Adelsfamilie der Orsini thront.

Pitigliano blickt auf eine lange, vielschichtige Geschichte zurück. Unzweifelhaft sind seine Wurzeln in der Etruskerzeit verwachsen, was die zahlreichen Nekropolen belegen, aber es gibt auch Zeugnisse aus antiken Zeiten, bis in das Neolithikum zurück. Im heutigen Gemeindegebiet kann man eine wichtige Etruskersiedlung in der Ortschaft *Le Sparne* besichtigen. Die Taufe von Pitigliano erfolgte durch die Römer: *Gens Petilia.* So wäre der Name des Dorfes aus der Fusion der Namen zweier römischer Verbannter, nämlich Petilio und Celiano entstanden, die sich hier niederließen. Die mächtige Familie der Aldobrandesker, die im Mittelalter große Teile der Maremma dominierte, machte Pitigliano in der Grafschaft von Sovana um das Jahr 1000 zu einer Festung ersten Ranges, die - wie aus Dokumenten des 13. Jh. hervorgeht – sowohl von Siena als auch von Orvieto begehrt wurde. Durch die Heirat von Anastasia Aldobrandeschi (letzter Spross des Zweiges von Sovana) mit Romano Orsini gelangte die kleine Stadt

▼ Pitigliano

in den Besitz der Adelsfamilie der Orsini, die für die weitere bauliche Entwicklung, die Pitigliano heute noch charakterisiert, verantwortlich war. Die expansionistische Politik von Siena und Orvieto wurde immer aufdringlicher, bis die Sieneser große Teile der Maremma in ihren Besitz gebracht hatten und auch Sovana eroberten (1410). In der Zwischenzeit hatten die Orsini ihren Hauptsitz von Sovana nach Pitigliano verlegt, das im 15. Jh. seine wahre Blütezeit erlebte, als Niccolò III. Orsini (1442-1510), einer der größten Heerführer seiner Zeit, dem befestigten Dorf zu mehr Sicherheit und Einfluss verhalf. Zwischen den Jahren 1543 und 1545 setzte Gianfrancesco III. Orsini nach dem Projekt von Antonio da Sangallo il Giovane und unter der Mitarbeit von Baldassare Peruzzi eine definitive Restrukturierung um. Darauf wuchs zur Zeit von Niccolò IV. der Druck des Großherzogtums der Medici dermaßen, dass die Festung nach und nach an Florenz abgetreten wurde. Nicht zuletzt wegen der Schulden des Alessandro Orsini wurde ganz Pitigliano 1608 in das Großherzogtum aufgenommen, bevor die Lothringer die Macht übernahmen und Pitigliano schließlich zum Königreich Italiens gehörte. Seit der Mitte des 16. Jh. tauchten

▼ Pitigliano, Aquädukt der Medici

▲ Pitigliano, die mächtige Fortezza Orsini

▼ Pitigliano, Diozesan-Museum

in Pitigliano und den umliegenden Feudalgebieten Gruppen jüdischer Familien auf, die sowohl vor dem Vatikan als auch vor dem Großherzogtum der Toskana wegen der harten Sanktionen, die den Handel und die Geldverleihung betrafen, geflohen waren. Die Grafen Orsini unterstützen diese Gemeinschaft zunächst aus ökonomischen Gründen, doch mit der nachfolgenden Herrschaft der Großherzoge änderte sich die Situation und es wurde ein Ghetto eingerichtet, um den Bewegungsspielraum und die Aktivitäten der Juden zu begrenzen. Doch auch die Großherzoge waren bald aus ökonomischen Gründen dazu gezwungen, diese Bedingungen zu entschärfen und den Juden mehr Freiheiten

▼ Pitigliano, das Innere der Synagoge

▼ Pitigliano, Judenfriedhof

zuzugestehen (wie das Eigentumsrecht). Dieser günstige Umstand wiederum zog weitere Familien aus den umliegenden Dörfern an (Castro, Scansano, Castell'Ottieri, Santa Fiora usw.). Schon im 17. Jh. und erst recht im 18. u. 19 Jh. gab es in Pitigliano die größte, jüdische Gemeinschaft in der Maremma. Heute noch trifft man auf einem Spaziergang durch die alten Gassen auf Zeugen dieser Vergangenheit, wie die restaurierte Synagoge, die Metzgerei, der Kasher-Keller und die Bäckerei Forno delle Azzime. Außerhalb des Dorfes dagegen befindet sich der jüdische Friedhof, der dank der Zugeständnisse von Niccolò IV. Orsini entstand.

SEHENSWÜRDIGKEITEN

Die Altstadt

Den Haupteingang zur Altstadt bildet ein großes, buckelverziertes Tor mit dem Wappen von „Gianfrancesco III. Orsino Conte di Pitigliano A.D.1545", das sich in den stärker befestigten Teil des Dorfes öffnet, der seit der Antike mehr Verteidigung nötig hatte, da man hier ohne Höhenunterschied mit dem anliegenden Hügel verbunden ist. Im Laufe der Jahrhunderte wurde diese Festung mehrmals modifiziert, doch ihr Hauptcharakter stammt aus dem 16. Jh. von dem bekannten Militäringenieur Antonio San Gallo il Giovane. Von den zwei noch erhaltenen Bastionen, die heute in Wohnungen umfunktioniert worden sind, blickt eine auf die Piazza Petruccioli, während die andere weiter nördlich mit einem Hängegarten den ursprünglicheren Anblick zeigt. Die Altstadt entwickelt sich links des Eingangstores und dem Besucher erscheint zunächst der mächtige Steinpalast Palazzo Orsini. Auf der linken Seite kann man unter den Bögen des Aquäduktes der Medici (1636-39) von dem steilen Tuffsteinfelsen auf das umliegende Land in die Tiefe schauen. Der Palast Orsini wurde zur Zeit der Aldobrandesker errichtet und später von den Grafen Orsini umgestaltet und erweitert. Besonders im 16. u. 17. Jh. verliehen der schon erwähnte Antonio Sangallo il Giovane und Baldassarre Peruzzi dem militärischen Gebäude eine elegante Note. Im wunderbaren Innenhof finden wir einen Bogengang und über dem Portal zahlreiche Basreliefdekorationen, wie auch in der Eingangshalle und auf dem sechseckigen Brunnen im Hof mit heraldischen Emblemen, Girlanden aus Früchten und Blumen, Schildern und Helmen. Hier befinden sich der Bischofssitz der Diözese von Sovana, Pitigliano und Orbetello und das Diözesan-Museum der sakralen Kunst mit Meisterwerken der Malerei, der Goldschmiede- und

▼ Pitigliano, Orsini Wappen

▼ Pitigliano, Palazzo Orsini

der Bildhauerkunst (so zum Beispiel die wunderbare Madonna mit Jesuskind von Jacopo della Quercia), die aus anderen Kirchen hier in Sicherheit gebracht wurden. Die Besichtigung führt durch ca. 20 verschieden strukturierte Säle mit Freskengemälden aus dem 15. Jh. In einem Seitenflügel aus jüngerer Zeit (18. Jh.) befindet sich das archäologische Museum für die etruskische Zivilisation mit einer modernen Ausstellung lokaler Fundstücke aus prähistorischer und etruskischer Zeit (ein Schwerpunkt: archaische Keramik, die in der Nekropole von Poggio Buco gefunden wurde). Auf dem Platz vor dem Palazzo, der Piazza della Repubblica, befand sich einst die Kirche San Francesco, die im 17. Jh. zerstört wurde und von der es noch einige Spuren in den Kellern eines Privathauses zu sehen gibt. Gegenüber des Palazzo Orsini machen sich drei parallele, schmale Straßen auf den Weg durch das

▼ Madonna von Jacopo della Quercia

▼ Pitigliano, Diozesan-Muesum

Gewirr aus engen Gassen und malerischen Winkeln mit unerwarteten Panoramablicken von steilen Tuffsteinvorsprüngen auf im Tal wucherndes Grün. Wunderbare, charakteristische Häuser, versteckte Gänge, die zu alten Ställen und schon zu Etruskerzeiten in den Tuffstein gegrabenen Kellern führen, locken zu einem Spaziergang in die Zeit… In der Mitte erhebt sich der Duomo dei Santi Pietro e Paolo, der antiken Volkskirche, die Niccolò III. Orsini im 16. Jh. komplett erneuerte und zur Hauptkirche der Grafschaft machte. Die Renovierungsarbeiten dauerten bis in die Zeit der Medici und der Lothringer an und so zeigt sich die Fassade im Barockstil und das Innere mit wertvollen Gemälden geschmückt. An der Seite des Doms erhebt sich der Glockenturm mit ehemals zivilen Funktionen. Man erkennt noch die ursprüngliche, schmal zulaufende Struktur und eine interessante Säule aus Travertingestein (1490), über dem ein heraldischer Bär zu sehen ist. Eine Inschrift zwischen Schildern, Emblemen, Löwenköpfen und Rosen erinnert an die Überlegenheit und Schlauheit der Sippe der Orsini („… die Rose steht über allen Blumen, wie der Bär über den Bestien…"). Ganz in der Nähe der Kathedrale liegt das antike Judenviertel: Hier kann man die Synagoge vom Ende des 16. Jh. besichtigen und die verschiedenen Ambiente, die in den Tuffstein gegraben wurden, die im Museum der jüdischen Kultur illustriert werden (das Museum bleibt am Sonntag und an jüdischen Festtagen geschlossen). Auf dem Weg in den östlichen Bereich des Dorfes trifft man auf die Kirche Santa Maria aus dem 13. Jh., die älteste Kirche von Pitigliano, die sich heute aber im Renaissance-Look mit einer eleganten Giebelfassade, einem interessanten, trapezförmigen Grundriss und einer strengen Innengestaltung mit Wappenfresken präsentiert. Die kleine Stadt endet mit dem Tor Porta Sovana, von der eine eindrucksvolle Treppe hinabführt, auf der einst Esel jegliche Art von Waren zur unzugänglichen Felsenburg trugen.

▼ Dom SS. Pietro u. Paolo

▼ Pitigliano, das Innere der Kirche S. Maria

Santa Maria delle Grazie

Dieser Ort der Marienverehrung bietet ein fantastisches Panorama auf Pitigliano, das einen wie angewurzelt mit offenem Mund sprachlos stehen lässt... Südlich, direkt vor der Tuffsteinstadt gelegen, entstand diese schlichte Kapelle im Lauf des15. Jh., wurde im 17. Jh. erweitert und von einem Franziskaner-Kloster begleitet. Von dem Gebäude ist noch der schöne Chorraum aus der Renaissance zu bewundern, während das Innere im Barockstil ausgeschmückt wurde. In einem der Altäre wird noch ein Gemälde der Madonna delle Grazie verehrt.

Etruskische Zeugen

Überreste der antiken etruskischen Mauern aus Tuffgestein aus dem 4. Jh. v. Chr. tauchen in verschiedenen Punkten der Burg auf, wie zum Beispiel an der Außenseite des Stadttores in Richtung Sovana (Porta di Sotto), dem Nebeneingang von Pitigliano im hinteren Viertel. In der näheren Umgebung wurden im Laufe der Zeit verschiedene Etruskergräber entdekt, wie im Tal Valle delle Fontanelle, am Wasserlauf Meleta bei Nucciarelli. Die Grabbeilagen zeigen den Einfluss von Vulci, der Etruskerstadt, welche die ökonomische und kulturelle Vormachtstellung in diesem Gebiet beanspruchte. Nur wenige Kilometer von Pitigliano entfernt in Richtung Manciano kann man außerdem die Nekropole von Poggio Buco besichtigen, die antike, blühende Etruskersiedlung (7. Jh. v. Chr.), von der noch Reste des Tempels, der Mauern, des Sarkophags und vor allem interessante Keramikobjekte erhalten geblieben sind, die nun zum Teil im Archäologischen Museum von Pitigliano ausgestellt sind.

▼ Panorama da S.Maria delle Grazie

KURIOSES

Das Fest Torciata di San Giuseppe

Am 19. März, dem Fest des Heiligen Joseph, findet das traditionelle, christliche Fest statt, das sich aus den heidnischen Riten der Tagundnachtgleiche des Frühlings hervor gegangen ist, mit denen die Ankunft der warmen Jahreszeit und damit der Ernte beschworen wurde. In den Tagen vor diesem Fest konstruiert man bei festlicher Stimmung auf dem Platz von Pitigliano den sogenannten „Invernacciu", eine große Puppe aus Bambusrohren, die zum Frühlingsanfang symbolisch vernichtet wird. In der Nacht des 19. März bewegen sich 40 Fackelträger mit dem Gesicht unter Mützen verborgen von dem dunklen Hohlweg Cavone di San Giuseppe auf einer Prozession hinter der Statue des Heiligen Joseph zum Dorf hinauf. Hier erreichen sie den Dorfplatz, wo ein historischer Umzug, eine Musikkapelle und die Fahnenschwinger das wartende Publikum unterhalten, guter Wein und leckere Krapfen jede Langeweile vertreiben. Wenn dic Fackelträger den Invernacciu anzünden, erwärmen die hohen Flammen di Gemüter und tauchen die Szenerie in magisches Leuchten. Seine segenbringende Asche wird von den Frauen des Dorfes gesammelt und das ganze Jahr über in den Häusern aufbewahrt.

▼ Torciata di San Giuseppe

Poggio Strozzoni

Auf diesem Hügel neben der Stadt erstreckte sich der Parco Orsini, den man durch das Bogentor in Via Santa Chiara erreichte. Es handelte sich um ein weites Gelände und die heute noch sichtbaren Tuffsteingebilde wie Treppen, Plattformen, Fenster, Stühle auch

▼ Poggio Strozzoni

„troni“ (Throne) genannt, und Figuren zeigen das zweideutige Spiel zwischen Natur und Kunsthandwerk nach der damaligen Mode des Manierismus. Der Legende nach ist der Name „Strozzoni“ eine Abwandlung des ursprünglichen „Sterzoni“, nachdem der Graf Orso II. Orsini im Jahre 1575 in diesem Park seine Frau Isabella degli Atti erwürgte (strozzare), die er der Untreue bezichtigte. Nicht weit entfernt erkennt man die Ruinen der Kirche und des Klosters San Francesco, die im Jahre 1911 bei einem Brand zerstört wurden.

Vie Cave

Die faszinierenden „Vie Cave“, lange enge Hohlwege in der Umgebung von Pitigliano, Sorano und Sovana dürfen bei keiner Tourenplanung fehlen. Es handelt sich um einzigartige, geradezu zyklopische Werke, die zu Etruskerzeiten in den Tuffstein gegraben wurden: Wege mit bis zu 20 m hohen, steilen Wänden, mit Moos und Farnen bewachsen, zwischen denen hier und da Inschriften, geheimnisvolle Symbole, Grabstätten, kleine Altare und Tabernakel oder Heiligenbilder, die sogenannten „scacciadiavoli“ (Teufelvertreiber) auftauchen; diese sollten für göttlichen Beistand sorgen auf dem Weg durch die engen, dunklen Felsengassen, die im Tuffstein zu verschwinden scheinen. Die wichtigsten Hohlwege sind die von Gradone (hier gibt es ein archäologisches Freilichtmuseum, das die Ambiente der „Stadt der Toten“ und der „Stadt der Lebenden“ der etruskischen Zivilisation rekonstruiert), die von San Rocco, San Giuseppe und der Madonna delle Grazie. In diesem Zusammenhang empfehlen wir das Buch „Die Hohlwege der Etrusker. Geschichte, Symbolik und Legende“ mit Texten von Carlo Rosati und Fotos von Cesare Moroni (Übersetzung Paul Ense), Moroni Editore.

▼ Via Cava di San Giuseppe

Wein und Wasser

Zu den typischen Produkten dieser Gegend gehört natürlich auch der Wein: Hier gibt es die renommierten Doc-Weine Bianco di Pitigliano und Rosso di Pitigliano, die weißen und roten IGT-Weine und die Schaumweine, die alle in den zahlreichen Wineshops, wie in der bekannten Cantina di Pitigliano erworben werden können. An den etruskischen Ursprung der Stadt erinnern noch heute die Keller, die im Laufe der Jahrhunderte unter dem Dorf in den Tuffstein gegraben wurden und eine Art unterirdische Stadt bilden. In der Ortschaft Valle Orientina dagegen zieht 37° warmes Wasser die Besucher an: Es wurde schon im 19. Jh. in zwei Travertin-Becken gesammelt, die „Judenbäder" genannt wurden.

▲ Pitigliano, Weinkeller

▼ Terme di Valle Orientina

▼ Wein und „sfratto"

FÜHRUNGEN:
Die Cooperativa la Fortezza organisiert wunderbare Ausflüge, Archeotrekking und Führungen in den schönsten Orten der toskanischen Maremma, mitten im Grün der Hügel zwischen den Bergen und dem Meer.
www.sovanaguide.it
coop_lafortezza@virgilio.it
Tel. +39 0564 616532

PITIGLIANO
Gemeindegebiet: 103 km²
Einwohner: 4050
Höhe: m. 313 m ü. d. M.
www.comune.pitigliano.gr.it